Siegfried Tesche

Sean Connery
Die Biografie

Henschel Verlag

Sie können uns 24 Stunden am Tag
erreichen unter:
http://www.henschel-verlag.de
http://www.dornier-verlage.de

Vom selben Autor ist im Henschel Verlag
bereits erschienen:
Das große James-Bond-Buch. Berlin 1999
ISBN 3-89487-338-8

Die Deutsche Bibliothek –
CIP-Einheitsaufnahme
Ein Titeldatensatz für diese Publikation ist
bei Der Deutschen Bibliothek erhältlich.

ISBN 3-89487-362-0

© Henschel Verlag in der Dornier
Medienholding GmbH, Berlin 2000

Umschlaggestaltung:
Morian & Bayer-Eynck, Coesfeld
Titelbild: ACTION PRESS/ALL ACTION
Satz: Rainer Zenz, Berlin
Druck und Bindung:
Westermann Druck Zwickau
Printed in Germany

Gedruckt auf alterungsbeständigem Papier
mit chlorfrei gebleichtem Zellstoff

Inhalt

Vorwort

1972 stand ich – mit klopfendem Herzen – im Alter von 15 Jahren in einer Schlange von Fans, die auf ein Autogramm von Hardy Krüger warteten, der in einer hannoverschen Buchhandlung zu Gast war. Kurz bevor ich an der Reihe war, griff ich beherzt in die Tasche, holte meinen Kassettenrekorder heraus, drückte die Aufnahmetaste, hielt ihm das Gerät samt Mikrofon hin und fragte, vermutlich irgendwie stotternd, nach der Zusammenarbeit mit Sean Connery. Krüger entgegnete etwas verwirrt, dass dies ja wohl nicht fürs Radio sei, antwortete aber kurz und knapp, dass Connery »ein viel besserer Schauspieler sei, als viele denken würden«. Das war mein erstes »Interview«. Das Autogramm bekam ich trotzdem, auf ein Foto, auf dem er mit Connery in dem Film *Das rote Zelt* zu sehen war, auch wenn mir die Aussage irgendwie wichtiger erschien. Schon damals hatte ich auch Interesse an dem Connery jenseits der James-Bond-Filme. Fairerweise muss ich zugeben, dass ich bei einigen Filmen wie *Zardoz, Die Uhr läuft ab* oder *Meteor* im Kino schon sehr gelitten habe. Dennoch ist das Interesse an Sean Connery nie erlahmt. Die folgenden Seiten sind die Ergebnisse meiner Recherchen, mit denen ich 1972 begonnen habe.

1980 wies Connery ein Angebot, seine Memoiren zu schreiben, trotz einer Garantiesumme von zwei Millionen US-Dollar zurück. Später äußerte er in einem Interview: »Eine Biografie von mir wird es nicht geben. Ich verrate nichts. Ich misstraue Menschen, die zu viel von sich preisgeben. Außerdem würde es manchen verletzen, wenn ich die Wahrheit, wie ich sie kenne, niederschreibe.«

Connerys Ankündigung »Die sollen schreiben, was sie wollen, und dann verklage ich sie« hat er bereits mehrfach wahr gemacht. Die Biografie von Kenneth Passingham wurde direkt nach Erscheinen verboten und erschien später, mit Änderungen versehen, als Taschenbuch. Andere Publikationen verschwanden kurz nach ihrer Veröffentlichung oder sind – nicht ganz zufällig – seit längerem vergriffen. Aber nicht alle Autoren lassen sich davon abschrecken. Allein zwischen 1992 und 1999 sind neun Bücher über den Schauspieler erschienen, darunter viele, die nur von ihren Vorgängern zehren; zwei weitere Bände sind für das Jahr 2000 angekündigt.

Auch ich hatte für die Arbeiten an diesem Buch die Einstellung Connerys zu akzeptieren: »Ich kann leider niemanden davon abhalten, eine Biografie über mich zu schreiben. Aber jeder, der sich meine Lebensgeschichte vornimmt, soll wissen, dass er von mir nicht die geringste Hilfe erwarten kann.« Als ich erstmals daran dachte, ein Buch über seine Filme zu schreiben, sollte es im Sinne von »Connery über Connery« sein. Denn das meiner Meinung nach spannendste Filmbuch überhaupt ist das im Frage- und Antwortstil gehaltene ›Mr. Hitchcock, wie haben Sie das gemacht?‹ von François Truffaut. Aber ohne die Hauptfigur war das nicht möglich. Was möglich war, steckt in diesem Buch. Die Leser, die Neuigkeiten aus Connerys Privatleben zu erfahren hoffen, seien auf andere Werke verwiesen. Textpassagen über einen »heißblütigen Schotten«, der ein eher »mönchisches Leben« führt, wird man hier vergeblich suchen.

Das vorliegende Buch basiert auf mehreren Gesprächen mit Connery anlässlich des Erscheinens von *Der Name der Rose, Jagd auf Roter Oktober, Der letzte Held aus Afrika, Medicine Man* und *Verlockende Falle* in Eberbach, London, Hamburg und Cannes, auf Interviews von Kollegen und auf Gesprächen, die ich mit Regisseuren, Schauspielern und Weggefährten geführt habe. Entstanden ist ein Buch, das man nicht unbedingt von vorne nach hinten durchlesen muss, sondern zur Hand nehmen kann, wenn etwa eine Retrospektive seiner Filme in Kino oder Fernsehen zu sehen ist oder man sich - wie jetzt, anlässlich seines siebzigsten Geburtstags – wieder einmal die Karriere dieses Mannes, seine Herkunft und seinen Weg vergegenwärtigen möchte. Da seine ab Mitte der achtziger Jahre gedrehten Filme, dank großer Erfolge wie *Der Name der Rose* oder *Indiana Jones und der letzte Kreuzzug*, zu einem wahren Connery-Fieber geführt haben, während viele Arbeiten der sechziger und siebziger Jahre so gut wie nicht mehr zu sehen sind, ist der Filmteil chronologisch angelegt.

»Good luck for your book«, wünschte mir Sigourney Weaver am 21. März 2000 nach meinem Interview in Hamburg. Auch andere Kollegen waren offen und nahmen sich, wie Sir Richard Attenborough oder Charlotte Rampling, eigens Zeit, auch wenn sie wussten, dass dies keine Publicity für ihre aktuellen Projekte brachte. Ihnen allen gilt mein Dank; ich hoffe, in meiner Liste niemanden vergessen zu haben.

Eines war mir dabei immer wichtig: Das Buch sollte keine »celebration«, keine Lobhudelei werden. Es ist getragen vom Respekt vor der Lebensleistung eines Mannes, der auch als nunmehr Siebzigjähriger nicht vergessen hat, woher er kommt. Bei all dem, was er erreicht hat, zeichnet ihn das am meisten aus.

Siegfried Tesche, Juni 2000

PS: Eine erneute Interviewanfrage 28 Jahre später beantwortete der Agent von Hardy Krüger wie folgt: »Herr Krüger ist in den USA bei Dreharbeiten und möchte nicht gestört werden. Auch muss ich Sie vorwarnen, dass Herr Krüger normalerweise nur gegen entsprechendes Honorar zu einem Interview bereit ist.« So habe ich darauf verzichtet; er war der Einzige, der nur gegen Geld Fragen beantworten wollte.

»Während meiner Karriere bin ich zu den exotischsten Plätzen dieser Erde gereist, habe Dutzende wunderschöner Frauen geküsst und wurde dafür sehr gut bezahlt. Ich will nicht sagen, dass ich nicht dankbar dafür bin, aber das bedeutet nicht, dass ich Sie nicht verklagen werde. Ich ziehe es vor, mein Publikum zu rühren und nicht zu schütteln, und ich hoffe, dass ich der Ehre, die mir heute zuteil wird, gerecht werde. Ich werde alles dazu tun, sie mir weiterhin zu verdienen – mit der Ausnahme, aufzuhören und mich zurückzuziehen.«

Sean Connery 1996 bei der Verleihung des Cecil B. DeMille Award in Hollywood

Dank

Ich danke den folgenden Schauspielern, Regisseuren, Produzenten und Pressebetreuern, die mir im Laufe der Jahre Interviews gewährten, Informationen und Fotos zur Verfügung stellten:

Mario Adorf, Klaas Akkermann, Jean-Jacques Annaud, Vic Armstrong, Sir Richard Attenborough, Kim Basinger, Michael Bay, Kenneth Branagh, Klaus Maria Brandauer, Albert R. Broccoli, Barbara Broccoli, Pierce Brosnan, Jerry Bruckheimer, Nicolas Cage, Martin Campbell, Barbara Carrera, Willard Carroll, Sean Connery, Brian de Palma, Shirley Eaton, Bernd Eichinger, Roland und Ute Emmerich, Harrison Ford, Milos Forman, Gert Fröbe, Al Giddings, Lewis Gilbert, Terry Gilliam, Leonhard Gmür, Guy Hamilton, Ed Harris, Anthony Hopkins, Horst Kindermann, Hardy Krüger, Christopher Lambert, Desmond Llewelyn, Michael Lonsdale, Sidney Lumet, Lois Maxwell, Kevin McClory, John McTiernan, Gisela Meuser, Alec Mills, Roger Moore, Julia Ormond, Dennis Quaid, Charlotte Rampling, Alan Rickman, Meg Ryan, Fred Schepisi, Talia Shire, Christian Slater, Wesley Snipes, Kenneth Wallis, Robert Watts, Sigourney Weaver, Jerry Weintraub, Michael G. Wilson, Arthur Wooster und Catherine Zeta-Jones.

Ich danke den Sammlern, Freunden und Journalisten für ihre Hilfe: John Baker vom 007 Archiv in England, Oliver Bayan, Peter Beddies, Raymond Benson, Johannes Blunck, Dr. Frank Fingerhuth, Bernd Frenz, Christina Fricke, Hayo Göhmann, Marianne Gray, Frau Hahne und dem Team von Cinemaxx in Hannover, Mario Hallhuber, Dr. Kay Hoffmann, Jens-Peter Johannsen für die Einspielergebnisse, Jörg Kastner, Reinhard Kleber, Kurt Krieger, Georg von Langsdorff, Frauke Ludowig, Richard Mowe, Dr. Heike Schmidt, Jutta Schoenmakers, Martin Schowanek, Carsten Schueler, Viktoria Sempf von Fox Home Video Entertainment, Louisa Tayman von Warner Home Video, Claudia Walter, Iris Weinhart von Buena Vista und Karin Zintz.

Dank auch den Programmdirektoren einiger Fernsehsender, die mir Gelegenheit boten, immer mal wieder ältere Connery-Filme zu sehen, auch wenn Werbepausen und geschnittene Abspänne das Vergnügen einschränkten. Speziellen Dank an Oliver Bayan und Claudia Walter, deren unermüdliche Hilfe und einzigartige Videokopien mir eine Reihe von Gedächtnislücken schlossen, und Dank schließlich der Musik von John Barry, Ennio Morricone und Hans Zimmer, die für ein angenehmes Arbeitsklima sorgten.

Die Filme
von 1957 bis heute

No Road back
(Die blinde Spinne) GB 1957

Inhalt

Die blinde und taube Mrs. Railton (Margaret Rawlings) ist Besitzerin eines Londoner Nachtclubs und Hehlerin einer Gangsterbande, die Clem Hayes (Paul Carpenter) anführt. Die mit ihrem in den USA studierenden Sohn John verheiratete Adoptivtochter Beth (Patricia Dainton) übersetzt für sie. Mrs. Railton begeht die Straftaten, um John das Studium zu ermöglichen. Als er plötzlich nach London zurückkehrt und von den kriminellen Machenschaften seiner Mutter erfährt, will er einen Diamantenraub der Bande verhindern. Clem und der Gangster Spike (Sean Connery) lassen sich nicht von ihrer Tat abhalten und schieben John einen Mord in die

Schuhe. Als Mrs. Railton versucht, Clem zu zwingen die Wahrheit zu sagen, kommt es zu einem Schusswechsel – doch die Polizei ist nicht weit.

Hintergrund

Grundlage für den Film war das Bühnenstück ›Madame Tic Tac‹ von Falkland L. Cary und Philip Weathers. Das ist dem Film anzumerken, denn er verfügt nur über sechs Schauplätze und unterliegt einer recht statischen Inszenierung. Connerys erster Auftritt auf der Kinoleinwand zeigt ihn bei einem Einbruch, den er gemeinsam mit dem Gangster Rudge (Alfie Bass) begeht. Bei der sich anschließenden Verfolgungsjagd stoppen sie den Polizeiwagen mit einer Kiste, die sie von ihrem Truck stoßen. Insgesamt ist Connery nur in vier Szenen zu sehen, außer in der beschriebenen bei

Connerys Leinwanddebüt als stotternder Finsterling.

einer Lagebesprechung, einem weiteren Einbruch und einem Dialog in dem Club von Mrs. Railton. Connerys erste, nicht fließend gesprochenen Worte lauten: »Haben diese Büros einen Hausmeister?« – Spike stottert!

Drehorte

Einige Straßen in London und die etwas außerhalb gelegenen Pinewood Studios waren im Sommer 1956 die Drehorte für Connerys ersten Kinofilm. Dort entstanden später, mit Ausnahme von *Sag niemals nie*, sechs der sieben 007-Filme mit Sean Connery.

Premiere

Der Film kam am 18. Februar 1957 in die englischen Kinos, wurde aber kein großer Erfolg. In Deutschland lief er erst drei Jahre später an. Als die Bond-Filme weltweit zu Kassenschlagern wurden, kam er 1965 in Italien erneut in die Kinos, allerdings mit einer irreführenden Werbung. Unter dem Titel *Club di Gangster* hatte man Fotos und Plakate des Schwarzweißfilms mit farbigen Motiven ergänzt und den Schotten in 007-ähnlicher Pose hinzugezeichnet. Die Zuschauer fühlten sich zu Recht betrogen und protestierten.

Kritik

Als »Durchschnittskrimi ohne große Spannung« wurde der Film von der ›Katholischen Filmkritik‹ beurteilt. US-Kritiker Leonard Maltin nannte ihn ein »schwerfälliges Melodram«. Connery wurde in keiner Besprechung erwähnt.

Time Lock

(Zwölf Sekunden bis zur Ewigkeit) GB 1957

Inhalt

An einem Freitagabend gerät der sechsjährige Steven (Vincent Winter) zufällig in den mit ei-

nem Zeitschloss gesicherten Tresor der Crown Bank of Canada in Toronto. Dessen Stahltür entriegelt sich erst wieder am Montag um neun Uhr. Fieberhaft versuchen die Polizei, ein Schweißtrupp und der Tresorspezialist Peter Dawson (Robert Beatty) den Jungen zu befreien, bevor er erstickt. Connery spielt einen der Arbeiter, der den Tresor mit einem Schneidbrenner zu öffnen versucht.

Hintergrund

Die Geschichte basiert auf einem Stück des englischen Autors Arthur Hailey, der mit ›Airport‹ (Flug in Gefahr, 1956) und ›Hotel‹ (1965) Weltruhm erlangte. In Filmform gebracht wurde es von Peter Rogers, der später mit Gerald Thomas die populäre *Carry On*-Serie schuf (*Ist ja irre*). Connery erzählte in Interviews, dass er die Serie mochte.

Dreharbeiten, -orte und Budget

Der Film entstand zwischen Dezember 1956 und Januar 1957 in den Beaconsfield Studios in London. Connery wird in den Besetzungslisten als namenloser »2. Schweißer« geführt, der nur wenige Sätze zu sagen hat; im Film wird er »Phil« gerufen. Connerys vier Drehtage wurden mit 100 Pfund entlohnt – 25 Pfund pro Tag war damals die übliche Gage für Nebenrollen. Die Budgetangaben schwanken zwischen 17.500 und 23.000 Pfund für den nur 73 Minuten kurzen Film.

Kritik

Das ›Lexikon des internationalen Films‹ bezeichnet das Werk als »ungewöhnlich spannend«, da er »sein Thema nicht durch sensationelle Übertreibungen auszubeuten versucht, sondern sich in sachlichem Stil auf die dramatischen Vorgänge der Rettungsaktion konzentriert«.

Hell Drivers (Duell am Steuer) GB 1957

Inhalt

Der gerade aus dem Gefängnis entlassene Tom (Stanley Baker) beginnt einen neuen Job als Lastwagenfahrer. Sein Boss Cartley (William Hartnell) macht ihm klar, dass er täglich mindestens zwölf Fuhren zwischen Kiesgrube und Bauplatz zu schaffen habe, sonst verlöre er seinen Job. Den Rekord hält Red (Patrick McGoohan) mit 18 Fuhren, der Tom von Anfang an als Rivalen betrachtet. Zwischen beiden kommt es zu ständigen Reibereien. Tom verliebt sich in die Sekretärin Lucy (Peggy Cummins), die vorher mit dem Fahrer Gino (Herbert Lom) zusammen war. Der war bei einer Sabotageaktion gestorben, die eigentlich Tom galt. Tom entdeckt, dass Red und Cartley

Während Stanley Baker und Patrick McGoohan sich prügeln, schaut Connery mit geballter Faust zu.

in anrüchige Machenschaften verwickelt sind. Bei der letzten Auseinandersetzung kommen Red und Cartley ums Leben.

Hintergrund

Mehr als ein Jahr verbrachten John Kruse und Regisseur Cy Endfield mit der Entwicklung des Drehbuchs. Connery erhielt die Rolle des Lkw-Fahrers Johnny dank des Engagements seines ersten Agenten Richard Hatton.

Dreharbeiten und -orte

Die Dreharbeiten in England und in den Londoner Pinewood Studios begannen im Dezember 1956 und dauerten zwei Monate. In diesem Film trafen Sean Connery und Geoffrey Unsworth, mit dem er später vier weitere Filme (*Zardoz, Mord im Orient-Express, Die Brücke von Arnheim* und *Der große Eisenbahnraub*) drehen sollte, das erste Mal aufeinander. Fast hätte man die Dreharbeiten abbrechen müssen, da aufgrund der Suez-Krise das Benzin immer knapper wurde und man Probleme hatte, die Laster zu betanken.

Premiere

Der Film kam am 26. August 1957 in England heraus, eine Woche später als *Zwölf Sekunden bis zur Ewigkeit*, in dem Connery ebenfalls eine kleine Rolle hatte. Aufgrund der wachsenden Popularität des Hauptdarstellers Stanley Baker durch Filme wie *Die Kanonen von Navarone* und *Sodom und Gomorrha* kam der Film im Mai 1961 erneut in die Kinos.

Kritik

Kritiker nannten den Film einen »kompromisslosen Action-Reißer«, lobten die Fotografie und das Tempo.

Action of the Tiger

(Operation Tiger) GB 1957

Inhalt

Der Französin Daisy (Martine Carol) gelingt es, Kapitän Carson (Van Johnson) zu überreden, sie nach Albanien zu schmuggeln, wo sie ihren Bruder Henri vor Verfolgung retten will. Sie treffen den Verbindungsmann Kol Stendho (Jose Nieto), der statt der versprochenen Schmuggelware eine Gruppe von griechischen Kindern in einer Höhle versteckt hat. Auf dem Rückweg wird die Gruppe von der Staatspolizei verfolgt, gerät in die Hände von Banditen und übersteht ein nächtliches Gefecht. Sie wird vom Geheimdienst gefangen genommen, aber erreicht schließlich das rettende Boot und die offene See.

Hintergrund

In diesem Film arbeiteten Terence Young und Sean Connery, die später gemeinsam drei Bond-Filme drehen sollten, das erste Mal zusammen. Connery spielt den bisweilen angetrunkenen und rauflustigen Matrosen Mike, der Daisy auf dem Schiff näher kommt, als ihr lieb ist. Die entsprechende Szene gelangte sogar auf die deutschen Werbeplakate für den Film, der auf dem gleichnamigen Buch von James Wellard basiert. Als Partnerin Martine Carol Connery das erste Mal sah, fragte sie: »Ist es wirklich wahr, dass ich vor ihm davonlaufen soll?«

Dreharbeiten und -orte

Gedreht wurde von Oktober 1956 an sechs Wochen in Südspanien und im Januar 1957 in den Londoner Elstree Studios. Die Benzinversorgung bereitete Probleme: Man bekam häufig Crew und Fahrzeuge nicht auf Anhieb dorthin, wohin man sie haben wollte. Zudem machten Stürme und Frost dem Team zu schaffen. Als Berater war ein gebürtiger Albaner verpflichtet worden, ein politischer Flüchtling, dessen wahre Identität niemand kennen durfte, um seine Verwandten keinen Repressalien auszusetzen; man nannte ihn nur ›Mister X‹.

Premiere

Zur Filmpremiere am 22. August 1957 im Empire Kino in London erschienen zahlreiche Stargäste, unter anderem Roger Moore. Bei Pressegesprächen verglich Terence Young den damals knapp 27-jährigen Sean Connery mit den jungen Kirk Douglas und Burt Lancaster

Martine Carol war von Figur und Präsenz Connerys so beeindruckt, dass sie vorschlug, ihm die Hauptrolle zu geben.

und prophezeite ihm, dass er seinen Weg machen werde, auch wenn dieser Film kein Erfolg werden würde.

Metro-Goldwyn-Mayer warb in Deutschland mit Schlagzeilen wie »Ein sensationeller Reißer, fesselnd und explosiv«, »Vier Menschen im Hexenkessel eines mitleidlosen Regimes« oder »Ein explosiver Film, der starke Nerven fordert!«.

Kritik

»Das ist einer von diesen Filmen, dessen Geschichte ein Kind aus der Rückseite einer Packung Cornflakes herausschneidet«, schrieb der ›Daily Herald‹ und selbst Regisseur Terence Young nannte den Film »schrecklich […] schlecht inszeniert und sehr schlecht gespielt«.

Another Time, Another Place

(Herz ohne Hoffnung) USA 1958

Inhalt

Die New Yorker Journalistin Sara Scott (Lana Turner) lernt kurz vor Ende des Zweiten Weltkriegs den BBC-Reporter Mark Trevor (Sean Connery) kennen und lieben. Doch beide haben eine Vergangenheit, die sie sich zunächst verheimlichen. Saras Chef Carter Reynolds (Barry Sullivan) ist gleichzeitig ihr Verlobter, Mark ist verheiratet und hat einen kleinen Sohn. Kurz bevor er zur Sonderberichterstattung nach Paris beordert wird, gestehen sie sich ihre Liebe und schwören einander, für immer zusammenzubleiben – doch Mark stirbt bei einem Flugzeugabsturz. Sara besucht das Dorf, in dem Mark gelebt hat, und trifft seinen Sohn. Nach einer Ohnmacht wird sie von Marks Frau betreut. Kay Trevor (Glynis Johns) weiß nichts von der Beziehung ihres Mannes zu Sara, die an einem Buch über ihren Geliebten arbeitet.

Hintergrund
Der Film basiert auf dem Buch ›Weep no more‹ von Lenore Coffee. Lana Turner selbst wählte Sean Connery für den Film aus, da sie dessen Fernsehfilme gesehen hatte. Sie war damals 47 Jahre alt, Connery gerade 27. Der Schotte besorgte sich 130 Hörfunkaufnahmen von Kriegsberichterstattern, um etwas über deren Emotionen zu erfahren.

Dreharbeiten und -orte
Die Dreharbeiten in dem kleinen Ort Polperro in der englischen Grafschaft Cornwall begannen im September 1957 unter großem Medieninteresse, da Lana Turner ein bekannter US-Star war; kurz darauf wurde sie für *Glut unter der Asche (Peyton Place)* für einen Oscar als beste Darstellerin nominiert. Im Oktober entstanden Innenaufnahmen in den Studios von Borehamwood, die bis Januar 1958 dauerten. Connery war allerdings nicht die ganze Zeit am Set, da er nur eine relativ kleine Rolle hatte und im Film nach 25 Minuten stirbt.

Während der Dreharbeiten gab es Ärger mit Turners damaligem Freund Johnny Stompanato, der extrem eifersüchtig war und eine Affäre zwischen den beiden vermutete. Stom-

Seine kleine Rolle als Reporter Mark Trevor brachte ihm die erste Erwähnung im ›Time‹-Magazin ein.

panato bedrohte Connery mit einer Waffe, wurde aber von ihm mit einem Faustschlag niedergestreckt.

Premiere
Das Londoner Odeon-Kino am Leicester Square startete den Film am 8. Mai 1958. Später erklärte Connery, dass er mit dem Film unzufrieden sei: Das Drehbuch sei unfertig und während der Dreharbeiten immer wieder geändert worden, auch habe der Regisseur nicht seinen Vorstellungen entsprochen.

Kritik
In einer Besprechung des Films schrieb das ›Time‹-Magazin den berühmt gewordenen Satz: »Mr. Connery ist zwar noch jung im Filmfach, aber wird es auch nicht weit bringen.« Enno Patalas bezeichnete den Film als ein »unsäglich larmoyantes Rührstück vor der Felsenkulisse Cornwalls«.

Darby O'Gill and the Little People
(Das Geheimnis der verwunschenen Höhle /
Das Geheimnis der verschwundenen Höhle)
USA 1959

Inhalt

Der Ire O'Gill (Albert Sharpe) ist der alte, ver-
schrobene Gärtner Lord Fitzpatricks in Rath-
cullen. Er erzählt so viele Geschichten, dass
ihm niemand mehr Glauben schenkt. Eine
handelt von einem unter der Erde lebenden
Zwergenvolk. Eines Tages fällt er in eine Höhle
und landet im Zwergenreich, wo gerade der
König mit seinen Untertanen ein großes Fest
feiert. O'Gill entführt ihn, um zu beweisen,
dass er Recht hat. Doch ist er der Einzige, der
den Zwergenkönig sehen kann. Alle anderen
erblicken nur ein Kaninchen. Der junge Michael McBride (Sean Connery) soll O'Gills Job

übernehmen. Als dessen Tochter Katie (Janet
Munro), die sich in ihn verliebt hat, erfährt,
dass sie mit ihrem Vater deswegen das Haus
verlassen soll, kommt es zum Streit. Der König erscheint beiden im Traum und schlichtet.

Hintergrund

Disney-Regieveteran Robert Stevenson, der
später Klassiker wie *Der verrückte Professor,*
Mary Poppins oder *Die tollkühne Hexe in ihrem*
fliegenden Bett inszenieren sollte, setzte als gebürtiger Engländer auf eine überwiegend britische Besetzung, auch wenn nicht auf der Insel, sondern in den USA gedreht wurde. Walt
Disney selbst hatte 1947 das Drehbuch geschrieben, sich in Irland nach geeigneten
Drehorten umgesehen, dann aber doch für
seine Heimat entschieden. Nachdem er Ende
Januar 1958 in London eine Arbeitskopie von

Filmpartner und Gesangsduo: Mit Janet Munro nahm Connery zwei Stücke auf, die auch auf einer Single erschienen.

Herz ohne Hoffnung gesehen und Connery zu einem Vorsprechen eingeladen hatte, war er von dem Schotten so überzeugt, dass er ihm die Rolle gab.

Dreharbeiten und -orte
Der Film entstand von Mai 1958 an auf dem Gelände der Walt Disney Studios in Los Angeles und auf einer nahe gelegenen Ranch. Nach Aussagen von Shelley Winters wohnte Connery in einem kleinen Motel in Burbank.

In einem Interview des Londoner ›Daily Telegraph‹ vom 29. Mai 2000 erzählt Dana Broccoli, die Witwe des verstorbenen Bond-Koproduzenten Albert R. Broccoli, dass sie Connery in *Darby O'Gill* gesehen habe, und bezeichnete ihn als »fabelhaft«. Ihr Mann habe ihn in dem Film entdeckt und sie um ihre Meinung gebeten. »Ich sah sein Gesicht, sah, wie er sprach und sich bewegte, und stellte eine unglaubliche Präsenz fest. Ich dachte mir, er hat etwas von einem Star.«

Premiere
Die Weltpremiere des Films wurde am 24. Juni 1959 im Dubliner Theatre Royal vor 4.000 Besuchern gefeiert. Der Song ›Pretty Irish Girl‹, den Connery im Film zweimal singt – nach etwa 46 Minuten und am Ende gemeinsam mit Janet Munro –, ist seine erste Gesangsaufnahme. Gemeinsam nahmen beide noch ein zweites Stück auf, das ebenfalls auf der ab April 1959 erhältlichen Single zu hören war. Regisseur Stevenson wollte ursprünglich Connery aufgrund seines starken schottischen Akzentes synchronisieren lassen.

Kritik
»Faszinierende Spezialeffekte und ein paar überraschende und erschreckende Momente machen den Film zu einer wahren Wonne«, schreibt Leonard Maltin in seinem ›Movie and Video Guide‹.

Tarzan's Greatest Adventure
(Tarzans größtes Abenteuer) USA 1959

Inhalt
Vier weiße Gangster, Slade (Anthony Quayle), O'Bannion (Sean Connery), Kruger (Niall MacGinnis) und Dino (Al Mulock), stehlen Dynamit aus einem afrikanischen Dorf. Sie sprengen eine Diamantenmine und töten damit mehrere Einwohner. Tarzan (Gordon Scott) verfolgt sie, unterstützt von der blonden Pilotin Angie (Sara Shane). Während der Jagd durch den Dschungel stirbt Dino im Treibsand, O'Bannion wird von Tarzan mit einem Pfeil erschossen. Slade setzt Angie bei dem Versuch fest, Medizin für Tarzans Wunden zu stehlen. Slades Freundin Toni (Scilla Gabel) stirbt in einer Löwengrube, aber dank der Hilfe von Kruger kann Angie fliehen. Slade und Kruger erreichen die Diamantenmine. Im Streit zieht Kruger den Kürzeren und stirbt, so dass sich im letzten Kampf Tarzan und Slade gegenüberstehen.

Hintergrund
Produzent Sy Weintraub setzte im 34. Tarzan-Film, einer US-Produktion für Paramount, ganz auf eine englische Crew und verzichtete auf eine Reihe bekannter Elemente, etwa die eher stotternde Artikulation Tarzans oder seine Gefährtin Jane. Auch der Affe Cheeta, der sich während der Dreharbeiten als widerspenstig entpuppte, wurde aus dem Skript verbannt, das Berne Giler und der Regisseur John Guillermin schrieben. Sie erfanden zwei rivalisierende Frauen, die Geliebte eines Gangsters und eine Pilotin. Für den 31-jährigen Gordon Scott war es der vierte Einsatz als Affenmensch.

Dreharbeiten und -orte
Gedreht wurde fünf Wochen im Februar und März 1959 nahe Nairobi in der Region Kikuyu

in Kenia und in den Londoner Shepperton Studios. Kurz nach Beginn der Dreharbeiten traten 300 Komparsen in den Streik und stellten vier Bedingungen: weniger Arbeit, bessere Verpflegung, mehr Geld und Freiheit von England. Den ersten drei Forderungen wurde entsprochen.

Premiere
Nach einem Vorstart am 21. Juni 1959 in London kam der Film im August in die englischen Kinos. In New York wurde er als Doppelprogramm mit der Jerry-Lewis-Komödie *Keiner verlässt das Schiff* in die Kinos gebracht. Er spielte in den USA immerhin eine Million Dollar ein und erreichte Platz 80 der Jahresliste.

Aufgrund des Erfolges besonders in den USA wollte Produzent Weintraub gleich im Anschluss den Film *Tarzan, der Gewaltige* drehen, wiederum in Kenia und mit einigen der alten Darsteller, darunter auch Connery. Mit der Regie wurde Co-Autor Robert Day betraut, der von Connery eine vorläufige Zusage bekam: Er sei zurzeit in Verhandlungen »für irgendeinen Spionagefilm«. Als daraus *James Bond – 007 jagt Dr. No* wurde, musste Connery das Tarzan-Engagement absagen. Autor David Fury: »Er hatte zuvor ein halbes Dutzend B-Filme gedreht, die ihn niemals in die Hall of Fame gebracht hätten.«

Kritik
»Eine reife Leistung von blendender Wirkung dank Farbe und Cinemascope – sauber in der Technik, mit einer gut gebauten Handlung – durchaus mal wieder ein ›Tarzan für Erwachsene‹«, schrieb die ›Los Angeles Times‹. Auch Kritiker Leonard Maltin gab drei von vier Sternen und bescheinigte dem Film »ein ehrenwerter Versuch zu sein, die Serie aufzuwerten«. Stattdessen stellte die ›Katholische Filmkritik‹ »gehäufte Rohheiten« und das »Fehlen fast aller Merkmale typischer Tarzan-Filme« fest. Für Buchautor David Fury ist er dagegen eines der »größten Tarzan-Abenteuer, das je produziert wurde, und es kann passieren, dass man nicht genug Superlative hat, um den Film zu beschreiben«.

The Frightened City
(Die Peitsche) GB 1961

Inhalt
Das Londoner Gangstersyndikat Rackets erpresst Ladenbesitzer, Bauunternehmer und Industrielle mit Schutzgeldforderungen. Gangsterboss Waldo (Herbert Lom) will die sechs Organisationen, die von diesem Geschäft leben, zusammenführen und überträgt die Ausführung dem Nachtclubbesitzer Foulcher (Alfred Marks). Sein Chefkassierer ist Paddy Damion (Sean Connery), der mit der Sängerin Sadie (Olive McFarland) liiert ist, sich aber in die Französin Anja (Yvonne Romaine) verliebt. Es kommt zu einem Bandenkrieg, dem die Polizei nicht tatenlos zusieht.

Dreharbeiten und -orte
Gedreht wurde von Dezember 1960 an für etwa acht Wochen in den Londoner Shepperton Studios und im Stadtteil Soho. Um die Arbeit der Polizei so authentisch wie möglich darzustellen, engagierten die Macher den ehemaligen Inspektor Sidney Carless einer Sonderabteilung von Scotland Yard. *Die Peitsche* ist nach *Operation Tiger* und *Duell am Steuer* die dritte Zusammenarbeit zwischen Connery und Herbert Lom.

Kritik
»Lobenswerter Versuch, amerikanische Gangstermythen nach London zu übertragen«, schrieb ein Kritiker.

Connery als Gangster: Ähnlich wie Humphrey Bogart spielte er zuerst zwielichtige Charaktere und dann Heldenfiguren.

On the Fiddle GB 1961

Inhalt

Horace (Alfred Lynch), der in London mit einem Bauchladen illegale Geschäfte macht, wird gedrängt sich freiwillig zur Armee zu melden. Während der Ausbildung trifft er auf Pedlar (Sean Connery), der den Dienst und vor allem die Aufmerksamkeit der weiblichen Bediensteten genießt. Doch Horace geht weiter seinen Geschäften nach und zieht Pedlar in seine Aktivitäten hinein. Sie bieten Soldaten gegen eine »Spende« ihre Versetzung an einen Einsatzort ihrer Wahl an, organisieren eine Versorgungseinheit, verschenken Lebensmittel an die Einwohner und narren hinter den feindlichen Linien deutsche Soldaten. Am Ende werden sie dekorierte Kriegshelden.

Hintergrund

Ben Fisz, der Macher von *Duell am Steuer*, produzierte diese Satire auf den Schwarzmarkt und gab Connery erstmals eine tragende Rolle. Zur Besetzung zählte der amerikanische Komiker Alan King, der für einen Drehtag nach London flog und den Connery bei der Arbeit an dem Film *Der Anderson Clan* in New York wieder sehen sollte. Mit Alfred Lynch drehte er später *Ein Haufen toller Hunde*, Cutter Peter Hunt schnitt die Connery-Bond-Filme der sechziger Jahre.

Drehorte

Gedreht wurde ab April 1961 in den Londoner Shepperton Studios, in der Stadt selbst und im englischen Umland.

Premiere

Durch Connerys Ruhm als Agent 007 kam der Film in verschiedenen Ländern 1965 mit neuem Werbematerial und zum Teil anderen Titeln erneut in die Kinos. Bei der Erstaufführung in England hatten die Plakate Comicfiguren der beiden Hauptdarsteller und nicht deren wahre Gesichter gezeigt. In Deutschland lief der Film nie an. Der Agent Dennis Selinger, der Connery später vertrat, wurde durch diesen Film auf ihn aufmerksam.

Kritik

»Ein träger Film mit einer guten Besetzung«, urteilte ein US-Filmlexikon.

The Longest Day

(Der längste Tag) USA 1962

Inhalt

Am 6. Juni 1944 begann die Invasion der Alliierten in der Normandie. Die 24 Stunden, die als »längster Tag« in die Geschichtsbücher eingingen, sind Thema des Films.

Hintergrund

Der Titel geht auf den Ausspruch von Generalfeldmarschall Erwin Rommel zurück: »Die ersten 24 Stunden der Invasion sind die entscheidenden. Von ihnen hängt das Schicksal Deutschlands ab. Für die Alliierten und für Deutschland wird es der längste Tag sein.« Militärisch wurde das Ganze ›Unternehmen Overlord‹ genannt.

Basis für den Film ist das gleichnamige Buch des in Irland geborenen Journalisten Cornelius Ryan, der zehn Jahre recherchierte und 700 Interviews mit alliierten und deutschen Soldaten sowie französischen Widerstandskämpfern führte. Der Bestseller wurde in 16 Sprachen übersetzt und von Darryl F. Zanuck mit großem Aufwand für 20th Cen-

tury Fox produziert, zu deren Hauptaktionären er zählte. Ernest Hemingway hatte Ryan davon abgeraten, die Filmrechte zu verkaufen. Der schlug den Hinweis jedoch aus, da er selbst das Drehbuch schreiben konnte. Speziell mit Zanuck gab es Auseinandersetzungen, da er Ryans mühsam recherchierte Fakten mehrfach ignorierte.

Dreharbeiten, -orte und Budget

Glaubt man den Produktionsangaben, waren nur drei Regisseure für den Film verantwortlich: der Engländer Ken Annakin, der Amerikaner Andrew Marton und der Deutsche

Connerys erster und einziger Film für die 20th Century Fox.

Bernhard Wicki. Tatsächlich drehten aber auch Gerd Oswald und Elmo Williams Szenen für das dreistündige Schwarzweißepos und Christian Marquand kümmerte sich um die Aufnahmen mit den Franzosen. Allein zehn Monate dauerten die Vorbereitungen für das Mammutwerk, weitere zehn die reinen Dreharbeiten an 31 Schauplätzen, wobei der größte Aufwand darin bestand, das gesamte Kriegsmaterial wieder zu beschaffen. Das Budget betrug zehn Millionen US-Dollar. Drehbeginn war der 14. April 1961, gedreht wurde fast ausschließlich in Frankreich. Die Szenen der Invasion am Omaha Beach wurden an korsischen Stränden aufgenommen.

Man arbeitete in der Normandie, auf der kleinen Insel Ile de Re und in St. Mère Église. Die Absprünge der Fallschirmspringer wurden auf Zypern gedreht. Die Innenaufnahmen mit 52 Sets entstanden in den Paris Studios Bois de Boulogne. Allein 48 technische Berater und Zeitzeugen halfen bei der Produktion. 23.000 Soldaten wirkten als Statisten mit.

Premiere

Bei der Uraufführung in Paris fuhren alte Sherman-Panzer eine Parade, strahlten Scheinwerfer ein riesiges Victory-Zeichen in den Nachthimmel, ein Feuerwerk erleuchtete den Eiffelturm und Edith Piaf sang auf einer Plattform. Nur Präsident de Gaulle kam nicht, was Zanuck verärgerte. Die Werbung pries den Film als ein Werk mit 42 internationalen Stars, wobei der Name Sean Connery nicht auftauchte; erst auf den Plakaten, die mit 53 Stars warben, wurde er genannt. Als Soldat Flanagan ist er nur kurz zu sehen, als er von einem der Landungsboote ins Wasser springt.

Der Film wurde für fünf Oscars nominiert und gewann zwei, für die besten Spezialeffekte und die beste Kamera. Beim Festival in Oberhausen erhielt er einen Preis für die »prominenteste Fehlleistung des Jahres«. Zum 25. Jahrestag der Invasion am 6. Juni 1969 kam der Film erneut in die Kinos.

Kritik

Der Film wurde überwiegend positiv aufgenommen und von vielen Amerikanern hoch gelobt. Als einen der »letzten großen epischen Filme über den Zweiten Weltkrieg« würdigte ihn Leonard Maltin und honorierte vor allem die »brillante Erzählweise«. Der ›Video Movie Guide‹ nannte ihn »einen Film mit großem Budget, der zeigt, wofür das Geld ausgegeben wurde. In jeder Beziehung erstklassig«. Die deutsche Filmbewertungsstelle erteilte das Prädikat »besonders wertvoll« und begründete: »Dank der vorzüglichen Leistungen des Drehbuchs, der Regisseure, der Darsteller, der Kamera und des Schnitts ist es gelungen, ein so komplexes, erregendes Ereignis wie die Invasion in der Gestalt dieses Films nachzuvollziehen.« Kritische Stimmen bemängelten allerdings die zu klischeebeladene Typisierung der einzelnen Kriegsparteien, schrieben von »Hollywoods Invasion« oder nannten den Film einen »Kriegswestern«. Für das französische Magazin ›Candide‹ war es »nichts weiter als ein Kriegsfilm«.

Dr. No
(James Bond – 007 jagt Dr. No) GB 1962

Inhalt

Auf Jamaika werden kurz hintereinander ein Mann und eine Frau, beide Mitarbeiter des britischen Geheimdienstes Secret Service, ermordet. Der Leiter der britischen Spionageabteilung »M« schickt seinen besten Mann »James Bond, Code-Nummer 007, mit der Lizenz zu töten« (Sean Connery) auf die karibische Insel. Bond ermittelt unter den Freunden der toten Geheimdienstler und trifft die Muschelsucherin Honey (Ursula Andress). Gemeinsam erforschen sie die vorgelagerte Insel Crab Key, die einem mysteriösen Mann namens Dr. No (Joseph Wiseman) gehört und von der radioaktive Strahlung ausgeht. Sie werden gefangen genommen. Dr. No verursacht das so genannte Toppling: Er stört durch Strahlung das amerikanische Raumfahrtprogramm. Schließlich kann sich Bond befreien, Dr. Nos Pläne vereiteln, Honey retten und die Insel in die Luft sprengen.

Hintergrund

Im Winter 1960 traf Ian Fleming erstmals mit Harry Saltzman zusammen. Flemings Filmagent Robert Fenn bot Saltzman alle verfügbaren und zukünftigen Bond-Bücher an. Der offerierte sie fünf Monate lang verschiedenen Filmstudios, doch die zeigten kein Interesse. Derweil interessierte sich auch der US-Produzent Albert R. Broccoli (genannt Cubby) für die Rechte und traf sich mit seinem Partner Irving Allen und Fleming. »Wir aßen zusammen Mittag. Irving sagte Fleming, dass er die Bücher als nicht gut genug für das Fernsehen empfand, was nicht sehr nett war. Fleming war geschockt.« Broccoli und Saltzman wurden 1961, 28 Tage vor Ende der Option, Partner und gründeten die Produktionsgesellschaft Eon Productions, Ltd.

Am 20. Juni 1961 stimmte United Artists einer Serie von sechs Filmen zu und gab den Finanzrahmen vor: 140.000 US-Dollar für Rechte und Drehbuch, 80.000 für die Produzenten, 40.000 für den Regisseur, 140.000 für die gesamte Besetzung, was prominente Stars ausschloss, sowie 24.000 für allgemeine Kosten. Saltzman: »Heutzutage im Filmgeschäft oben zu schwimmen ist eine Kunst, die nicht allein vom Können abhängt. Man braucht dazu vor allem Glück – das Glück, Stoffe zu entdecken, die dem Fernsehen den Wind aus den Segeln nehmen. Wir hatten dieses Glück gleich doppelt, weil ein anderer für uns James Bond entdeckte: John F. Kennedy.«

Dreharbeiten, -orte und Budget

Im Sommer 1961 begannen die Autoren Richard Maibaum und Wolf Mankowitz mit dem Drehbuch zu *James Bond – 007 jagt Dr. No.* Am 16. Januar 1962 fingen auf Jamaika die Dreharbeiten an, die bis zum 21. Februar andauerten. Am 26. Februar ging es in den Londoner Pinewood Studios weiter. Die Szene im Büro von »M« sollte die erste sein, die an dem Ort gedreht wurde, der fortan in fast allen 007-Filmen als Hauptquartier auftaucht. Am 30. März war der Film nach 58 Drehtagen im

Kasten. Er kostete zwischen 900.000 und einer Million US-Dollar.

Sean Connery äußerte vor Beginn der Dreharbeiten: »Die Rolle ist absolut anders als alles, was ich zuvor versucht habe. Geschäfte mit Wodka on the rocks zu beschließen und ein bisschen geringschätziges Benehmen zu lernen war nicht schwierig. Obwohl ich eigentlich immer echten Scotch bevorzugt habe.«

Premiere

Am 5. Oktober 1962, knapp sieben Monate nach Drehbeginn, wurde der Film im Londoner Pavilion-Kino uraufgeführt. Mit dem landesweiten Start in 198 Kinos drei Tage später entpuppte er sich rasch als einträgliches Geschäft. In Deutschland kam der Film erst im folgenden Januar in die Kinos. Der Verleih wartete mit einer ungewöhnlichen PR-Aktion auf. Ein verkleideter Dr. No tauchte in mehreren deutschen Städten auf und musste von Passanten gejagt werden. Vorab waren Steckbriefe in den Tageszeitungen veröffentlicht worden. In Frankfurt verbarg sich Sensationsdarsteller Arnim Dahl persönlich hinter der Verkleidung und seilte sich von einer Kaufhausfassade ab. Die Gewinner der Verlosung erhielten Flüge nach London und eine Einladung zum Münchner »My Fair Lady-Ball«. Als später *Goldfinger* zum Straßenfeger wurde, setzten viele Kinobesitzer *Dr. No* erneut ein, was dem Film zu langer Spieldauer und entsprechend konstanten Einnahmen verhalf.

Besonders unsicher war die amerikanische Zentrale von United Artists, die *Dr. No* erst im Mai 1963 und nur im Rahmen eines Doppelprogramms in die Kinos brachte. Um Sean Connery als Star aufzubauen, schickte man ihn durch das ganze Land. In Begleitung von Terence Young bereiste er im März 1963 New York, Chicago, Los Angeles, San Francisco und Kansas City. Broccoli: »Als ich die

Buchrechte erwarb, kannte niemand Bond. Ich war ganz aufgeregt und erzählte allen Leuten, dass ich die Bond-Rechte habe, und die sagten: ›Oh, toll! Aber wer ist James Bond?‹« Saltzman ergänzt: »Als wir den Film drehten, hatte sich der Roman ›Dr. No‹ kaum verkauft. Ich ging zu Pan [dem Rechteinhaber der englischen Taschenbuchausgabe] und schlug ihnen vor, 500.000 Exemplare drucken zu lassen. Sie lachten mich aus. Dann kam der Film und in den nächsten sieben Monaten verkauften sie eineinhalb Millionen.« Auch der Film machte seinen Weg. Das Sechsfache der Produktionskosten kam allein in den USA wieder herein. In England spielte er in nur 38 Tagen 460.000 Pfund ein, umgerechnet fast 5,2 Millionen DM.

Kritik

Der erste James-Bond-Film musste sich scharfe Kritik gefallen lassen. Hart angegriffen wurden vor allem die Darstellung des Sex, das menschenverachtende Verhalten, Chauvinismus sowie faschistische und sadistische Züge. Durchgehend gelobt wurden das Tempo, die Kameraführung, die exotischen Schauplätze, die Sets und auch die Leistungen von Connery und Andress. Man war sich wohl einig etwas Neues im Kino gesehen zu haben, aber nicht ganz sicher, inwiefern der Film eine Serie nach sich ziehen könne. Die amerikanischen Kritiker gingen nicht so hart mit dem Streifen ins Gericht wie die Engländer, die zumeist mit »no« auf *Dr. No* reagierten. Die ›New York Times‹ schrieb: »Man sollte den Film nicht als ernsthaft oder sogar als Kunst betrachten, sondern als eine Art von mysteriösem Action-Thriller. Wenn Sie clever sind, sehen Sie das Ganze als Parodie auf Sciencefiction und Sex.« Und der ›New Yorker‹ textete: »Das ist ganz einfach brausender Unsinn von Anfang bis Ende und macht den Mann der Königin zu jedermanns idealem Helden.« ›Bravo‹ drückte

es Anfang 1963 kurz und treffend aus: »Das wird geboten: Geheimagenten, Attentate, Todesstrahlen.« Und welcher Film konnte 1962 schon damit aufwarten?

From Russia with Love

(Liebesgrüße aus Moskau) GB 1963

Inhalt

Bond (Sean Connery) wird von seinem Chef »M« nach Istanbul beordert, um dort mit der russischen Botschaftsangestellten Tatiana Romanova (Daniela Bianchi) Kontakt aufzunehmen und ihr zur Flucht nach England zu verhelfen. Gleichzeitig besteht die Chance, eine so genannte Lektor zu bekommen, eine russische Dechiffriermaschine. Doch Tatiana wird nur benutzt. Hinter dem Plan steckt die Verbrecherorganisation PHANTOM (in der Originalfassung SPECTRE: Special Executive for Counter Intelligence, Terrorism, Revenge and Extortion). Der Diebstahl aus der Botschaft glückt, die Flucht bis in den Orient-Express dank des türkischen Kontaktmanns Ali Kerim Bey (Pedro Armendáriz) und seiner Söhne auch. Doch im Zug fällt dieser einem russischen Agenten zum Opfer und Bonds englischer Verbindungsmann wird von Red Grant (Robert Shaw), einem Killer von PHANTOM, ermordet. In einem Abteil des Orient-Express kommt es zum Kampf auf Leben und Tod zwischen Bond und Grant. Bond überlebt, springt mit Tatiana ab und rettet sie und die Lektor über die Grenze nach Italien. In einem Hotelzimmer stehen sie plötzlich Rosa Klebb (Lotte Lenya), der Vize-Chefin von PHANTOM, gegenüber und es kommt zu einem Kampf mit tödlichem Ausgang.

Hintergrund

Der nicht unbedingt erwartete Erfolg von *James Bond – 007 jagt Dr. No* veranlasste die Produzenten Saltzman/Broccoli, umgehend mit den Vorarbeiten an einem Nachfolger zu beginnen. Da *Liebesgrüße aus Moskau* als eines der besten Bücher Flemings galt und durch Kennedy populär war, entschied man sich für diesen Stoff. United Artists bewilligte ein Budget von zwei Millionen US-Dollar. Connerys Gage stieg von 6.000 Pfund (16.800 Dollar oder knapp 67.000 DM) beim ersten Film auf 54.000 Dollar (214.920 DM). Zusätzlich zahlte ihm United Artists einen 100.000-Dollar-Bonus und billigte Danjaq, der Firma, die die Rechte an der Verfilmung der James-Bond-Romane von Ian Fleming erworben hatte, eine Erhöhung der Umsatzbeteiligung von anfangs 50 auf 60 Prozent der Umsätze zu, wenn die ersten beiden Filme ihre Kosten wieder einspielen. Erstmals nahmen auch die amerikanischen Illustrierten Bond ausführlich wahr. So gab es große Storys in ›Look‹ und ›Life‹ mit spektakulären Fotos von der Motorbootjagd an der Adriaküste.

Dreharbeiten, -orte und Budget

Am 1. April 1963 begannen die Dreharbeiten in Pinewood mit der Vorführung des Aktenkoffers im Büro von »M«. Ein Team flog nach Istanbul, wo in der Hagia Sophia weitergearbeitet wurde. Währenddessen machte das zweite Team Aufnahmen vom Orient-Express, wenn auch ohne die Stars. Die Dreharbeiten zu *Liebesgrüße aus Moskau* endeten erst knapp sieben Wochen vor der Premiere, am 23. August, und waren von zwei tragischen Momenten überschattet. Pedro Armendáriz, der Darsteller des Ali Kerim Bey, war bereits zu Beginn der Arbeiten schwer von Krebs gezeichnet, wünschte aber den Film auf jeden Fall zu Ende zu bringen. Daher wurden einige seiner Szenen vorgezogen. Zwischenzeitlich musste Terence Young mit dunkler Perücke und Schnurrbart für ihn doubeln. Am 9. Juni gab man Armendáriz zu Ehren in Youngs Londoner Domizil eine Abschiedsparty. Kurz danach erschoss er sich im Krankenhaus. Knapp einen Monat später, am 6. Juli, kam es in der Nähe von Crinan in Schottland während der Hubschrauberszenen zu einem schweren Unfall, bei dem sich ein Kameramann verletzte. Young: »Ich knallte in den anderen Hubschrauber, wir stürzten aus circa 40 Fuß ab und ich blieb etwa eine Minute unter Wasser, weil sich mein Sicherheitsgurt nicht öffnete.«

Erst am 16. Juli, später als geplant, war der Film fertig. Er kostete mit fast zwei Millionen US-Dollar fast doppelt so viel wie der erste 007-Film. Das lag zum einen an höheren Reisekosten, zum anderen an der besseren Ausstattung.

Premiere

Die Welturaufführung des Films am 10. Oktober 1963 im Londoner Odeon-Kino glich einem Triumphzug. Sean Connery erschien mit Ehefrau Diane Cilento und seinen Eltern, Robert Shaw ebenso wie Daniela Bianchi. Nach der Premiere berichtete sie: »Der Film ist eine permanente Flucht. Bei der Vorführung in London hat das Publikum bei der Motorbootjagd dreimal geklatscht, also war es die Sache wert, dafür jeden Tag von sieben Uhr morgens bis sechs Uhr abends zu arbeiten.« Bereits in der ersten Woche sahen eine Viertelmillion Engländer den Film; insgesamt waren es 22 Prozent der Bevölkerung.

Vom Start am 14. Februar 1964 bis Oktober hielt sich der Film in Deutschland in den Kinos, ab und zu unterstützt vom ersten Film, der von einigen Theaterleitern erneut eingesetzt wurde und laufend Ergebnisse wie »sehr gut« und »ausgezeichnet« erzielte. Vergleichbare Resultate gab es auch im europäischen Ausland, vor allem in Paris und Mailand. In den USA wurde der Film wiederum mit einem zweiten, *War with Hell*, kombiniert und kam erst im April/Mai 1964 in die Kinos. Die Ergebnisse waren wesentlich besser als die des Vorgängers, so dass man beschloss, für den dritten Film in großem Maß die Werbetrommel zu rühren, zumal der teilweise in den USA spielte.

Nach dem sich abzeichnenden Interesse am zweiten Bond-Film geriet Connery stärker ins Rampenlicht, als ihm lieb war. Anlässlich der Premiere sagte seine Mutter Effie: »Er ist immer noch derselbe Bursche, der er immer war – dumm wie der Teufel. Nichts kann unseren Tommy ändern. Er bringt immer alle seine Freunde von der Bühne mit, um mich zu besuchen, und mich schaudert es, weil die Stufen so dunkel sind und wir kein Badezimmer haben. Aber ihn stört es kein bisschen. Er sagt immer: ›Nicht das Haus ist entscheidend, sondern das Willkommen.‹«

Kritik

Regisseur Terence Young verwendete einige Ideen aus anderen Filmen und manche Autoren warfen ihm vor, kopiert zu haben. So entspricht die Anfangsszene, in der ein Mann, der aussieht wie Bond, sich nachts in einem Garten dem Killer Grant stellen muss, einer Sequenz des Alain-Resnais-Films *Letztes Jahr in Marienbad*. Auch die Hubschrauberverfolgungsjagd hat einen Vorläufer. Es war kein Geringerer als Alfred Hitchcock, der etwas Ähnliches in seinen Film *Der unsichtbare Dritte* eingebaut hat. Fleming hatte sich übrigens mehrere Jahre zuvor für ihn als Regisseur ausgesprochen, doch Hitchcock lehnte ab.

Liebesgrüße aus Moskau gilt seit vielen Jahren als der Film der Serie, der die Atmosphäre des Kalten Krieges am besten einfängt und dem Geheimdienst-Alltag am nächsten kommt. Zudem ist er Sean Connerys Lieblingsfilm. Moira Walsh schrieb in ›America‹, dass die »meisten Kritiker nicht meine Angst und meinen Zweifel teilen und den Film einfach und unfragwürdig zu toller Unterhaltung

erklären«. US-Kritiker Leonard Maltin gab schließlich dreieinhalb von vier Sternen, lobte Lotte Lenya als »finstere Spionin« und schwärmte von der Zugprügelei zwischen Bond und Grant als »einer der längsten und aufregendsten Kampfsequenzen, die je choreografiert wurden«.

Woman of Straw
(Die Strohpuppe) GB 1964

Inhalt

Unter der despotischen Herrschaft des reichen, an einen Rollstuhl gefesselten Engländers Charles Richmond (Ralph Richardson) leidet nicht nur seine Dienerschaft, sondern auch sein Neffe Anthony (Sean Connery). Er entwickelt einen teuflischen Plan, den Onkel aus dem Weg zu räumen, zu dem er die attraktive Krankenschwester Maria (Gina Lollobrigida) benutzt, die Charles um ihre Hand bittet. Der frisch verheiratete Mann wird bei einer Kreuzfahrt im Mittelmeer plötzlich tot aufgefunden. Maria soll ihn zwar beerben, aber sein neues Testament wird erst dann gültig, wenn es in England bestätigt wird. Also schaffen Maria und Anthony den angeblich schlafenden Herrn nach Hause. Plötzlich taucht ein Polizeibeamter auf, der Maria verhaftet und das fast perfekte Verbrechen vereitelt.

Hintergrund

Grundlage für den Film war ein Roman von Catherine Adley. Connery warf sich fast unvorbereitet in das Projekt, vertraute dem Regisseur und der Idee, nach James Bond einen »bösen« Charakter zu spielen. Er hatte nicht einmal das Drehbuch gelesen, als er zusagte – eine Tatsache, die er später bereute.

Connery und Sir Ralph Richardson, den er sehr verehrte. Bei den Dreharbeiten von Outland *trafen sie sich wieder, spielten aber nie wieder zusammen.*

Dreharbeiten und -orte

Als Gina Lollobrigida gleich zu Beginn der Dreharbeiten zu spät am Set erschien und dem Regisseur erzählte, wie sie Szenen und Rollen sah, entgegnete Connery: »Entweder inszeniert er oder Sie. Und wenn Sie es tun, kann es sein, dass ich nicht mitspiele.« Gina war erstaunt und hielt fortan den Mund. Seitdem sind die beiden befreundet. Gedreht wurde auf Mallorca, in England und den Londoner Pinewood Studios. Nach Aussagen von Produktionsdesigner Ken Adam war Gina »ganz vernarrt« in Connery.

Kritik

»Ein raffinierter Reißer um einen Fall von Erbschleicherei mit überraschenden Wendungen und Sean Connery als Charakterdarsteller«, schrieb das Lexikon ›Filme im Fernsehen‹ über diesen »Krimi besonderen Formats«. Doch englische und amerikanische Kritiker fanden weniger Gefallen an dem Thriller, dessen klassische Musik – von Beethoven und Mozart über Berlioz bis Rimski-Korsakov – ihnen zu dominant war, und resümierten: ein »recht trübsinniges Melodram ohne Spannung«.

Marnie (Marnie) USA 1964

Inhalt

Die krankhafte Diebin Marnie Edgar (Tippi Hedren), die gerade einen Unternehmer um 10.000 US-Dollar erleichtert hat, wird von dem Verleger Mark Rutland (Sean Connery) eingestellt, obwohl er von dem Geschäftsfreund weiß, dass sie stiehlt. Er versucht ihr Verhalten zu ergründen und macht sie trotz ihrer Neigungen und ihrer Gefühlskälte zu seiner Ehefrau. Doch auch die Hochzeitsreise wird zu einem Desaster. Erst mit der Zeit erfährt Rutland die wahren Hintergründe für Marnies Verhalten. Ein Besuch bei ihrer Mutter in Baltimore führt zur Aufklärung des Falles: Diese hatte früher Besuch von zahlreichen Matrosen und Marnie hat einen von ihnen erschlagen.

Hintergrund

Basis für den Film war der gleichnamige Roman von Winston Graham. Alfred Hitchcock wollte ursprünglich Grace Kelly für den Film und suchte, als sie absagte, nach Ersatz. Er entschied sich für die bis dahin unbekannte Nathalie Hedren, die er in einem Werbespot gesehen hatte und unter dem Kosenamen Tippi (von ›Tupsa‹: kleines Mädchen) bekannt wurde. Er nahm sie für sieben Jahre unter Vertrag und besetzte sie nach *Die Vögel* (1963) nun zum zweiten Mal.

Drehbuchautor Jay Presson Allen verlagerte die in England spielende Geschichte in die USA und veränderte einige der Charaktere. Connery sagte erst zu, als er das Drehbuch gelesen hatte. In der Originalfassung fällt die erwachsene Marnie in dem Moment, in dem sie von ihrem Schock berichtet, in ihre Kinderstimme zurück. Das mit der deutschen Synchronfassung betraute Studio hat diesen Aspekt übersehen.

Dreharbeiten und -orte

Gedreht wurde von Februar bis Mai 1964 auf dem Gelände der Universal-Studios in Los Angeles. Verschiedenen Aussagen nach, die Hitchcock und Connery getrennt voneinander über die Dreharbeiten abgaben, scheinen sie sich nicht besonders verstanden zu haben. »Ich war nicht überzeugt, dass Sean Connery ein Gentleman aus Philadelphia sein konnte. Wenn man *Marnie* auf den kleinsten Nenner bringt, dann ist es die Geschichte von einem Prinzen und einer Bettlerin. In einer Geschichte dieser Art braucht man einen richtigen Gentleman, einen eleganteren als den, den wir hatten«, monierte der Regisseur. »Wir kamen in schreckliche Schwierigkeiten, weil Hitchcock sowohl inszenierte als auch produzierte«, sagte der Schotte.

Kritik

Die ungewöhnlichen Schnitte, die zum Teil gewöhnungsbedürftige Farbgebung und eine Reihe von schlechten Tricks, Aufprojektionen, bei der die Akteure vor einer Leinwand agieren, brachten dem Film eine Reihe von zwiespältigen Besprechungen ein. Da Hitchcock das Hauptaugenmerk auf die Psychologie lege, käme die Spannung zu kurz, bemängelten viele Kritiker. »Ein Fehlschlag«, urteilte ›Village Voice‹, während die deutsche Zeitschrift ›Film‹ ihn als »eines der absoluten Meisterwerke Hitchcocks« sah und die ungewöhnliche Farbdramaturgie schätzte. »Die Farbe verselbständigt sich, emanzipiert sich von seinem flüchtigen Dasein als formales Ornament zu einer (Menschen, Dinge, Aktionen gleichgestellten) Funktion.« Das Magazin ›Filmkritik‹ urteilte, das Werk sei »als Melodram von einer gähnenden Langeweile, und als psychologische Charakterbeschreibung ist der Film von einer bemerkenswerten Plumpheit«. Auch an den Darstellern lässt Autor Theodor Kotulla kein gutes Haar und bemän-

Britischer Humor oder die Ruhe vor dem Sturm? Alfred Hitchcock und Connery.

gelt einen »zwischen Starre und Chargieren hin und her springenden Darstellungsstil, besonders bei den drei Hauptpersonen (Marnie, ihr Mann, ihre Mutter), auf den man doch nur noch mit Gelächter reagieren kann«. Hitchcock sagte in einem Interview: »Zum ersten Mal habe ich Personen verwendet, die nicht perfekt sind.« Die Aussage nahm Helmut Färber, Autor der Zeitschrift ›Filmkritik‹, zum Anlass, über Connery zu schreiben, er sei eben »nicht einfach die Fortsetzung von Cary Grant und James Stewart, als die man noch in *Die Vögel* Rod Taylor ansehen konnte, nicht jener sympathische junge Mann, der plötzlich in ganz vertrauter Welt von Unvorhergesehenem betroffen wird. Connery-Rutland ist kein Mann, von dem man glauben konnte, dass ausgerechnet seine Liebe für Marnie den Weg zur Heilung fände. Zu sehr sieht er drein, als läse er gern und viel Ian Fleming«.

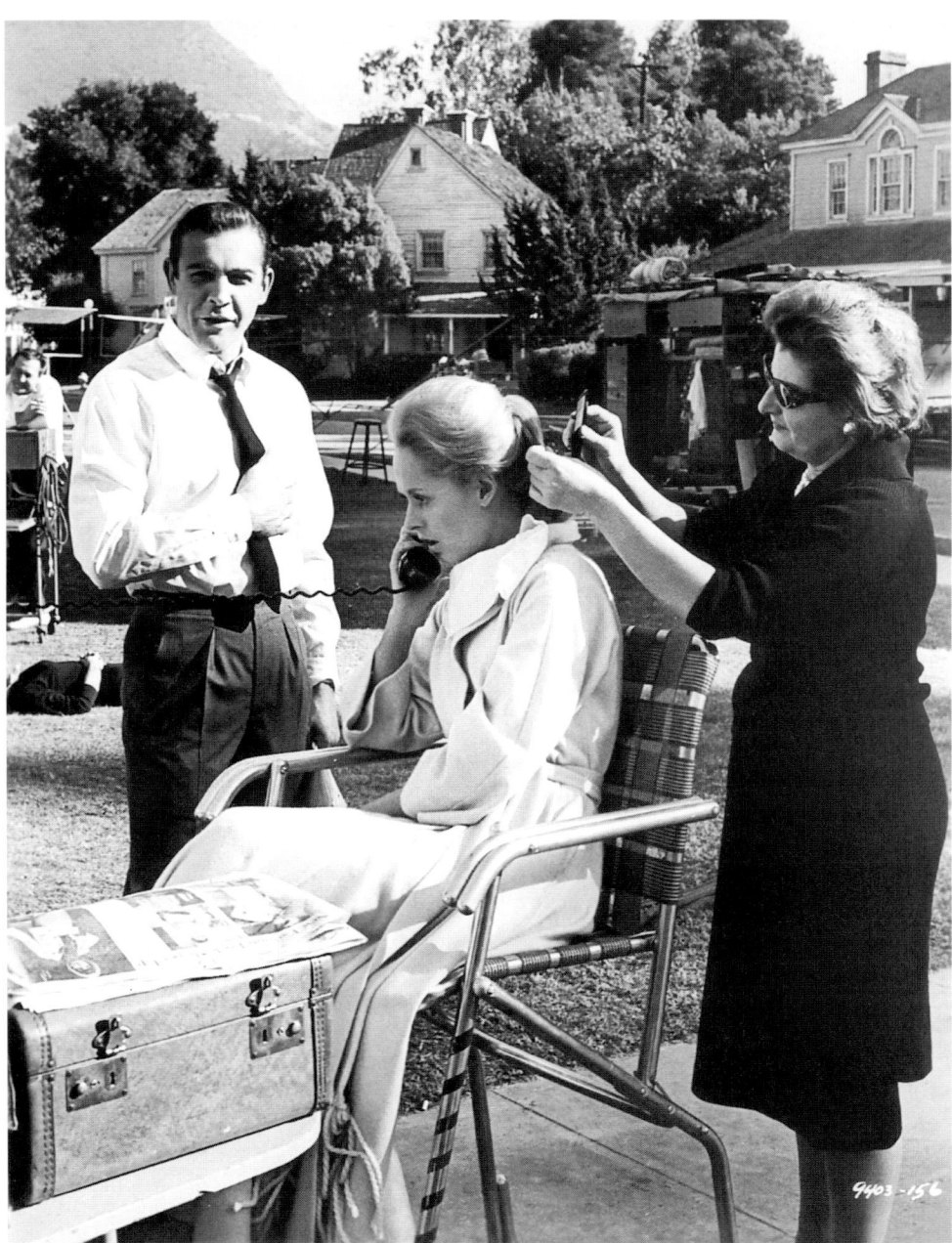

Kleptomanin Tippi Hedren wird für die nächste Szene vorbereitet.

Gut gelaunt auf dem Studiogelände der Universal in Los Angeles. 1983 fuhr Connery in Sag niemals nie auch mal Fahrrad.

Connery lernt seinen Text als amerikanischer Geschäftsmann.

Goldfinger (Goldfinger) GB 1964

Inhalt

Nachdem Bond (Sean Connery) ein südamerikanisches Drogenlager zerstört hat, erhält er von seinem Chef »M« ein paar Tage Urlaub in Miami, wo er auf den steinreichen Auric Goldfinger (Gert Fröbe) angesetzt wird. Dessen Betrügereien beim Kartenspiel durchkreuzt er mit Hilfe von Goldfingers Assistentin Jill Masterson (Shirley Eaton). Der schwergewichtige Mann rächt sich auf seine Weise und tötet Jill, indem er ihren ganzen Körper goldfarben anmalen lässt. Wieder zurück in England geraten beide bei einem arrangierten Golfspiel erneut aneinander. Bond wird von Goldfingers stummem Diener Oddjob ge-warnt – er enthauptet mit seiner fliegenden Melone eine Statue. Doch 007 ist Goldfinger weiter auf der Spur und schleicht sich in dessen Schweizer Werk ein. Bei einer Verfolgungsjagd wird Tilly Masterson, die den Mord an ihrer Schwester Jill sühnen wollte, getötet und Bond gefangen genommen. Auf Goldfingers Gestüt in Kentucky erfährt er, dass der Verbrecher Fort Knox, das größte Goldreservoir der Welt, knacken, die gesamten Vorräte atomisieren und die Schutztruppe mit Hilfe von Gas einschläfern will. Bond gelingt es, Goldfingers Pilotin Pussy (Honor Blackman) auf seine Seite zu ziehen, das Nervengas auszutauschen, Oddjob zu ermorden und den Plan zu vereiteln. In einem Flug auf dem Weg zum US-Präsidenten kommt es zu

Während der Dreharbeiten von Goldfinger in der Schweiz durften deutsche Reporter Connery interviewen.

einem letzten Kampf zwischen Bond und Goldfinger.

Hintergrund

Im Vergleich zum Roman wurden mehrere Elemente im Drehbuch geändert. Auf dem Höhepunkt des Kalten Krieges ist Goldfingers Auftraggeber nun kein Russe mehr, sondern ein Rotchinese. Als Leibwächter werden im Film nur Koreaner beschäftigt, im Buch waren auch Deutsche darunter. Schließlich sind Pussy Galore und Tilly Masterson im Drehbuch keine Lesbierinnen mehr. Am Romananfang philosophiert Bond über Leben und Tod, der Film dagegen beginnt mit einer Action-Szene. Die rotierende Säge im Buch wurde im Film durch den Laserstrahl ersetzt. Drehbuchautor Richard Maibaum: »Mit dem Strahl hatten wir Bond in einer vergleichbaren Situation, aber es wirkte viel effektiver, als ich es mir auf Papier vorstellen konnte.« Obwohl dem Film immer wieder bescheinigt wurde, sich relativ genau an die Vorlage zu halten, gibt es nach Maibaums Aussage »nur vier Zeilen, die aus dem Buch verwendet« wurden.

Dreharbeiten, -orte und Budget

Im Winter 1963/64 flog ein kleines Team zwecks Motivsuche in die USA, während sich Broccoli in Portugal umschaute. Im Februar 1964 reiste ein 18-köpfiges Team nach Fort Knox, machte Aufnahmen vom Militärstützpunkt und seiner Umgebung. Ein paar Luftaufnahmen von Miami, ein paar vom Hilton-Hotel Fontainebleau und einer Schrottpresse – mehr passierte nicht in Amerika. Gedreht wurde in der Schweiz und England. Am 19. März entstand die Anfangssequenz in Pinewood. Erst am 19. Mai stieß Sean Connery zum Filmteam, da er zuvor noch mit Hitchcocks *Marnie* beschäftigt war. Bis Anfang Juli waren die Innendrehs abgeschlossen, so dass

man am 6. Juli 1964 in die Schweiz fliegen konnte.

Mit einem Budget von drei Millionen US-Dollar kostete der Film mehr als dreimal so viel wie der Erstling, nach heutigen Maßstäben aber immer noch ein »Sonderangebot«. Erstmals handelte Connery neben seiner Gage eine Gewinnbeteiligung von fünf Prozent aus.

Premiere

Zur Welturaufführung des Films am 17. September 1964 in London herrschte große Begeisterung. Tausende säumten die Straße vor dem Odeon-Kino am Leicester Square. Polizeiabsperrungen wurden eingedrückt, eine Kinotür ging zu Bruch, etliche Schaulustige mussten ins Krankenhaus. Die gesamte Veranstaltung wurde von der ›Sun‹ gesponsert, die Einnahmen gingen an die ›Old Ben‹ genannte Newsvendors Benevolent Institution. Nach der Premiere lief der Film parallel in acht Londoner Kinos. Bereits der Vorgänger hatte vielfach schon lange bestehende Hausrekorde überbieten können, doch jetzt gab es bald jeden Tag neue. Am 8. Oktober, nur drei Wochen nach der Premiere, meldete die englische Fachzeitschrift ›Kine Weekly‹: »So etwas ist noch nie passiert, jeder Hausrekord in England ist in den letzten 14 Tagen überboten worden.« Ein französischer Kinomanager wurde im ›Observer‹ mit den Worten zitiert: »Die Schlangen vor den Kinos sind die längsten, die es je gab.« Eine deutsche Fachzeitschrift berichtete von »phänomenalen Umsätzen« und rechnete vor, dass im Vergleich zum ersten Bond etwa zehnmal so viele Besucher zu verzeichnen seien. In den USA erlebte *Goldfinger* am 22. Dezember seine Uraufführung und wurde damit zum ersten Bond, der um Weihnachten herum anlief. Bereits um drei Uhr früh bildeten sich die ersten Schlangen. Drei Tage später startete der Film landesweit und lief im größten New Yorker Kino 24

Stunden ununterbrochen. Zu kurzen Pausen kam es nur, weil die Popcorn-Reste bereits zehn Zentimeter hoch lagen …

Die Deutschland-Premiere fand am 14. Januar 1965 im Kölner Capitol-Kino in Anwesenheit von Gert Fröbe und des Aston Martin DB 5 statt. Der landesweite Start war zwei Tage später. Fröbe machte zuvor in Frankfurt, Hoechst und Erlangen Station und startete die Rallye Monte Carlo. Aufgrund des riesigen Erfolges wurde zwei Wochen später im Münchener Mathäser-Filmpalast eine weitere Premiere gefeiert. Der 100.000. Besucher jedes Kinos in Deutschland erhielt von United Artists einen Strauß Blumen und eine Goldmünze. Ihr Risiko, den Film mit unglaublichen 100 Kopien zu starten – für einen Spitzenfilm üblich waren 20 –, hatte sich ausgezahlt.

Kritik

Die Kritik ging mit dem Film hart ins Gericht. »Die neue Brutalität«, titelte ein englisches Magazin und die ›Frankfurter Allgemeine Zeitung‹ schrieb am 8. Januar 1965: »Zu sehen ist nur eine bisher unbekannt gebliebene Fülle von Mord und Folterung, wobei die völlig unnötige, aber eben noch so mitgenommene Zerquetschung eines Menschen zwischen Stahlwand und geöffneter Tür des Stahltresors in Fort Knox beim Eindringen der Regierungstruppen vielleicht am tiefsten verstimmt. Sex und Mord wechseln, rhythmisch skandiert, miteinander ab. Ist das humorvoll? […] Wir können es nicht ändern, aber diese Art von Humor erinnert an Eichmanns Zeit. […] Hier wird an Instinkte appelliert, die nicht anders als faschistisch zu nennen sind.« Andernorts wurden sogar Rufe nach dem Schutz der Öffentlichkeit laut, da der Film, wie seine Bond-Vorgänger auch, ab 16 Jahren freigegeben wurde, oder man ließ sich zu harschen Kommentaren zum Rassismus der Filme und zur politischen Situation hin-

reißen: »Bond fliegt mit im Napalm-Bomber über Vietnam.«

Doch trotz vehementer Kritik an der Brutalität wurde, wie etwa in der ›Rheinischen Post‹, auch erwähnt, dass die »Pendel bundesdeutscher Kulturkritik zumeist sehr extrem ausschlagen«. Weiter heißt es: »Was der überholte ›Krimi‹, was der gekünstelte, psychoanalytische Schocker nicht mehr schafften, glückte hier: die Behexung des Zuschauers, durch die ein als Reißer angelegter Film auch ein Reißer an der Kasse wird«. Am schärfsten gingen die Russen mit James Bond um. Die ›Prawda‹ bezeichnete ihn als »Nachfolger der nationalsozialistischen Verbrecher«, es gäbe »keinen Unterschied zwischen ihm und dem deutschen KZ-Kommandanten Rudolf Höß«.

The Hill
(Ein Haufen toller Hunde) GB 1965

Inhalt

Während des Zweiten Weltkriegs wird Unteroffizier Joe Roberts (Sean Connery) mit vier anderen Soldaten in ein britisches Militärlager in Nordafrika gebracht. Die Männer müssen eine Reihe von Schikanen über sich ergehen lassen, unter anderem bei brütender Hitze schwer bepackt immer wieder über einen Sandhügel klettern. Vor allem Roberts soll »fertig gemacht« werden, weil er einen absurden Durchhaltebefehl verweigert hat. Feldwebel Wilson (Harry Andrews) nimmt in Kauf, dass der schwächste der fünf Soldaten stirbt, und schlägt Roberts zusammen, als er merkt, dass der immer aufsässiger wird. Schließlich kommt es zu einer Revolte aller Gefangenen.

Hintergrund

Der Film basiert auf einem Bühnenstück von R.S. Allen und Ray Rigby, der auch das Dreh-

Grandiose Kritiken und ein Vergleich mit Clark Gable waren das Ergebnis der Schufterei für Ein Haufen toller Hunde.

buch schrieb. Rigby selbst war während des Krieges in einem solchen Camp. Der Film entstand in Schwarzweiß, wurde aber später im Fernsehen (RTL plus) auch in einer nachkolorierten Fassung ausgestrahlt. Ungewöhnlich ist, dass er völlig ohne Musik auskommt, da Lumet den Geräuschen und dem Befehlston einen hohen Stellenwert einräumen wollte. *The Hill* war der erste von bislang fünf Filmen, die Regisseur Sidney Lumet und Sean Connery zusammen drehten. Der Schotte hatte dessen kurz zuvor entstandenen Film *Der Pfandleiher* gesehen und fand die Story so gut, dass er umgehend zusagte, als das Angebot kam.

Dreharbeiten und -orte

Gedreht wurde von November 1964 bis Januar 1965 ausschließlich im südspanischen Almería, wo Ausstatter Herbert Smith auch das Strafgefangenenlager errichtete. Die von Regisseur Sergio Leone »entdeckte« Filmstadt, in der er alle seine Dollar-Western drehte, wurde von internationalen Filmproduktionen genutzt, auch wenn Essen und hygienische Zustände zu wünschen übrig ließen. »Wir alle wussten, als wir uns darauf einließen, was uns erwartete«, sagte Connery später.

Um die Strapazen bei Temperaturen um die 40 Grad etwas zu erleichtern, wurden die Rucksäcke nur mit Holzwolle gefüllt. Connerys Kommentar: »Manchmal komme ich mir tatsächlich wie ein Strafgefangener vor.

Noch nie habe ich mir meine Gage so schwer verdient.« Einige der Werbeschlagzeilen, die MGM den deutschen Kinobesitzern offerierte, sind nicht ohne einen gewissen Humor: »Trotz Demütigung, Terror, Unmenschlichkeit und Gewalt – der Sieger heißt Sean Connery.« – »Ein K.O. der Menschenwürde – Sieger nach Punkten: Sean Connery!« – »Statt der gewohnten Maschinenpistole trägt Hauptdarsteller S. Connery die Verantwortung dafür, dass der Hass eines verlorenen Haufens nicht in blindwütigen Terror umschlägt.« – »Kein Platz für Mitleid bei 50 Grad im Schatten.«

Premiere

Der Film wurde zum ersten Mal aufgeführt bei den Internationalen Filmfestspielen in Cannes, zu denen auch Connery vom 24. bis 26. Mai 1965 anreiste. Dazu Michael Caine: »Connery wurde von der Presse und den Autogrammjägern so in Beschlag genommen, dass er noch nicht mal zum Restaurant des Hotels gehen konnte, um etwas zu essen. So verließ er die Stadt am selben Tag, an dem er gekommen war, bevor der Film gezeigt wurde.« Doch seine Erinnerungen sind wohl lückenhaft, denn Connery war, wie Fotos belegen, abends im Kino. Drehbuchautor Ray Rigby wurde zwar in Cannes mit einem Preis ausgezeichnet, doch hagelte es viel Kritik für die Jury, die dem Film nicht den Hauptpreis zuerkannte. Die beiden Jurymitglieder Olivia de Havilland und Rex Harrison waren der Meinung, dass die Härte des Films das Ansehen und die Ehre Englands untergraben würden. In England erhielt Kameramann Oswald Morris eine Auszeichnung der British Film Academy.

Kritik

»Alle Darsteller sind exzellent und Sean Connery glänzt in der Tradition eines zweiten Clark Gable«, urteilte der Pariser ›Le Figaro‹. Die deutsche Zeitschrift ›Film‹ sah ebenfalls Parallelen: »Er macht Maske à la Gable, und wenn es Connery hier und da doch gelingt, das Bond-Schema zu durchbrechen, so hat das in solch heikler Situation eines Schauspielers schon einigen Wert.« – »Besonders ragen Sean Connery und Ossie Davis hervor«, lobte ›Mundo Deportivo‹ aus Barcelona. Der in London erscheinende ›Daily Mirror‹ attestierte Connery und Harry Andrews »höchste Schauspielkunst«.

Thunderball (Feuerball) GB 1965

Inhalt

Nachdem Bond (Sean Connery) in Paris den gegnerischen Agenten Jacques Bouvoir ausgeschaltet hat, wird er zur Erholung in die englische Klinik Shrublands geschickt. Dort wird der Nato-Pilot François Derval getötet und durch einen Doppelgänger ausgetauscht. Die ganze Aktion ist Teil eines Plans von PHANTOM (im Original SPECTRE), die mit Hilfe des Doppelgängers bei einem Übungsflug der Nato zwei H-Bomben entführt und die englische Regierung erpresst. Sollte diese nicht innerhalb einer bestimmten Frist 100 Millionen Pfund in Diamanten zahlen, würden zwei Weltstädte ausgelöscht werden. Bond fliegt auf die Bahamas, nimmt Kontakt zu Domino (Claudine Auger) auf, der Schwester des ermordeten Piloten, und lernt ihren Finanzier, den sizilianischen Millionär Emilio Largo (Adolfo Celi) kennen, gleichzeitig Nummer zwei der Organisation. Dessen Killerin Fiona versucht Bond umzubringen, wird jedoch von den eigenen Leuten erschossen. Bond findet heraus, wie die Bomben verladen wurden, entdeckt das Unterwasserquartier und stellt Largos Froschmänner mit Hilfe einer aus Miami herbeigerufenen Spezialtruppe von

Anita Ekberg besuchte die Dreharbeiten von Feuerball *auf den Bahamas.*

Wasserfallschirmspringern. Doch Largo kann fliehen. An Bord seiner Yacht kommt es zur letzten Auseinandersetzung.

Hintergrund

Der Roman ›Feuerball‹ basiert nicht allein auf einer Geschichte von Ian Fleming, sondern auf einem von einer Reihe von Drehbuchentwürfen, die der Autor gemeinsam mit dem Produzenten Kevin McClory und seinen Freunden Ivar Bryce und Ernst Cuneo für den amerikanischen Fernsehsender CBS verfasst hatte. Die Titel variierten zwischen ›SPECTRE‹, ›James Bond Secret Agent‹, ›James Bond of the Secret Service‹ und ›Longitude 78 West‹. Doch das Projekt ging nicht so recht weiter, obwohl später auch der Autor Jack Whittingham hinzugezogen wurde. Im De-

zember 1959 sandte McClory das erste fertig gestellte Drehbuch mit dem Titel ›Longitude 78 West‹ an Fleming, der daraus den Roman ›Thunderball‹ machte. Als der im Frühjahr 1961 erschien, zogen die Miturheber verwirrt und empört vor Gericht. Im November 1963 einigte man sich außergerichtlich: Beide Ko-Autoren mussten im Vorspann und in der Werbung genannt werden, zudem galt McClory nun neben Broccoli/Saltzman als Produzent des Films, bekam 20 Prozent des Gewinns und ein Fixum von 250.000 US-Dollar. Schließlich war man froh über die Einigung, denn viele Beteiligte hielten den Roman für einen der besten Stoffe, da er sehr visuell angelegt war. Auch Connery schloss sich dem an, als er erklärte, lediglich drei Romane jemals gelesen zu haben – ›Dr. No‹,

›Leben und sterben lassen‹ und eben ›Feuerball‹.

Dreharbeiten, -orte und Budget

Am 12. Februar 1965 verließ ein 58 Mann starkes Team London und begann vier Tage später mit den Dreharbeiten in Paris und am Chateau d'Anet außerhalb der französischen Metropole. Anschließend flog die Crew für vierwöchige Innenaufnahmen nach London zurück. Dann reiste das auf 82 Mann angewachsene Team mit einer eigens gecharterten Sondermaschine der TWA für die geplanten siebenwöchigen Dreharbeiten auf die Bahamas. Ende März wurden die Szenen im eigens zum »Kiss Kiss Bang Bang Club« umgebauten Café Martinique des US-Millionärs Huntington Hartford, der selbst als Komparse mitwirkte, auf Paradise Island gedreht. Ostern erlebte die Inselhauptstadt ein Schauspiel, das sonst nur an Neujahr zu besichtigen ist: Die Junkanoo Parade, ein farbenprächtiger Umzug und eine der größten Attraktionen der Karibik, wurde eigens für das Filmteam abgehalten.

Für die Aufnahmen mit den Haien wurde kein Geringerer als Jacques Cousteau zu Rate gezogen, der es schaffte, Connery in das Haibecken zu bekommen – die Haie waren mit Beruhigungspillen versorgt und eine Glasscheibe trennte die beiden »Parteien«.

Im Juli 1965 drehte Maurice Binder im Wasserbassin von Pinewood den Titelvorspann. Im Herbst schnitt Peter Hunt den überlangen Film, und im Oktober verlangte Connery, dass der Drehplan in Zukunft auf zwölf Wochen begrenzt werde. Ihn störten die immer länger dauernden Dreharbeiten und die damit verbundene Problematik, keine anderen Filme annehmen zu können. Zudem beschwerte er sich über die anstrengende Arbeit: »Ich brauche die Konstitution eines Rugby-Spielers, um die 19 Wochen aus

Schwimmen, Prügeln und Knutschen zu überstehen. Aber Bond ist gut zu mir gewesen und ich glaube, dass dies die beste aller Geschichten ist.« In dem berühmt gewordenen ›Playboy‹-Interview (Ausgabe 11/1965) sagte er: »Alle diese Unterwasserdrehs und die Wasserflaschen auf dem Rücken finde ich nicht besonders aufregend. Ich fürchte mich vor Haien und Barracudas und zögere nicht, dies auch zuzugeben.« Mit einem Etat von etwa 5,5 Millionen US-Dollar war *Feuerball* abermals fast doppelt so teuer wie der Vorgänger.

Premiere

Ursprünglich sollte die Uraufführung des Films am 21. Oktober 1965 in London gefeiert werden, doch fand die Premiere am 11. Dezember 1965 in Anwesenheit von Luciana Paluzzi und Adolfo Celi im Shirley Street Theatre in Nassau statt – ein kleines Dankeschön an die vielen örtlichen Beteiligten des Films. So kam der Film im Herstellungsland erst am 29. Dezember zu seiner »Premiere«, nachdem er in den USA und auch in Deutschland bereits angelaufen war.

In New York wurde das renovierte Paramount-Theater mit 3.400 Plätzen, das aus Rentabilitätsgründen geschlossen worden war, für die Filmpremiere wieder geöffnet. Der Film startete in 27 New Yorker Kinos und in 250 Häusern landesweit. Nach nur sechs Wochen Laufzeit in den USA waren die Kosten wieder eingespielt. Ein Kinobesitzer aus Tokio brachte sein Leid mit dem Satz zum Ausdruck: »Ich bekäme jedes Mal 200 Leute mehr ins Kino, wenn sie nicht alle Mäntel tragen würden.«

»Das Weihnachtsfest wird sich 1965 nur mit Mühe gegen den *Feuerball* behaupten können. Merry Bondmas«, schrieb das Branchenblatt ›filmecho‹ am 5. November 1965 und sollte damit Recht behalten. Eine Welle mit Bond-Produkten überschwemmte den

Markt, Zeitungen wie die ›AZ München‹ druckten den Roman vorab und der Verleih veranstaltete einen Wettbewerb unter den Kinobesitzern, an dem sich weit über 100 Personen beteiligten und dessen Hauptpreise Reisen auf die Bahamas waren. Die Publicity zahlte sich aus. Mit Schlagzeilen wie »Bei *Feuerball* waren auch Stehplätze gefragt« oder »Bond schlägt alles« versuchten deutsche Medien den enormen Andrang an den Kinokassen in Worte zu fassen. Tatsache ist, dass der Film gleichzeitig in 110 deutschen Kinos startete, er nach drei Tagen 1.969.641 DM eingespielt und bereits nach acht Wochen 3,1 Millionen Besucher gefunden hatte. Damit zog *Feuerball* mit dem *Schweigen* von Igmar Bergman gleich, dem Ähnliches gelungen war.

Kritik

Bemängelt wurde überwiegend die Länge, die mehr und mehr dominierende Technik und die Tatsache, dass der Film sich teilweise selbst parodiert. Die Gewaltdiskussion, die bei *Goldfinger* noch getobt hatte, wurde deutlich emotionsloser geführt. Die sarkastischen Witze wie »Darf ich mal meine Freundin hierher setzen. Sie belästigt sie nicht. Sie ist nämlich tot!« wurden zwar nicht überall begrüßt, aber häufig nur belächelt. Nur gelegentlich blitzten noch ein paar verschämte Angriffe durch. So schrieb Rainer Fabian im ›Rheinischen Merkur‹ am 7. Januar 1965: »Er [der Film] ist nicht der schlechteste, weil die Attraktionen und Sensationen von Mord und Apparatur, von Meeresblau und Dekolleté nacheinander folgen, ohne Beziehung zu einer Dramaturgie. Es gibt keinen Zusammenhang mehr zwischen den Schauplätzen, das Gemetzel auf dem Meeresgrund kann durch das zarte Geschwirr der Luftblasen nur schwer Originalität erlangen, und die technischen Tricks kommen aus einer Wundertüte, die selbst Bondgewohnten zu viel ist.« Die

›Süddeutsche Zeitung‹ schrieb: »Die Story, die Logik, die Psychologie mögen über Bord gegangen sein – da unten aber ist's fürchterlich spannend. Tricks und Technik, Gags und Gigantomanie vereinen sich zur Perfektion der Kolportage, zum Nonplusultra amphibischen Räuber- und Gendarmenspiels. […] Horror in todschicker Aufmachung.« Der ›New Yorker‹ begrüßte vor allem die Tatsache, dass die Produzenten das viele Geld, das sie mit den vorhergehenden Filmen erwirtschaftet hatten, gleich wieder investiert hätten, und zog geradezu bahnbrechende Vergleiche: »Cary Grant hat gesagt, dass er keine romantischen Hauptrollen mehr spielen möchte. Connery ist der Schauspieler, der die Klasse hat, in die Schuhe des Meisters zu schlüpfen.« Moira Walsh brachte es in ihrer Beurteilung des Films in ›America‹ am 8. Juni 1966 auf den Punkt: »Als Nicht-Bond-Fan ist es meine unmaßgebliche Meinung, dass *Feuerball* ein paar wundervoll wahnsinnige Momente hat, aber der überwiegende Teil wird von mehr, von größeren und zudringlicheren Gags, Kniffen, Effekten und Erfindungen bestimmt als die Vorgänger.« Nachdem die ›Prawda‹ ihn zum »Symbol der Gesetzlosigkeit« erklärt hatte, berichtete der bulgarische Autor Andrej Guljaschki in der sowjetischen Literaturzeitung ›Literaturnaja Gaseta‹, er schreibe ein Buch, in dem 007 von dem bulgarischen Detektiv Awakum Sachow besiegt werde, denn »Bond sei ein amoralischer Faschistentyp, der ausgeschaltet werden müsse«.

A Fine Madness

(Simson ist nicht zu schlagen) USA 1966

Inhalt

Simson (Sean Connery) ist ein erfolgloser und verschuldeter Dichter, der mit seiner Frau Rhoda (Joanne Woodward) in einem einfachen Appartement in New York lebt und sich mit dem Reinigen von Teppichen etwas dazuverdient. Als er versucht, mit einer Dichterlesung im Frauenclub etwas Geld zu machen, entwickelt sich diese zu einem Skandal, weil Simson betrunken ist. Rhoda beschließt, ihren Mann in der Klinik von Dr. West (Patrick O'Neal) psychiatrisch behandeln zu lassen. Doch der Ärger geht weiter, als sich sämtliche

Connerys erster Ausflug ins komödiantische Fach ging schief. Fans und Kritiker waren von Simson *entsetzt.*

Frauen – inklusive Lydia (Jean Seberg), der Ehefrau von West – in den charmanten Verrückten verlieben. Auch ein operativer Eingriff kann den rauflustigen Simson nicht stoppen, sich mit jedermann anzulegen.

Hintergrund
Grundlage für den Film ist der Roman ›A Fine Madness‹ von Elliott Baker, der auch das Drehbuch schrieb. In der Originalfassung heißt die Hauptfigur Samson Shillitoe; in Deutschland wurde aus Samson dann Simson. Kurz vor Drehbeginn nahm Studioboss Jack Warner noch einige Änderungen vor. So

bestimmte er, dass Kameramann Haskell Wexler *Wer hat Angst vor Virginia Woolf?* drehen sollte und Ted McCord seinen Job übernahm. Jean Seberg kam erst im letzten Moment dazu; wer ursprünglich vorgesehen war, wurde nicht bekannt. Auch das Drehbuch wurde ständig geändert.

Dreharbeiten und -orte
Von September 1965 an wurde in New York und auf dem Gelände der Warner Brothers Studios in Los Angeles gedreht. »Diesmal bin ich kein Superman, sondern ein leicht bescheuerter Dichter. Das ist endlich mal etwas anderes. Aber meine Traumrolle wäre der Herzog von Wellington«, äußerte Connery während der Dreharbeiten. In der US-Ausgabe des ›Playboy‹ (Juli 1966) findet sich unter dem Titel »Sean Connery Strikes Again« eine ausführliche Fotostrecke, in der sich Connery mit seinen Partnerinnen Sue Ann Langdon auf dem Sofa und Jean Seberg in der Badewanne vergnügt. Da Seberg nicht nackt in die Wanne wollte, bekam sie einen fleischfarbenen Body, währenddessen Connery zumeist nackt herumlief und ihre Skrupel nicht verstehen konnte. Regisseur Irvin Kershner: »Sean wollte die Szene ›live‹ spielen, also bestellte er mehrere Flaschen Champagner, während die Crew die Einstellungen vorbereitete, und machte Jean betrunken. Als alle so weit waren, zog er seine Unterhose aus und Jean einfach zu sich herein. Der Champagner floss in Strömen und am Ende des Vormittags hatte sie alles von sich geworfen, lachte, spritzte mit Wasser und amüsierte sich.«

Als Studioboss Jack Warner den Film zum ersten Mal sah, empfand er ihn als unsozial und verlangte, dass er umgeschnitten werde und einen neuen Soundtrack bekäme. Er schmiss sogar Irvin Kershner vom Gelände. »Der Film ist ein großer Mist. Ich kann ihn mir selbst heute nicht mehr ansehen«, sagte Irvin

Kershner in den achtziger Jahren in einem Interview.

Kritik

»Sean Connery spielt den Dichter als klischeehafte Karikatur eines Poeten«, urteilte das ›Lexikon des internationalen Films‹, und zum Film heißt es, er sei »offenbar als Parodie gemeint, zerschlägt in seiner vordergründig lauten Inszenierung aber jeden Ansatz dazu«. Andere urteilten ähnlich. Nach der englischen Premiere schrieb der Kritiker des ›Daily Mail‹: »Darüber kann ich nicht lachen.« Die ›Süddeutsche Zeitung‹ konstatierte: »Keine schlechte Idee, den Superman einmal als überdrehten Dichterling zu verkaufen, der allenfalls seine Frau mit Faustschlägen traktiert. Nur leider bleibt die mäßig heitere Klamotte an allen Ecken und Enden stecken.« – »Sean Connery bringt heißhungrige Energie in seine Rolle als New Yorker Poet ein«, schrieb Pauline Kael und der amerikanische Kollege Leonard Maltin nannte den Film eine »zügellos komische Satire«. Interessanterweise orakelte ›Bravo‹ schon vor Drehbeginn im August 1965: »Mann, wenn das nur nicht ins Auge geht.« Das Magazin sollte Recht behalten.

You only Live Twice

(Man lebt nur zweimal) GB 1967

Inhalt

Um eine Raumschiffentführung im Weltall aufzuklären, schickt man Bond (Sean Connery) nach Japan, wo man die Entführer vermutet. Er nimmt mit Aki (Akiko Wakabayashi), der Assistentin des japanischen Geheimdienstchefs Tiger Tanaka, Kontakt auf, gelangt in die Zentrale der Firma Osato Chemical, raubt wichtige Unterlagen aus dem Tresor und kann flüchten. Bond inspiziert den Hafen und erkundet mit dem Mini-Helikop-

ter ›Little Nellie‹ erloschene Vulkane auf der Insel. Inzwischen ist ein weiteres Raumschiff entführt worden und in Japan niedergegangen. Als einheimischer Fischer getarnt und unterstützt durch Tanakas Ninja-Kämpfer findet er heraus, dass sich Blofelds (Donald Pleasence) Kommandozentrale in einem der Krater befindet. Aki wird vergiftet. Bond »entert« den Krater und steht seinem Erzfeind gegenüber.

Hintergrund

Nachdem der frühere Autor Richard Maibaum andere Verpflichtungen eingegangen war, entwarf der britische Schriftsteller Roald Dahl vor dem Hintergrund des Wettlaufs der beiden Supermächte zum Mond und der sich abzeichnenden sowjetisch-amerikanischen Entspannung die Geschichte, die von Flemings Roman lediglich den Titel und einige Charaktere übernahm. Dahl brachte eine Menge schwarzen Humor mit ein. Erstmals war Bonds Erzrivale Blofeld zu sehen, den das

Bei den Dreharbeiten von Man lebt nur zweimal *in Japan.*

US-Magazin ›Time‹ als »asexuelles Monster mit geschorenem Kopf, scheußlicher Narbe und fremdem Akzent« beschrieb. Ursprünglich sollte Helmut Qualtinger die Rolle spielen. Er wurde nach London eingeladen, erschien den Produzenten aber als zu klein. Regisseur Gilbert meinte: »Als Bösewicht taugt nur der, der mindestens so groß ist wie Connery. Sonst wäre er in jeder Hinsicht ideal gewesen.« Danach entdeckten die Produzenten den tschechischen Schauspieler, Autor und Regisseur Jan Werich, der völlig überrascht war: »Vierzig Jahre lang habe ich vorwiegend komische Rollen gespielt und jetzt passiert mir das. Aber immerhin – das Ganze ist komisch genug. Ich werde mein Bestes tun, um herzhaft gemein zu sein.« Offiziellen Aussagen zufolge erkrankte Werich am 11. November während der Dreharbeiten, in Wirklichkeit war er dem Team nicht überzeugend genug. So ersetzte man ihn durch Donald Pleasance, der übrigens kaum größer ist als Qualtinger.

Dreharbeiten, -orte und Budget

Im März 1966 flog ein kleines Team zur Drehortbesichtigung nach Japan. Beim Flug über die Vulkanregionen der Insel Kyushu kam man auf die Idee, dass Blofeld dort sein Hauptquartier haben könnte. Nachdem Ken Adam die Kosten auf eine Million US-Dollar geschätzt hatte, entgegnete Broccoli: »Wenn du das kannst, dann bau den Krater.« Einen Monat später begann er in London mit den Entwürfen. Im Mai wurden die japanischen Schauspieler besetzt und die Produzenten nahmen Kontakt zu Kenneth Wallis auf. In einem Demonstrationsfilm der BBC hatten sie seinen Mini-Helikopter gesehen. Am 11. Mai 1966 waren die Stahlfundamente des Kraters fertig, so dass man am 4. Juli beginnen konnte. Die erste Szene war ... Bonds Tod. Es folgten 17 Tage Studiodreh. Am 23. Juli gab Connery

in London bekannt, dies sei sein letzter Bond-Film. Ihm ging der zunehmende Rummel auf die Nerven, und er kritisierte Veröffentlichungen, die nicht auf Tatsachen beruhen.

Im März 1967 war der Film nach neunmonatiger Arbeit im Kasten. Erstmals spielte auch Connerys Ehefrau Diane Cilento mit: Als Mie Hama während der Wasserszenen plötzlich nicht mehr konnte, gab man Diane Cilento einen weißen Bikini und eine schwarze Perücke und ließ sie die Hauptdarstellerin doubeln.

Das Budget von *Man lebt nur zweimal* war mit 8,5 Millionen US-Dollar, damals knapp 34 Millionen DM, wieder einmal höher als das des Vorgängers. Das lag auch daran, dass man mit drei technischen Sensationen aufwarten konnte, dem »Little Nellie« genannten Mini-Hubschrauber, den ersten beiden Prototypen eines Toyota Sportwagen-Cabriolets und der teuersten Dekoration, die jemals in Europa errichtet worden war. Neben den vielen Drehorten in aller Welt (Gibraltar, Torremolinos und allein 14 Orte in Japan), für die die Crew etwa 70.000 Kilometer zurücklegte, verschlang Blofelds Kommandozentrale das meiste Geld. Sie war 42 Meter hoch, bestand aus 700 Tonnen Stahl, 300 Kilometer Stahlrohr, 200 Tonnen Gips und Zement, 300.000 Quadratmeter Leinwand, einer Einschienenbahn, einem Hubschrauberlandeplatz, auf dem auch wirklich ein Helikopter landete ... 250 Mann arbeiteten fast sieben Monate an dem Bauwerk, das fast vier Millionen DM kostete. Es stand in der Nähe der Fernstraße London-Oxford und war weithin sichtbar, bis es etwa drei Wochen nach Drehschluss abgerissen werden musste, weil ein englisches Gesetz es so verlangte. Hinzu kam, dass sich Anwohner beschwert hatten, das Monstrum versperre ihnen die Sicht. »Sonst hätten wir das technische Wunderwerk sicher ein paar Jahre gegen Eintritt besichtigen lassen können und es hätte sich amortisiert«, sagte Saltzman.

Als sich Sean Connery im Dezember 1967 in Tel Aviv aufhielt, bot man ihm an, Israels Meisterspion und ehemaligen Chef des Geheimdienstes Isser Harel kennen zu lernen, aber er lehnte dankend mit dem Hinweis ab, dass er sich nicht für Spione interessiere: »Ich habe die Nase von diesem James Bond wirklich voll. Wohin soll das noch führen? Erst war er ein gewöhnlicher Spion, doch von Film zu Film haben sich die Produzenten immer neue Tricks ausdenken müssen, und langsam wurde dieser James Bond zu einem Monstrum, ähnlich wie Frankenstein.«

Premiere

Die Royal World Charity Premiere, die am Montag, dem 12. Juni 1967, im Londoner Odeon-Kino stattfand, wurde von Prominenten wie Dick van Dyke, Tony Bennet, Laurence Harvey und Jerry Lewis besucht und endete mit tosendem Beifall. Eine halbe Million DM kamen für die Krebsforschung und den YMCA zusammen. Einen Tag später startete der Film in London und New York. Allein in der ersten Woche spielte er im Odeon 21.036 Pfund ein, die größte Einnahme des Hauses aller Zeiten.

In Deutschland war der Film ab 14. September 1967 in 100 deutschen Kinos zu sehen. Die Premiere fand im Beisein von Hans-Joachim Fuchsberger, Robert Fuller, Rex Gildo und den japanischen Bond-Girls im Münchner Mathäser-Filmpalast statt. Vor dem Hauptfilm war eine Karate-Show zu sehen. Der finanzielle Erfolg des Films war immens. In vier Tagen spielten die Kinos 2.649.985 DM ein, 10,2 Prozent mehr als *Feuerball* und 83,2 Prozent mehr als *Goldfinger*. In drei Wochen waren es 8.001.350 DM, etwas weniger als *Feuerball*, was United-Artists-Pressechef Hellmuth Gattinger damit erklärte, dass der Start im Sommer – im Gegensatz zum Weihnachtsstart des Vorläufers – Besucher gekostet hätte.

Kritik

Der ›Daily Express‹ nannte den Film »sprühende Unterhaltung von atemberaubendem Tempo, ein herrlich aufregendes Abenteuer, brillant fotografiert in japanischer Landschaft, überschäumend von Mädchen, Mätzchen und Blut«. Der ›New Yorker‹ schrieb am 14. Juni 1967: »Praktisch jeder Punkt des Films scheint mit klaffenden Mäulern oder Öffnungen in der Erde oder Erfindungen mit trickreichen Löchern zu tun zu haben. [...] Sean Connerys Charakter scheint beseitigt. War er einst derjenige, der zuschlug, ist er jetzt ein Instrument von zuschlagenden Ideen der Produktion.« Moira Walsh bemängelte in ›America‹ die »ermüdende Formel« und ›Time‹ bemerkte am 30. Juni 1967: »Bond scheint zu schwanken. Erstmals benötigt er Hilfe von außen, um den Job zu erledigen. [...] Sogar Connery erscheint müde, wenn er sagt, dass dies sein letzter Bond-Film sei. Connerys Sinn für das richtige Timing ist richtig. Es ist Zeit, aufzuhören.«

Shalako GB/USA/BRD 1968

Inhalt

Im Neu-Mexiko des Jahres 1880 dringt eine Jagdgesellschaft aristokratischer Europäer in das Reservat der kriegerischen Apachen ein und wird zum Opfer der Indianer. Der erfahrene Trapper Shalako (Sean Connery) steht ihnen bei und verhütet Schlimmeres, aber auch er kann nicht verhindern, dass es Tote gibt.

Hintergrund

Der Film basiert auf dem gleichnamigen Roman von Louis L'Amour. »Shalako ist ein zäher, harter, wettergegerbter, einsamer

Mann. Er kennt das Land der Indianer und ihre Kampftaktiken, als wäre er einer von ihnen«, schilderte einer der Drehbuchautoren die Hauptfigur.

Dreharbeiten, -orte und Budget

Produzent Euan Lloyd und der erstmals als einer der Koproduzenten agierende Connery besichtigten direkt nach der Weltpremiere von *Man lebt nur zweimal* im Juni 1967 drei Wochen lang potenzielle Drehorte in Mexiko. Nachdem Brigitte Bardot ihre Regisseur Edward Dmytryk in Deauville gegebene Zusage zurückzog, da sie in der dünnen Luft nicht drehen könne, entschied man sich für Südspanien. Die Dreharbeiten nahe der Filmstadt Almería dauerten von Januar bis Mitte April 1968. *Shalako* war die sechste Zusammenarbeit zwischen Connery und Kameramann Ted Moore, der ihn in allen Bond-Filmen mit Ausnahme von *Sag niemals nie* aufnahm.

Das Budget betrug 20 Millionen DM, wobei angeblich allein die beiden Stars 6,5 Millionen DM Gage bekamen. Die Presse spekulierte über eine angebliche Affäre zwischen Sean Connery und Brigitte Bardot (und über eine zwischen ihr und Stephen Boyd): »Sean Connery mit Schnurrbart erkannte ich kaum, er war kahl wie ein Knie. Ich begriff erst später, dass er sein unzerstörbares Verführer-Image einem kunstvoll übergestülpten Toupet verdankte, das er beim Drehen trug.«

Honor Blackman erzählte später dem Autor Michael Freedland, dass es »nicht gerade ein glücklicher Dreh« war: Connery trennte sich gerade von Diane Cilento; Jack Hawkins hatte eine Krebsoperation überstanden und trug während der Dreharbeiten ein Medaillon, um das Loch in seinem Kehlkopf zu verdecken, durch das er sprach; Stephen Boyd war auf einem ganz eigenen Trip und sagte ständig »Peace«; und Eric Sykes' Hörgerät hatte ständig Aussetzer.

Premiere

Zur Welturaufführung des Films am 26. September 1968 im Münchner Mathäser-Filmpalast kamen Brigitte Bardot, Stephen Boyd, Honor Blackman, Peter van Eyck, Rod Redwing, Bob Cunningham und Regisseur Edward Dmytryk.

Kritik

»Nicht unoriginell, wenn ein fetter Trapper nach echter Karl-May-Weise für ein Happyend sorgt« (›hpk‹ in der Zeitschrift ›Film‹) zählt noch zu den schmeichelhaftesten Kritiken. »Was äußerlich wie eine Machtdemonstration des Kinos wirkt, entpuppt sich bald als Ausverkauf«, hieß es weiter. »Langatmig und nur mäßig spannend«, mäkelte US-Kritiker Leonard Maltin. »Aussichtsloser sind die Indianerfilme der ostdeutschen Defa auch nicht«, urteilte die ›Süddeutsche Zeitung‹ vernichtend. Und ›Film‹ fuhr fort: »Rührend ist der Glaube mancher Filmbosse, man könne mit einem Potpourri abgetakelter Filmgrößen das große Geschäft machen.« Nur Pauline Kael konnte Connerys Spiel etwas abgewinnen: »Er hat, sogar in seiner Indifferenz, mehr Präsenz und Stil, als der Film verdient hat.«

Krasnaya Palatka / La Tenda Rossa
(Das rote Zelt) UDSSR/ITA 1968/69

Inhalt

Am 14. April 1928 unternimmt der italienische General Nobile (Peter Finch) mit dem Zeppelin ›Italia‹ eine riskante Expedition zum Nordpol, die in einer Katastrophe endet: Auf dem Rückflug in Richtung Kings Bay wird das Luftschiff bei einem Sturm vernichtet. Die neun Überlebenden der 16 Mann starken Besatzung suchen in einem kleinen roten Zelt Zuflucht. Nachdem der Funker Biagi (Mario

Adorf) Kontakt zur Außenwelt hergestellt hat, beginnt eine dramatische Rettungsaktion. Es gelingt dem schwedischen Flieger Lundborg (Hardy Krüger), zu landen. Aber er kann nur einen mitnehmen – und das ist Nobile. Der norwegische Polarforscher Amundsen (Sean Connery), der von Valeria (Claudia Cardinale) überredet wurde, nach dem roten Zelt zu suchen, weil sich auch ihr Verlobter Malmgren (Edward Marzevic) dort aufhält, verliert bei dem Rettungsversuch sein Leben. Nach 50 Tagen rettet der russische Eisbrecher ›Krassin‹ unter Nobiles Führung die Überlebenden.

Hintergrund

Der Film war die erste italienisch-sowjetische Koproduktion mit internationaler Besetzung, die von dem italienischen Produzenten Franco Cristaldi, dem Ehemann von Claudia Cardinale, realisiert wurde.

Mit Ausnahme einer (fiktiven) Versammlung, auf der die Beteiligten über die Richtigkeit des Verhaltens von Nobile diskutieren, beruht der Film auf Fakten. Nobile selbst sagte dazu: »In diesem Film gibt es Einzelheiten, die nicht historisch sind. Claudia Cardinale ist eine wirklich schöne Frau. Nun ja, eine Frau gehörte eigentlich nicht hinein. Aber es ist wohl ein künstlerischer Film. Ich ziehe Dokumentarfilme vor.« Ähnlich äußerte sich Mario Adorf, der die komplett erfundene Liebesgeschichte ebenfalls nicht goutierte: »Man hätte einen reinen Männerfilm machen sollen.«

Das faschistische italienische Regime, das Nobile nach seiner ersten Nordpolüberquerung am 12. Mai 1926 mit dem Luftschiff ›Norge‹ noch gefeiert hatte, machte ihm nach seiner Rückkehr aus dem roten Zelt den Prozess. Es sprach ihn ohne Anhörung schuldig, weil man ihm vorwarf das Unglück durch ein falsches Manöver verschuldet zu haben. Er selbst rechtfertigte sich immer wieder, die an-

Connery als Amundsen und Hardy Krüger als Pilot in der fiktiven Versammlung, die General Nobile anklagt.

deren Männer hätten ihn darum gebeten. Auch Benito Mussolini griff ihn scharf an, weil er seinen Foxterrier Titina gerettet hatte, »von dem die Männer noch ein paar Tage länger hätten leben können«. Erst nach Kriegsende wurde Nobile rehabilitiert. Man fand heraus, dass er das Opfer einer Intrige von eifersüchtigen Luftwaffenoffizieren geworden war. Nobile selbst wirkte als Berater der Filmproduktion mit. Von dem Honorar bezahlte er ein Denkmal für die Toten, das im nordnorwegischen Ort Tromsø steht.

Dreharbeiten, -orte und Budget

Roald Amundsen, der mit Nobile in der ›Norge‹ den Pol überflog, gilt seit dem Rettungsversuch im Juni 1928 als verschollen. Da der damals 55-jährige Amundsen von dem 38-jährigen Connery gespielt wurde, musste der mit entsprechendem Make-up und weißen Haaren »altern«. Die Dreharbeiten fanden ab März 1968 in den Mosfilm-Studios in Moskau, den De Laurentiis Studios in Rom und in Grönland statt. Connery hat nicht gerade angenehme Erinnerungen an seinen Aufenthalt in Moskau: »Jeden Tag wurde bei den Dreharbeiten der Fahrer gewechselt, jeden Tag wurde ich durchgecheckt, als ob ich die Schweizer Bank wäre. Und überall lauerte der KGB.« In der deutschsprachigen Zeitschrift ›Sowjet-Film‹ findet sich folgendes Zitat von ihm: »Hier atmet es sich leicht. Schöne, breite Straßen. Und eine Ruhe! Vielleicht ist es naiv, das zu sagen, aber ich glaube, in dieser Weite und in diesem ruhigen Lebensrhythmus die mir so sympathischen Wesenszüge der Russen zu erkennen.«

Weitere Szenen drehte Connery ab März 1969 in Rom. »Zum ersten Mal spiele ich also einen Helden, der stirbt«, und ergänzte in Bezug auf die wohlwollende Würdigung von Seiten der russischen Presse: »Vielleicht soll meine Mitwirkung in einem sowjetischen Film gerechtfertigt werden. Aber das ist deren Sache. Ich interessiere mich nicht für Politik. Ich habe den russischen Regisseur und die anderen am Film beteiligten Russen kennen gelernt. Die Leute verstehen ihr Handwerk und nur darauf kommt es an.« Der russische Regisseur Mickail K. Kalatozov, der zuvor durch Filme wie *Wenn die Kraniche ziehen* und *Ein Brief, der nie ankam* bekannt geworden war, stellte auch eine knapp vierstündige Fassung her, die aber nur in seinem Heimatland und der DDR zu sehen war. Daher dauerten die gesamten Dreharbeiten mehr als ein Jahr: 62 Wochen. Nach Angaben von Mario Adorf war die Langfassung »viel besser. Die Amerikaner übernahmen mehr und mehr die Oberhand der Produktion. Sie haben die Italiener und die Russen vielfach übergangen, so dass der Regisseur nicht mehr so arbeiten konnte, wie er wollte«.

Der Film kostete rund vier Millionen Pfund (damals etwa 40 Millionen DM). Ein Grund für die lange Drehzeit waren aber auch Besetzungsprobleme. Das englische Magazin ›films and filming‹ berichtet, dass Connery erst im letzten Moment einsprang und Peter Finch darüber unglücklich war. Er argumentierte, dass Connery nur verpflichtet worden sei, um einen Box-Office-Star zu haben. Connery hat sich nie dazu geäußert. Obwohl Finch die Hauptrolle spielte, wurde er erst an vierter Stelle genannt: nach Sean Connery, Claudia Cardinale und Hardy Krüger.

Premiere

Der Film wurde in Italien zum zwölfterfolgreichsten Film des Jahres 1969 und wurde auch in der Sowjetunion mit Respekt aufgenommen, fiel aber in den USA durch und kam erst im Herbst 1971 in Großbritannien in die Kinos. An der Premiere in Rom nahmen viele Mitglieder des italienischen Teams teil. Auch Mario Adorf war unter den Gästen, Connery jedoch nicht. Die russische Zeitung ›Sowjetskaja Kultura‹ lobte dessen Abkehr von der Rolle des James Bond und seine Mitwirkung in diesem Film mit den Worten: »Connery hat begriffen, dass keine Gage die Verschwendung von Zeit und Talent kompensieren kann.«

Kritik

Die Kritik lobte die technisch exzellente Gestaltung und die bemerkenswerte historische Genauigkeit, mit der die Details rekonstruiert worden waren. Die ›Süddeutsche Zeitung‹ schätzte das »Handwerk« des Regisseurs, bemängelte aber das Fehlen »jeglicher Art von Spannung. Alle bleiben blasse Dialogträger und werden wie Schachfiguren durch das Geschehen geschoben«. Das englische Magazin ›films and filming‹ pries dagegen das Spiel des Schotten: »Er ist exzellent, eine intelligent gespielte Charakterstudie, die bei weitem seine beste Arbeit seit *Ein Haufen toller Hunde* darstellt.« Resümierend bezeichnete Kritiker Julian Fox das Werk als einen der »schönsten und bewegendsten Action-Filme, der jemals gemacht wurde. Visuell so beeindruckend wie *Dr. Schiwago*«. Zwei weitere Meinungen sollen zeigen, wie unterschiedlich der Film aufgenommen wurde. In ›Filmecho‹ heißt es: »Hier ist ein großer Kinofilm, voller Spannung, voller Dramatik und prall von Action. Die Vorgänge sind historisch, wurden filmisch sauber verarbeitet aufbereitet und leidenschaftslos verwertet.« Der ›New Yorker‹ dagegen schreibt: »Der Regisseur versinkt im Dreck der internationalen Koproduktion.«

The Molly Maguires

(Verflucht bis zum Jüngsten Tag) USA 1969

Inhalt

Jack Kehoe (Sean Connery) ist der Führer der irischen Geheimorganisation Molly Maguires, die in den siebziger Jahren des 19. Jahrhunderts in Pennsylvania mit legalen und illegalen Mitteln gegen die Unmenschlichkeit der Bergwerksbesitzer vorging und für bessere Lohn- und Arbeitsbedingungen in den Kohlebergwerken kämpfte. Die Bergwerksorganisation greift zu Gegenmitteln und schleust den Detektiv und irischen Immigranten James McParlan (Richard Harris) unter die Arbeiter. Er mietet sich bei der schönen Mary Raines (Samantha Eggar) ein und gewinnt das Vertrauen von Kehoe, um ihn und seine Kameraden auszuliefern. Sie enden am Strang.

Hintergrund

Koproduzent Walter Bernstein, der auch das Drehbuch schrieb, entdeckte den Roman von Arthur H. Lewis und wählte ihn als Vorlage für den Film. »Die Bergleute waren absolut im Recht, aber kämpften mit den falschen Methoden und scheiterten«, sagte Bernstein. Die Story erinnert zum Teil an den John-Ford-

Klassiker *Der Verräter* aus dem Jahr 1935. »Ich hätte mir kein besseres Instrument wünschen können als diesen Film, um von James Bond endgültig loszukommen. Rebellen wie Jack Kehoe ziehe ich vor«, sagte Connery zu seinem Part. »Die Figur des unerschrockenen Rebellen, der mit seinen Freunden ein legitimes Ziel verfolgt und im Kampf weder vor Härte noch Gewalt zurückschreckt, hat mich unerhört gepackt, und das umso mehr, als dieser Mann sich von einem vermeintlichen Freund schmählich verraten sieht.« Für Koproduzent und Regisseur Martin Ritt hat Connery das, was er den »Sockability Quotient« nennt: »Wenn du ein Star sein willst, musst du ihn haben. Er umfasst zwei Dinge: Erstens musst du ein guter Schauspieler sein

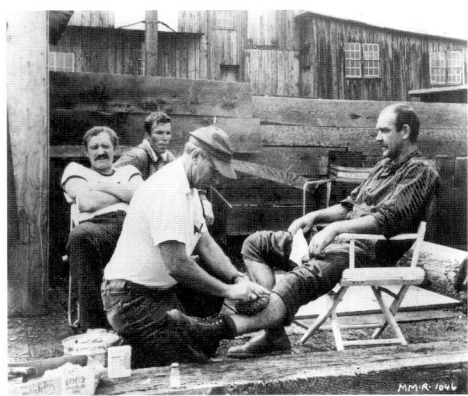

Verletzt beim Rugbyspiel: Connery wird versorgt – ganz links Richard Harris.

und zweitens das gewisse Etwas haben, das Frauen anspricht. Sean hat beides zu 100 Prozent«, sagte er dem englischen Magazin ›photoplay‹.

Dreharbeiten, -orte und Budget

Die drei Monate dauernden Dreharbeiten begannen im Juni 1968 in dem nur 86 Einwohner zählenden Eckley und in Lancaster, beide in der Nähe von Pittsburgh im US-Bundesstaat Pennsylvania gelegen. Dort fand Regisseur Martin Ritt (*Der Spion, der aus der Kälte kam, Der Wildeste unter Tausend, Man nannte ihn Hombre*) die idealen Bedingungen. »Das Blut meiner Vorfahren brodelt in ihnen«, sagte Connery über die Bewohner. Von der Geschichte war er begeistert: »So etwas habe ich mir schon lange gewünscht. Es ist ein harter Film, fast wie ein Western, dabei historisch authentisch. Alle Rollen haben Tiefgang.« Sechs Monate zahlte die Filmproduktion die Mieten der Einwohner. Dafür wurden die bunten Häuser grau gestrichen, damit sie aussahen, als seien sie von Kohlenstaub überzogen. Büsche wurden verpflanzt, Antennen abmontiert, Telefon- und Elektroleitungen unterirdisch verlegt und 20 Attrappenhäuser errichtet. Der gesamte Umbau verschlang 400.000 DM. Der für 800.000 DM eigens errichtete Bergwerksturm blieb auf Wunsch der Einwohner als Erinnerung an die Dreharbeiten stehen. Das Gesamtbudget betrug fünf Millionen US-Dollar.

Connery kannte Regisseur Martin Ritt von den Dreharbeiten zu *Hombre*, in dem seine erste Frau Diane Cilento mitspielt. »Ich hoffte auf einen gemeinsamen Film. Jetzt ging mein Wunsch mit diesem menschlich aussagestarken brillanten Actionstoff in Erfüllung. Der Film, den ich mit Sidney Lumets *Ein Haufen toller Hunde* auf eine Stufe stelle, war ein Glücksfall für mich. Und in Richard Harris, dem exzellenten und intensiven Schauspielerkollegen, fand ich einen idealen Partner.«

Der Film wurde zu einem finanziellen Desaster und Martin Ritt gestand später: »Ich machte überhaupt kein Geld, wurde erst mal arbeitslos und musste lange für einen neuen Job kämpfen.«

Obwohl Sean Connery zu der Zeit der »Number One Box Office Star« der Welt war, erhielt er nicht das so genannte »top billing«, das heißt, sein Name erschien nicht an erster Stelle und oberhalb des Titels, da Richard Harris darauf bestanden hatte. Connery war das gleich: »Für das Geld, das sie mir bezahlen, könnten sie auch ein Maultier an erster Stelle nennen.«

Kritik

Eine großartige Leistung und eine Darstellung von »makelloser Perfektion« bescheinigten Connery viele amerikanische Kritiker. Gelobt wurde zudem die Fotografie des mit einem Oscar gekrönten Kameramanns James Wong Howe. Für Leonard Maltin war der Film »geschickt gemacht«, hat eine »lebhafte Atmosphäre, gute Darstellerleistungen, lässt aber die richtige Wirkung vermissen«.

Diamonds are Forever
(Diamantenfieber) GB 1971

Inhalt

Als Bond (Sean Connery) nach langer Suche endlich seinen Gegenspieler Blofeld (Charles Gray) erwischt, muss er feststellen, dass dieser Doubles von sich hat anfertigen lassen und er nur einen Doppelgänger erledigt hat. Zurück in London wird er von seinem Chef »M« beauftragt, die Spur von Diamantenschmugglern zu verfolgen. Sie führt zu Willard Whyte (Jimmy Dean), einem Magnaten, der in der obersten Etage eines Hotels residiert, den aber seit drei Jahren niemand gesehen hat. Es stellt sich heraus, dass Blofeld Whyte in einer Luxusvilla gefangen hält. In einer Auseinandersetzung, in der Bond plötzlich zwei Blofelds gegenübersteht, erschießt er wieder den falschen. Der echte flieht auf eine Bohrinsel im Pazifik, die Bond mit Hilfe eines Hubschraubergeschwaders einnehmen kann. Er rettet die geheimnisvolle Tiffany (Jill St. John) aus Blofelds Fängen, doch der kann fliehen. An Bord eines Schiffes treten Tiffany und 007 die

Heimreise an, als ihnen Blofelds Killer Wint und Kidd begegnen.

Hintergrund

Nachdem die Auseinandersetzungen mit dem neuen Bond-Darsteller George Lazenby eskalierten und das finanzielle Ergebnis des sechsten 007-Abenteuers hinter den Erwartungen zurückblieb – es dauerte zwei Jahre, bis die Produktionskosten wieder eingespielt waren –, überlegten sich Produktion und US-Verleih, wie man weiter vorgehen solle. Man erwog verschiedene neue Schauspieler und machte mit John Gavin sogar Testaufnahmen, aber war letztendlich nicht von der Idee überzeugt, schon wieder einen neuen Mann zu finden zu müssen.

David Picker von United Artists unterbreitete dem Schotten im Februar 1970 ein Angebot, das er nicht ablehnen konnte: 1,25 Millionen US-Dollar Gage, 18 Wochen Drehzeit, die, falls überzogen, separat honoriert würden, zwei Filmprojekte nach Wunsch sowie Gewinnbeteiligung. Nach einer Woche Bedenkzeit sagte Connery zu. Der Amerikaner John Gavin besaß bereits einen Vertrag und hätte die Rolle übernommen, wenn Connery abgelehnt hätte. Also wurde Gavin ausgezahlt. Connery überwies seine Gage an den von ihm ins Leben gerufenen Scottish International Education Trust, eine Organisation, die sich zur Aufgabe gemacht hat, schottischen Jugendlichen eine Ausbildung zu ermöglichen.

Als bekannt wurde, dass Connery wieder als 007 zur Verfügung stehe, war der Erfolg von *Diamantenfieber* bereits gesichert, denn jede noch so kleine Postille berichtete darüber. Zwar war die »Bondomanie« der sechziger Jahre abgeebbt, aber dennoch sorgte die Neuigkeit für Begeisterung. Connery im englischen Magazin ›Show‹: »Ich glaube nicht, dass irgendeine andere Rolle auf der Welt einen Mann so verändert wie die des James Bond. Sie ist eine Last, ein Privileg, ein Scherz, eine Herausforderung und zudringlich wie ein Alptraum.« Die Produzenten bemühten sich nach Kräften, das Originalteam zusammenzubekommen, das schon frühere 007-Abenteuer zum Erfolg geführt hatte. Ken Adam sorgte wieder für die Ausstattung, Kameramann Ted Moore war ebenso mit von der Partie wie Regisseur Guy Hamilton, der mit *Goldfinger* einen Standard gesetzt hatte.

Auf die Idee für die Story kam Broccoli: »Ich dachte, es wäre Zeit für einen anderen Bond, der sich mehr mit dem Unterbewusstsein auseinander setzt. Eines Nachts hatte ich in meinem Bett den Traum, ich würde einen dieser Wolkenkratzer hinaufklettern in der Hoffnung, ganz oben einen reichen, mächtigen Einsiedler zu finden, der alle Fäden in der Hand hält. Im Film nennen wir ihn Willard Whyte.« Der amerikanische Milliardär Howard Hughes stand Pate für diese Figur. Der Titel des Films wandelt eine Zeitschriftenanzeige ab, die Fleming im März 1954 bei einer Reise nach New York im US-Magazin ›Vogue‹ entdeckte: »A Diamond is Forever«.

Dreharbeiten, -orte und Budget

Im Frühjahr 1970 begannen mit dem Casting verschiedener möglicher Hauptdarsteller die Vorbereitungen für *Diamantenfieber*. Im Herbst des Jahres legte Richard Maibaum nach acht Monaten Arbeit ein Drehbuch vor. Die Story sah einen Zwillingsbruder von Goldfinger vor, der die Welt erpresst. Im Gegensatz zu den relativ wenigen Drehorten des Vorgängers wollte man wieder mehrere Teile der Welt zeigen und drehte schließlich in Amsterdam, Frankfurt, Nizza, Palm Springs, Los Angeles, Las Vegas und an der Pazifikküste in den USA, in London und an der englischen Südküste in Southhampton und Dover.

Wie geplant war *Diamantenfieber* nach 18 Drehwochen im Kasten. Fan Robert Short schrieb in ›Bondage‹: »Ich war überrascht, dass Connery die meiste Zeit seine eigenen Stunts machte und es auch wirklich genoss. Er trug einen Hüftschutz, der bei Stuntmen üblich ist. Die Szenen, in denen Connery in die Metallröhren, die aus Pappe nachgebaut worden waren, und in den Pool fällt, wurden von Stuntman Dick Butler übernommen.« Die Miete für die ausrangierte Ölplattform im Pazifik, die die Produzenten für die Aufnahmen nutzten, betrug für zehn Drehtage 400.000 US-Dollar. Sie lag zwei Bootsstunden außerhalb von San Diego. Die Hälfte der Plattform wurde während der Aufnahmen beschädigt.

Am 2. Juli 1971 wurden erstmals auch einige Szenen eines Bond-Films in Deutschland gedreht. Die Lufthansabasis auf dem Frankfurter Flughafen diente als Drehort, da auf dem Amsterdamer Flughafen Schiphol bestimmte Maschinen nicht länger als 45 Minuten stehen durften. 40 Personen waren zehn Stunden lang mit der Verladung einer Leiche beschäftigt. Andere Flughafenszenen waren bereits am 24. Mai in Los Angeles entstanden. Obwohl sich Connery wie gewohnt pressescheu gab, erschienen am nächsten Tag in deutschen Zeitungen mehrere so genannte Exklusiv-Interviews mit ihm.

Im August schlossen sich Studioszenen an. Ken Adam baute seit Frühjahr in den Londoner Pinewood Studios die Penthouse-Suite für Willard Whyte, das Hauptquartier des Bösewichts Blofeld, eine Kraterlandschaft, die den Mondfahrern als Übungsgelände dient, den Computer-Raum auf Blofelds Bohrinsel, die Replika eines Beerdigungsinstituts und ein mit 3.000 Salzwasserfischen gefülltes rundes Plastik-Wasserbett. Zu der ungewöhnlichen Spielwiese sagte Regisseur Guy Hamilton: »Bond ist ein so übermenschlicher Charakter, dass es ihm unmöglich ist, in einem normalen Bett zu lieben, wie das andere Männer tun.« Am 24. August war Connerys sechster Einsatz

abgedreht. Zusätzlich zu den Produktionskosten, die nach unterschiedlichen Angaben zwischen sieben und zehn Millionen US-Dollar schwanken, gab United Artists weitere 7,2 Millionen Dollar für Kopien, Anzeigen, Werbung und Promotion aus.

Premiere

Die beiden Bond-Darsteller Sean Connery und Roger Moore waren seit Ende der fünfziger Jahre befreundet und hatten viele Jahre denselben Agenten. Sie erschienen gemeinsam zur Londoner Premiere des Films, die am 30. Dezember 1971 wie immer im Odeon-Kino stattfand. Am 14. Dezember hatte bereits die Uraufführung in München stattgefunden, an der Lana Wood, Guy Hamilton und der Moon-Buggy teilnahmen – sicherlich ein Zugeständnis an die konstant guten deutschen Einspielergebnisse. In den USA kam der Film am 17. Dezember in die Kinos. Connerys Einfluss bei der Produktion machte sich auch bei den Premieren bemerkbar; er erreichte, dass es auch in seinem Heimatland Schottland eine Galapremiere gab. Sie wurde am 14. Januar 1972 im Odeon-Theatre in Edinburgh zugunsten des Scottish International Education Trust abgehalten, und Connery ließ es sich nicht nehmen, zu erscheinen und Dankesworte auch an alle Abwesenden zu richten. Der Film entpuppte sich sogleich als großer Kassenerfolg. In der Startwoche spielte er im Odeon-Kino fast 35.000 Pfund ein, 13.200 mehr als der letzte Hausrekord, innerhalb von zwei Wochen besuchten 90.000 Menschen das Kino. Nach zwei Wochen waren weltweit 15,6 Millionen US-Dollar eingespielt, nach vier Wochen bereits doppelt so viel.

Kritik

Ein neuer, humoristischer Ansatz mit sich selbst parodierenden Elementen ließ die frühere Kritik an Gewaltverherrlichung und

Rassenhetze verstummen. Wolfgang Ruf schrieb in der ›Filmkritik‹: »Die siebente Materialschlacht zwischen dem trotz Alterserscheinungen noch immer alerten 007 und dem ebenso unsterblichen Blofeld weist dieselben faschistoiden Züge auf wie seine Vorgänger. Doch kaum jemand verspürt mehr Lust, die Menschenverachtung und den Zynismus dieser perfekt inszenierten Machwerke zu attackieren.« Im ›Time‹-Magazin hieß es am 10. Januar 1972: »Die Autojagd in Las Vegas ist die komischste Szene seit Roadrunner und Coyote«, und auch Hellmuth Karasek lobte in der ›Zeit‹ »die lustigsten Autoverfolgungsjagden, die ich je gesehen habe«. Die ›Katholische Filmkritik‹ meinte: »Es kommt zu solchen Unwahrscheinlichkeiten und Übersteigerungen, dass der an echter Spannung übrigens sehr arme Film auf einigen Strecken eine auflockernde, wenn meist auch makabre Scherzhaftigkeit gewinnt. Dabei geht er ein paar Mal zu seinem Vorteil bewusst auf parodistische Distanz, so dass man meint, der Beatles-Filmemacher Richard Lester habe einfallskundig inszeniert.«

Mehr und mehr kritisiert wurden die immer gleiche Struktur der Filme und die stärker auftauchenden Werbeelemente. In ›konkret‹ hieß es: »Ein zweistündiger Werbefilm mit allen schicken Zutaten der Unterhaltungsbranche, unüberbietbar.«

The Anderson Tapes
(Der Anderson Clan) USA 1972

Inhalt
Der gerade aus dem Gefängnis entlassene Safeknacker Duke Anderson (Sean Connery) nimmt Kontakt zu seiner ehemaligen Geliebten Ingrid (Dyan Cannon) auf, die in einem luxuriösen Appartementblock an der New Yorker Fifth Avenue wohnt. Sie hat die Idee, mit einem Team von Spezialisten am Labour-Day-Wochenende das Haus mit seinen etwa 50 Mietern zu überfallen und ihnen Antiquitäten und Kunstgegenstände abzunehmen. Die Bande aus Safeknackern, Scharfschützen, Alarmanlagen- und Kunstexperten sowie Lkw-Fahrern macht sich an die Arbeit. Der Coup verläuft wie geplant, die Beute ist riesig – bis plötzlich die Polizei auftaucht.

Hintergrund
Grundlage für den Film ist der Romanbestseller ›23 Uhr York Avenue‹ von Lawrence Sanders. »Es gibt wenig gute Drehbücher. Zu Lumets Filmen stehe ich jedoch vollkommen«, sagte Sean Connery. »Ich lese das ganze Jahr Drehbücher, die mir geschickt werden. Es ist nicht viel Gutes dabei, muss ich ehrlich sagen. Zum Teil schreibe ich selbst ein bisschen, wenn ich die Zeit dazu finde«, sagte er der ›Neuen Hannoverschen Presse‹. Und in der Münchner ›AZ‹ wird er mit den Worten zitiert: »Das Skript ist sehr spannend, es fordert eine Menge Konzentration von mir. Ich denke heute anders über die Schauspielerei als früher, ich brauche eine echte Aufgabe.«

Dreharbeiten und -orte
Sidney Lumet legte bei der Vorbereitung der Dreharbeiten größten Wert auf die Glaubwürdigkeit des Überfalls und recherchierte alle nur denkbaren Details. Gedreht wurde ausschließlich in New York.

Kritik
»Regisseur Sidney Lumet hat mehr geboten als bloßes Handwerk«, schrieb der ›filmdienst‹. »Er steckte diese Geschichte äußerlich in einen gewissen Luxuseinband, feilte jedes Detail fast bis zur Brillanz und scheint sogar ein gesellschaftskritisches Grundkonzept angestrebt zu haben, denn von der ersten bis zur letzten Szene spielen Abhörgeräte, Vi-

deorekorder, TV-Überwachungsanlagen mit Monitoren die eigentlichen Hauptrollen.« Die ZDF-Spielfilm-Redaktion schrieb: »Connery scheint Lumets Vorstellung eines kämpferischen Helden, der aus äußeren und inneren Zwängen auszubrechen versucht, noch am ehesten zu entsprechen.« Die US-Kritikerin Pauline Kael attestierte Connery, dass er »aus allen anderen herausragt, aber er hat nur Erfolg, weil man dem Rest der Besetzung ansieht, wie schlecht sie ist«. Connery hat »den Bond-Glamour abgestreift und ist drahtigstraff«, schrieb die ›Hannoversche Allgemeine Zeitung‹ und lobte den »ungewöhnlichen, aufregenden und bemerkenswerten Film«.

The Offence

(Sein Leben in meiner Gewalt) GB 1972

Inhalt

Der englische Polizist Johnson (Sean Connery), der zehn seiner 20 Jahre im Polizeidienst mit Kapital- und Gewaltverbrechen zugebracht hat, ist zermürbt von der harten

Auf Stippvisite in Hamburg für die erste eigene Filmproduktion: Sein Leben in meiner Gewalt.

Arbeit. Auch um seine Ehe steht es nicht zum Besten. Als er mit einem Fall von Kindesbelästigung betraut wird und der Verdächtige Baxter (Ian Bannen) in Untersuchungshaft kommt, glaubt Johnson den Täter vor sich zu haben. Er unterwirft ihn einem harten Verhör, bis der Angeklagte zusammenbricht und stirbt. Mit einem Mal ist Johnson der Schuldige, der sich vor Kriminaldirektor Cartwright (Trevor Howard) verantworten muss.

Hintergrund

Der Film basiert auf dem Bühnenstück ›This Story of Yours‹ des englischen Autors John Hopkins. Nach der Uraufführung im Londoner Royal Court Theatre bekam er den Auftrag von Produzent Denis O'Dell und Regisseur Sidney Lumet, daraus ein Drehbuch zu erstellen. Der Agent Richard Hatton, der sowohl Hopkins als auch Connery managte, brachte die beiden zusammen. Das Stück lief übrigens unter dem Titel ›Diese Geschichte von Ihnen‹ 1970 an den Münchner Kammerspielen und in neun weiteren deutschen Städten. Der Arbeitstitel für den Film lautete ›Something like the Truth‹, in Deutschland hieß er zunächst ›Fünf Meilen bis Mitternacht‹. »Was Hopkins geschrieben hat, bleibt Wort für Wort erhalten«, sagte Connery zu dem Ausgangsmaterial. »Nichts vom Originaltext wurde abgeändert. Das ist heute neu. So viele Filme ändern sich im Laufe des Drehens immer wieder. Bei den Bond-Filmen haben wir monatelang gedreht und es wurde ständig etwas geändert.«

Der Film ist die erste und einzige Produktion von Connerys eigener Gesellschaft Tantallon Films, deren Finanzierung ihm, neben einem weiteren Projekt, von United Artists zugesichert worden war, nachdem er in *Diamantenfieber* mitgespielt hatte. Das zweite Projekt kam nie zustande. »Ich habe so viele Erfahrungen in meinen Filmen gesammelt, dass ich mich nicht länger auf einen Typ festlegen will«, sagte Connery zu seiner Überlegung, Johnson zu spielen, und in Bezug auf zukünftige Rollen. »Für nichts in der Welt würde ich Polizist sein. Jeder erwartet, dass er beschützt wird, aber keiner will helfen. Angst und Schrecken sind auch Themen dieses Films. Als kleiner Junge hatte ich immer Angst vor der Polizei. Die Uniform war für mich gleichbedeutend mit Furcht.«

Dreharbeiten, -orte und Budget

Vor Drehbeginn wurde zehn Tage lang intensiv geprobt. Schließlich drehte man den gesamten Film in nur 28 Tagen im April 1972 in den Twickenham Studios und in der Londoner Vorstadt. Herangehensweise und detaillierte Vorbereitung sind typisch für Sidney Lumet. Das Budget betrug nur 920.000 US-Dollar. Connery war stolz darauf, den Film als Produzent so günstig und schnell realisiert zu haben. »Es ist die schwierigste Rolle, die ich je angenommen habe«, sagte Connery während der Dreharbeiten. »Für mich ist der Film sehr enthüllend, und ich hoffe, dass andere dasselbe empfinden.«

Im Rahmen einer Pressetournee kam Sean Connery am 20. Januar 1973 auch für ein paar Tage nach Deutschland, besuchte Hamburg, Köln, München und die ›Aktuelle Schaubude‹.

Kritik

»Connery ist beeindruckend, sehr beeindruckend«, urteilte das englische Magazin ›films and filming‹. »Connery liefert eine Charakterstudie ab, die Beachtung verdient«, schrieb die ›Bild‹-Zeitung. Der amerikanische Kritiker Leonard Maltin lobte das »intensive Drama und die feine schauspielerische Leistung« der Hauptfigur. Andere sprachen sogar von der »besten Darstellung aller Zeiten« oder lobten, dass Connery hier eine ebenso »erinnerungswürdige Leistung« abgebe wie in Lu-

mets *Ein Haufen toller Hunde*. Kritiker Wolfgang Ruf schrieb: »Die beklemmende Intensität dieses Films ist dann auch der annähernd idealen Besetzung und der schauspielerischen Präzision – Sean Connery rehabilitiert sich wieder einmal – zu verdanken.« – »Quälend, fast hysterisch; ein packendes Psycho-Duell«, hieß es in ›TV Spielfilm‹. »Trotz guter Darstellerleistungen wird das Publikum dem Film sicher aus dem Wege gehen«, resümierte Richard Schickel im ›Time‹-Magazin und genauso geschah es. Kaum jemand wollte den Film sehen. Doch Connery störte das nicht: »Wenn man nur auf den Erfolg schaut, würden solche Filme nie gemacht«, erklärte er. »Das Risiko ist minimal. Die Reaktionen der unter 30-jährigen Besucher, die den Film gesehen haben, sind sehr gut.« Und das war ihm wichtiger.

Zardoz (Zardoz) GB 1973

Inhalt

Im Jahr 2292 ist die Erde zweigeteilt: in das Reich der sterblichen Barbaren und das der unsterblichen, dekadenten und intellektuellen Bewohner von Vortex. Als es einem niederen Wesen, dem Exterminator Zed (Sean Connery), gelingt, mit Hilfe des Götterkopfes Zardoz in die Welt der anderen einzudringen, sind deren Bewohner verwirrt von seiner Maskulinität und Brutalität. Ihre Welt wird von lesbischen Frauen regiert, die Männer haben ihre Potenz verloren. Die Frauen führen eine Reihe von Tests an Zed durch, sind von ihm fasziniert, spalten sich aber in zwei Lager. Consuella (Charlotte Rampling) will ihn töten lassen, die Wissenschaftlerin May (Sara Kestelman) ihn weiter erforschen. Die übrige Bevölkerung hofft, durch ihn endlich sterben zu können.

Hintergrund

Der Engländer John Boorman hatte großen Erfolg mit dem Film *Beim Sterben ist jeder der Erste* und bot Warner Brothers auch die Idee von *Zardoz* an. Damals existierte allerdings nur ein zehnseitiges Exposé. Im Rahmen der Recherchen hatte Boorman Landkommunen in North-Carolina besucht, um sich mit dem Leben großer Gemeinschaften auf engem Raum vertraut zu machen. Er wollte künstlerische Freiheit von der Besetzung bis zum »final cut« und forderte eine Entscheidung innerhalb von einer Stunde. Warner lehnte ebenso ab wie Columbia, allein 20th Century Fox akzeptierte die Bedingungen.

Boorman schrieb das Drehbuch in seinem Haus in Annamoe im irischen County Wicklow, er inszenierte und produzierte den Film. Ursprünglich war Burt Reynolds für die Rolle vorgesehen, musste aber wegen eines Leistenbruchs absagen. »So nackt wie Burt Reynolds werde ich mich meinem Publikum nie zeigen. Aber dass ich gut gebaut bin, davon möchte ich so viel wie möglich sehen lassen, solange ich es mir noch leisten kann«, sagte Connery der ›Hamburger Morgenpost‹. Und weiter: »Das ist die aufregendste, unglaublichste und packendste Filmstory, die mir je unter die Finger kam.« Das englische Filmmagazin ›photoplay‹ zitiert Connery mit den Worten: »Der Film ist originell und ambitioniert. Boormans Drehbuch beschäftigt sich mit den Menschen der Zukunft, was aus ihnen wird und was aus ihnen im Gegensatz zu Maschinen und Weltraumreisenden werden kann.«

Connery las das Drehbuch an einem Wochenende »und sagte spontan zu«, erzählte Boorman Rolf Giesen. »Ein paar Tage später war er bereits in Irland und besprach mit mir Einzelheiten des Drehbuchs. Er hatte außerordentlich viel Fantasie, wirkte sehr selbstsicher und machte sich in jeder Hinsicht nützlich. Da wusste ich sofort, dass ich einen Treffer gelandet hatte. Ich habe noch nie mit einem Schauspieler gedreht, der sich mit einem derartigen Einsatz in seine Rolle gekniet hat. Nicht für eine einzige Szene hat er sich doubeln lassen. Er war bei den Außenaufnahmen in Irland jeden Morgen eine Stunde vor allen da, um sich auf seine Szenen vorzubereiten und sein spezielles Körpertraining zu absolvieren. In einer Szene hebt er einen Pferdekarren hoch und schiebt ihn ohne fremde Hilfe mehrere Meter vor sich her.« An anderer Stelle heißt es: »Ich habe den Springer verloren und den König gewonnen.« Nach ›Bravo‹-Informationen hatte Connery zuvor 300 Filmrollen abgelehnt. Er selbst sagte zu seinem Einsatz 1986: »Ich habe so viel Zeit und Energie investiert, weil ich daran glaubte, weil ich die Idee herausragend fand. Und ich finde heute noch, dass *Zardoz* ein recht guter Film ist.«

Dreharbeiten, -orte und Budget

Gedreht wurde acht Wochen lang im Frühjahr 1973 ausschließlich in der hügeligen Landschaft von Süd-Irland in County Wicklow, nahe dem Anwesen von Boorman, und in den irischen Ardmore-Studios südlich von Dublin. Die Kosten betrugen 1,1 Millionen US-Dollar. Nach Informationen von Buchautor Andrew Rissik wohnte Connery während des Drehs bei Boorman. Der berichtete, dass die Schlusssequenz dreimal gedreht werden musste. Beim ersten Mal war das Filmmaterial schadhaft, beim zweiten Mal belichtete ein junger Mitarbeiter es irrtümlich. Connery reagierte schockiert: »Wenn ich ihn zu fassen kriege, breche ich ihm seinen verdammten Hals!« Connerys Partnerin Charlotte Rampling, die von Roman Polanski entdeckt worden war und zuvor als Fotomodell und Sekretärin gearbeitet hatte, kann sich an den Temperamentsausbruch nicht erinnern, weiß aber noch, dass Connery sich als »ein sehr,

sehr privater und zurückgezogener Mensch gezeigt hat. Hinzu kam, dass ich gerade ein kleines Kind hatte. Wir haben zwar mal zusammen gegessen und uns besucht, aber er war immer recht still«.

Kritik

Fernsehzeitschriftenredakteure hatten offensichtlich Schwierigkeiten, den Inhalt des Films anlässlich der TV-Aufführung wiederzugeben. Nach ›TV Spielfilm‹ ist es eine »Rittersaga aus ferner Zukunft«, nach der ›Neuen Kronenzeitung‹ ein Film »über den Sieg von Vitalität über Intellekt«, nach der ›Fernsehwoche‹ will Zed »das Geheimnis der Unsterblichkeit ergründen«.

»Der lächerlichste Film der Saison«, urteilte die ›Frankfurter Rundschau‹ scharf. »Witzig ist nur Sean Connery«, hieß es in der ›Weltwoche‹. Das englische Magazin ›films and filming‹ attestierte ihm »konzentrierte Energie«, doch zumeist regierte Häme und Spott, nicht nur angesichts der gewagten Kostüme. »Der verrückteste, wirrste, unfreiwillig komischste, kurz: der beste schlechte Film seit langem«, schrieb die ›AZ‹. Der ›Film-Dienst‹ monierte das »Sammelsurium halb garer Ideen, widersprüchlicher Andeutungen und an den Haaren herbeigezogener Erklärungen« und das Londoner Magazin ›Time Out‹ resümierte: »eine in nahezu jeder Beziehung bittere Enttäuschung«.

Murder on the Orient Express

(Mord im Orient-Express) GB 1974

Inhalt

Während einer Fahrt im Orient-Express in den dreißiger Jahren des letzten Jahrhunderts wird der amerikanische Millionär Ratchett (Richard Widmark) erstochen. Der zufällig an Bord befindliche belgische Meisterdetektiv Hercule Poirot (Albert Finney) nimmt die Ermittlungen auf, als der Zug aufgrund von Schneeverwehungen stecken bleibt. Er befragt alle an Bord befindlichen Passagiere und stellt fest, dass viele von ihnen Gründe hatten, Ratchett zu töten.

Hintergrund

Erst 40 Jahre nach dem Erscheinen des gleichnamigen Romans von Agatha Christie ließ sich die Autorin die Filmrechte an dem Stoff abringen, da die beiden Produzenten John Brabourne und Richard Goodwin zuvor eines ihrer Kinderbücher zu ihrer Zufriedenheit verfilmt hatten. Der Orient-Express war das prachtvollste Beförderungsmittel vor allem in den so genannten goldenen dreißiger Jahren. Er verkehrte zwischen Istanbul und Calais. Die Jungfernfahrt begann am 4. Oktober 1883 und führte von Paris in die türkische Metropole. Der Zug war häufig Schauplatz für Romane und Filme: *Orient-Express* von Graham Greene, *Die Maske des Dimitrios* von Eric Ambler und auch *Liebesgrüße aus Moskau* von Ian Fleming.

Sean Connery ist als englischer Armeeoffizier Colonel Arbuthnot zu sehen, der ein Verhältnis mit der englischen, in Bagdad als Lehrerin arbeitenden Mary Debenham (Vanessa Redgrave) hat. *Mord im Orient-Express* ist sein zweiter von drei so genannten All-Star-Cast-Filmen, die die Zuschauer auch durch eine großartige Besetzung beeindrucken sollen. Hier hatte Connery, im Vergleich zu *Der längste Tag*, zumindest eine Hauptnebenrolle.

Dreharbeiten, -orte und Budget

Für die Dreharbeiten, die im März 1974 begannen, wurden original Waggons und Inneneinrichtungen von der Compagnie Internationale des Wagon-Lits gekauft und in den Londoner Studios von EMI in Elstree präpariert. Die Szenen, in denen die Reisenden in

Eine illustre Gesellschaft, hochkarätig besetzt mit Anthony Perkins, Vanessa Redgrave, Connery und vielen anderen, muss sich den Fragen von Poirot (Albert Finney) stellen.

die Bahn einsteigen, entstanden auf dem Zug-reparaturdepot in Paris St. Denis.

Regisseur Sidney Lumet zu dem Stoff: »Bei Agatha Christie gibt es wohl eine Wahrheit – aber keine Realität. Wir haben es hier mit einer Art Mythos der dreißiger Jahre zu tun, und um ihm gerecht zu werden, benutze ich konsequent die Stilmittel des Films jener Zeit.« Das Budget betrug zwischen 1,25 und 1,5 Millionen Pfund, das entspricht etwa neun Millionen DM. Das Drehbuch stammt von Paul Dehn, der *Goldfinger* mitverfasste. Die kurze Geschichte, die als Einführung dient und eine Kindesentführung zeigt, ist von Richard Williams, der auch den Vorspann zu *Casino Royale* schuf und später für seine Arbeit an *Falsches Spiel mit Roger Rabbit* einen Oscar bekam.

Premiere

Nach der Welturaufführung des Films am 21. November 1974 im Londoner ABC Cinema an der Shaftesbury Avenue, bei der nicht nur Prinzessin Anne, sondern auch die damals 84-jährige Agatha Christie und ihr Mann zu Gast waren, sagte die »Krimikönigin« im Anschluss nur: »Wonderful!« Der Film lief 1975 auch auf dem Filmfestival in Moskau. Doch Connery war bei keiner Premiere anwesend. Lumets Krimi wurde für sechs Oscars nominiert, aber nur Ingrid Bergman gewann eine Trophäe als beste Nebendarstellerin. Der Film läutete ein Revival der klassischen Detektiv- und Christie-Verfilmungen ein: Kurz danach entstanden *Tod auf dem Nil* und *Mord im Spiegel*.

Kritik

Als klassisches Wer-war-es-Rätsel mit prächtiger Ausstattung, exzellenter Besetzung und angenehmer Atmosphäre wurde der Film überwiegend gelobt, auch wenn es dem einen oder anderen Kritiker hier und da an Tempo fehlte und einige das Kinostück als zu lang empfanden. Der amerikanische Autor Roger Ebert ergötzte sich vor allem an der ausgedehnten Schlussszene, in der Poirot seine Theorien erklärt und »ein Dutzend Stars nur zuzuhören hat«. – »Jeder einzelne Star bietet ein Kabinettstück an individueller Fantasie«, heißt es im ›Filmecho‹ und die ›Neue Hannoversche Presse‹ vergab gar einen Kritiker-Preis, die ›Rundschau-Rose‹ für »perfektes Kino mit Freude an der Machart«.

Ransom (Die Uhr läuft ab) GB 1975

Inhalt

Der britische Anarchist Shepherd (John Quentin) und seine Komplizen entführen den englischen Botschafter in einem skandinavischen Land. Für ihre Flucht kapern sie eine Passagiermaschine. Der Chef des Sicherheitsdienstes Tahlvik (Sean Connery) wird mit dem Fall beauftragt. Die Frau des Botschafters (Isabel Dean) drängt auf Rettung ihres Mannes, doch Tahlvik will Zeit gewinnen. Überdies muss er sich mit dem britischen Geheimdienst arrangieren, der seine Leute in die Maschine eingeschleust hat.

Hintergrund

Der frühere Agent Peter Rawley entwickelte und produzierte den Film. »Neben einer guten Geschichte und einer Prise Abenteuer handelt der Film von einem Mann, an den ich glaube: jemand, der sich nicht einfach zurücklehnt und die Verantwortung anderen überlässt, um für Recht und Ordnung zu sor-

gen. Auch auf die Gefahr hin, Fehler zu machen, ist er darauf vorbereitet, die Dinge selbst in die Hand zu nehmen – egal wie hoch die Kosten und das Risiko sind. Auch wenn er daran glaubt, dass die Chancen gering sind, muss er dennoch handeln, denn jemand muss es schließlich tun.« Rawley und Regisseur Caspar Wrede waren der Meinung, dass nur Sean Connery diese Rolle spielen könne. Er sagte dazu: »Flugzeugentführungen sind heutzutage ein ernsthaftes Problem, das jedermann etwas angeht – und angehen sollte. Der Film erzählt davon, wie man eine Entführung verhindert, nicht wie man sie durchführt. Er zeigt zudem Schwachstellen bei der

In Norwegen entstand Die Uhr läuft ab. *Connery als Chef des Sicherheitsdienstes auf dem Flughafen von Oslo.*

Sicherheit auf den Flughäfen und lenkt die Aufmerksamkeit auf Regierungen, die bereits vor diesen Hindernissen kapituliert haben.« Connery nahm den Film auch an, weil er ihm die Chance bot, mit Ingmar Bergmans Kameramann Sven Nykvist zu arbeiten und mit Caspar Wrede, dessen früheres Werk *Ein Tag im Leben des Ivan Denissowitsch* ihm gut gefallen hatte.

Dreharbeiten, -orte und Budget

Gedreht wurde von Januar bis März 1974 in Norwegen und auf dem Flughafen von Oslo. Die norwegische Pilotenvereinigung protestierte, weil sie der Meinung war, der Film unterstütze Flugzeugentführungen oder helfe bei ihrer Durchführung. »Wir klagen weder Norwegen noch irgendein anderes skandinavisches Land an«, sagte Rawley zu den Vorwürfen. »Wir haben Norwegen als Drehort genutzt, damit der Schnee und die eisigen Temperaturen der Geschichte einen weiteren dramatischen Effekt hinzufügen.« Doch teilweise mangelte es an Schnee, so dass er – oder alternativ eine Salzmischung – auf Lastwagen herantransportiert werden musste.

Nach Informationen der ›Hannoverschen Allgemeinen Zeitung‹ wollte Connery während seines Aufenthalts in Oslo Alexander Solschenizyn kennen lernen, »besuchte zu diesem Zweck sogar ein Kino, drängte sich bis zu ihm vor, aber der Russe wimmelte den Filmstar ungehalten ab, ihn für einen zudringlichen Autogrammjäger haltend. James Bond war ihm unbekannt«.

Premiere

Der Film erhielt eine besondere Aktualität, da in der Woche, als er in Deutschland anlief, das ›Kommando Holger Meins‹ die deutsche Botschaft in Stockholm stürmte. Die »Schlagzeilen«, mit denen die Kinobesitzer vom Verleih aufgefordert wurden für den Film zu werben, lauteten: »Connery gegen das Terrorkommando, Connery sieht rot – Connery greift durch« (was auch auf den Plakaten zu lesen war) und »Connery und die linke Tour«. Noch peinlicher war die deutsche Plakatwerbung: Der Filmverleih Constantin verwendete auf dem Plakat ein Foto aus dem ebenfalls zum Teil an Bord eines Flugzeugs spielenden Thriller *Endstation Hölle* mit Charlton Heston.

Kritik

»Aus dem Klischee des unwiderstehlichen Superagenten James Bond wandelt sich Sean Connery unter der sicheren Hand des Regisseurs Caspar Wrede zu einem eher stillen, gesammelten, aber immer noch sehr cleveren Chef des nationalen Sicherheitsdienstes. [...] Neben Sean Connery und Ian McShane bringen eine große Zahl zum Teil ausgezeichneter Schauspieler einen Film, dem es bei aller vordergründiger Spannung und Aktion nicht an Wahrscheinlichkeit fehlt«, schrieb die ›Hannoversche Allgemeine Zeitung‹ über den Film. Für ›Die Zeit‹ ist er nicht mehr als »mittelmäßig«: »Wrede immerhin liefert über weite Strecken die erstaunlich kühle Darstellung einer Terroraktion und ihrer Folgen. Erst in den letzten zehn Minuten entwickelt sich der Film zu einer hanebüchenen Räuberpistole.« Auch andere bemängelten die Auflösung der Geschichte. Der englische Kritiker Derek Malcolm etwa empfand den Film als »weich und schlaff auf fast jeder Ebene«.

The Wind and the Lion

(Der Wind und der Löwe) USA 1975

Inhalt

Im Marokko des Jahres 1904 entführt der rebellische Fürst der Rif-Kabylen El Raisuli (Sean Connery) die junge amerikanische Witwe Eden Pedecaris (Candice Bergen) und ihre beiden Kinder aus Tanger, um seinen Bruder, den Pascha, zu erpressen. Er verspricht sich davon, auf diese Weise wieder an Reichtum und Ehre teilzuhaben. Mit dem Kidnapping löst er eine internationale Krise aus. US-Präsident Roosevelt (Brian Keith) entsendet Truppen in das nordafrikanische Land, auch um aus der Situation politisches Kapital zu schlagen, denn er befindet sich gerade im Wahlkampf und will Stärke beweisen. Der-

Mrs Pedecaris (Candice Bergen) in der Gewalt des Berberfürsten Raisuli (Connery).

weil freunden sich Raisuli und Eden an und verlieben sich sogar ineinander. Bei der Übergabe des Lösegeldes wird Raisuli gefangen genommen, doch Eden steht zu ihm.

Hintergrund
Basis für die Figur des Raisuli ist ein in den zwanziger Jahren entstandener Comicstrip des texanischen Zeichners Robert E. Howard. Das Kidnapping selbst ist historisch überliefert. Bekanntschaft mit Raisuli machte der Regisseur John Milius bereits mit 15 Jahren: in dem Buch ›Sultan der Gebirge‹, aus dem er oft zitierte. Es gelang ihm, den Produzenten Herb Jaffe für den Stoff zu begeistern, nachdem ihn sieben Jahre niemand haben wollte. Ursprünglich sollte Faye Dunaway die Rolle der amerikanischen Witwe spielen, doch hatte sie

bereits bei *Chinatown* zugesagt. Seine daraufhin verpflichtete Partnerin Candice Bergen schrieb in ihrer Autobiografie ›Knock Wood‹: »Sean absolvierte die Rolle mühelos: stark und elegant, witzig und geistreich. Im wahren Leben war er genauso: mit lakonischem Sinn für Humor und einem einfachen Sinn für Spaß. Aber was mich am meisten bei seinem Status beeindruckte, war das Fehlen von Eitelkeit und sein ausgeprägter Sinn für Zuversicht und Sicherheit. Sean strahlte eine Ehrlichkeit und Direktheit aus, eine Ganzheit und Männlichkeit, die der Starruhm nicht weggefressen hatte.«

Dreharbeiten, -orte und Budget
Gedreht wurde ab Spätherbst 1974 mit einem Team von 250 Mann in der spanischen Film-

stadt Almería, in Madrid, Sevilla und dem Coto de Donana Revier; die Dreharbeiten dauerten 13 Wochen. Die Materialien wurden aus Madrid herbeigeschafft, eine Stadtkulisse im maurischen Stil gebaut und die maurischen Paläste aufwändig und liebevoll ausgestattet. Aus der Halle, dem Kartenzimmer und dem Salon des Palace Hotel in Madrid rekonstruierte der mit zwei Oscars gekrönte Ausstatter Gil Parrondo (*Patton – Rebell in Uniform, Nikolaus und Alexandra*) das Weiße Haus von 1904 – bis hin zum echten Tafelgedeck. Der Alcazar von Sevilla diente als Palast des Sultans. Die großen Schlachtszenen entstanden bei Gabo de Gata. Als Darsteller der US-Einheiten wurden Soldaten aus einem spanischen Stützpunkt der US-Marine abkommandiert.

Aufgrund der günstigen Bedingungen in Spanien kostete die erste Gemeinschaftsproduktion von MGM und Columbia nur vier Millionen US-Dollar. Connery bekam 300.000 Dollar Gage.

Der Film wurde auf die schwarze Liste der »American Humane Association« aufgenommen, da der Direktor der Organisation Joseph Hilpert behauptete, die Tiere seien während des Drehs nicht gut behandelt worden. Connery in seinem schweren Kostüm litt unter der Hitze und bewegte sich häufig nur in der Nähe seines klimatisierten Wohnwagens.

In Spanien schlossen Sean Connery und Micheline Roquebrune den Bund der Ehe. »Während der Aufnahmen dort heiratete ich in aller Stille meine Micheline. Selbst die Leute vom Team haben unsere Blitzhochzeit gar nicht so recht mitgekriegt«, hieß es in einem Text, den ›TV Hören und Sehen‹ druckte. Die Hochzeit wurde am 6. Mai 1975 in Gibraltar gefeiert, als die Dreharbeiten bereits abgeschlossen waren.

Premiere

Die Welturaufführung fand im Mai 1975 in der Radio City Music Hall statt. Musik und Ton wurden für den Oscar nominiert, gewannen aber nicht. Die ARD wollte den Film ursprünglich am 28. Januar 1980 ausstrahlen, zog ihn aber aufgrund aktueller politischer Ereignisse zurück: Kurz zuvor war der amerikanische Versuch, Geiseln aus Teheran zu befreien, fehlgeschlagen. Stattdessen wurde *Der Mann, der König sein wollte* gesendet, ebenfalls mit Sean Connery.

Kritik

»Viel Blut, viel Ehr und sehr viel Sand«, schrieb Ponkie in der ›tz‹ München. Und die ›Frankfurter Rundschau‹ notierte: »Das ganze üble Spektakel ist brillant, oft explosiv in Szene gesetzt, doch John Waynes *Grüne Teufel* sind näher als John Ford oder Akira Kurosawa, die hier nicht selten als Vorbilder von Milius durchschimmern.« Gelobt wurde generell die exzellente Kameraarbeit von Billy Williams, der mitreißende Soundtrack von Jerry Goldsmith und die perfekt choreografierten Action-Sequenzen. »Sehenswert«, urteilte ›Die Zeit‹. »Wundervoll mit coolem Witz gespielt«, schwärmte das ›Monthly Film Bulletin‹ über die Leistungen von Candice Bergen und Connery und lobte »Dialoge wie ein Degen-Duell«. Im US-Magazin ›Time‹ hieß es: »Sean Connery, der ein herrlicher Schauspieler geworden ist, spielt einen forschen, komischen Raisuli.« Ein englisches Filmmagazin schrieb, dass Connery seine Rolle mit »fehlerlosem Können spielt und er wirklich so aussieht, als wenn ihm der Part Spaß macht. Sein schottischer Akzent stört überhaupt nicht. Er versteht es sogar, ihn teilweise unter einem fast poetischen Sprachschwall zu verstecken«.

The Man who would be King

(Der Mann, der König sein wollte) GB 1975

Inhalt

Die beiden ehemaligen Sergeants der britischen Armee Daniel Dravot (Sean Connery) und Peachy Carnehan (Michael Caine) berichten im indischen Lahore dem Journalisten Rudyard Kipling (Christopher Plummer) von ihrem kühnen Plan, in dem primitiven Land Kafiristan ihr Glück zu versuchen. Über Afghanistan machen sich die beiden Freimaurer auf den Weg. Dort treffen sie auf den Ex-Gurkha-Soldaten Billy Fish (Saeed Jaffrey) und helfen dem Bürgermeister der kleinen Stadt Er-Heb. Auch in weiteren Schlachten beweist Dravot Gespür für die richtige Taktik und wird wegen seiner Unverletzlichkeit und Unbesiegbarkeit zum König der Armee und schließlich sogar zum Gott ausgerufen. Erst nachdem er beschlossen hat, die hübsche Roxanne (Shakira Caine) gegen ihren Willen zu heiraten, und sie ihm bei der Zeremonie eine Verletzung zufügt, merken die Bürger des Landes, dass er verletzlich ist. Sie jagen ihn aus der Hauptstadt, töten ihn und Fish. Carnehan kann entkommen und erzählt Kipling die Geschichte.

Hintergrund

Basis für den Film ist eine Kurzgeschichte des englischen Autors Rudyard Kipling, die er als junger Journalist in Indien schrieb, als er dort unter anderem für den ›Allahabad Pioneer‹ arbeitete. Ein geschäftstüchtiger Mann nahm seine Story in das kleine Reisebändchen ›Wheeler's Indian Railway Library‹ auf, das 1888 unter dem Titel ›The Phantom Rickshaw and other Tales‹ zum ersten Mal erschien und populär wurde, weil die englischen Zugreisenden die Bände mit nach Hause nahmen. So wurde ›The Man who would be King‹ zu Kiplings meistgedruckter Kurzgeschichte. Regis-

Goldfinger Daniel Dravot und Kollege Peachy Carnehan (Michael Caine): Zwei Soldaten führen ein Volk und scheitern.

seur John Huston wollte den Stoff bereits in den fünfziger Jahren verfilmen und hatte ursprünglich Humphrey Bogart (Carnehan) und Clark Gable (Dravot) für die Hauptrollen vorgesehen, doch wurde das Projekt auch nach mehreren unterschiedlichen Drehbuchfassungen aufgrund zu hoher Kosten abgelehnt. Als Huston 1973 auf den Produzenten John Foreman traf und ihm von seiner Idee erzählte, fand er in ihm einen Fürsprecher, der das Risiko übernahm. Foreman über Connery: »Natürlich vernebeln die Bond-Filme die Sicht der Leute auf Sean Connery, aber ich fand ihn richtig für die Rolle, als ich ihn in dem Film *Simson ist nicht zu schlagen* neben Joanne Woodward sah.«

Dreharbeiten, -orte und Budget

Das Budget betrug fünf Millionen US-Dollar. Ursprünglich wollte man in der Türkei drehen, entschied sich aber für das Gebiet des Grande Monte im französischen Chamonix, die Pinewood Studios und Marokko zwischen

Marrakesch und Ouarzazate an den Bergen des Atlas. Kurz vor den Dreharbeiten lernten sich Michael Caine und die in Guyana geborene Shakira Baksh kennen und lieben. Der Film wurde ihre erste gemeinsame Arbeit. Nachdem Tessa Dahl, die Tochter des Autors Roald Dahl, abgesagt hatte, überzeugte sie John Huston, dass sie die Rolle der Roxanne spielen könne. Für Connery sind die beiden Helden »kriegerische Kämpfer«, wie er in einer Dokumentation erzählt, die während der Dreharbeiten entstand. Michael Caine sagte über Connery: »Obwohl ich dazu neige, etwas zu übertreiben, muss ich doch gestehen, dass ich immer das Gefühl hatte, dass Sean seine Dialoge Wochen vorher wusste. Er kommt so genau vorbereitet an den Drehort, als hätte er Stunden in seinem Hotelzimmer damit zugebracht, alle seine Bewegungen und Texte einzustudieren.«

Premiere

Dem Film wurde die Ehre zuteil, für eine Galapremiere in England ausgewählt zu werden. Bei der Royal European Premiere am 18. Dezember 1975 waren neben den Hauptmitwirkenden auch die englische Prinzessin Anne und Mark Phillips anwesend – Connery kam nicht. Er und Caine klagten später gegen die Produktionsfirma Allied Artists auf Zahlung von 109.146 Pfund, exakt fünf Prozent vom Einspielergebnis. »Mein Vertrag sicherte mir einen Teil der Einspielergebnisse zu«, sagte Connery dem Magazin ›Prevue‹. »Der Film war ein Erfolg, aber das Studio behauptete, er habe kein Geld eingespielt.« In dem Verfahren bekamen die beiden Akteure Recht, und da das Unternehmen nicht zahlen konnte, ging es bankrott. Connerys Kommentar: »Ich habe in meinem ganzen Leben niemals jemandem etwas gestohlen, und wenn jemand mir etwas stiehlt, dann soll er in den Knast gehen.«

Der Film wurde in den Kategorien Dreh-buch, Schnitt, Ausstattung und Kostüme für den Oscar nominiert, gewann aber keinen der Preise.

Kritik

Für das ›Stern TV-Journal‹ ist der Film ein »Meisterwerk, ein in Bilder gefasster Abenteuerroman, lyrisch, komisch, ausschweifend, fantastisch«. Die ›Fernsehwoche‹ urteilte, der Film sei »einfallsreich und mit witzigen Untertönen inszeniert«. Das ›Time‹-Magazin nannte ihn »gereift, unverschämt, energisch, voller Abenteuer und Melancholie«. Connery selbst war mit dem Film so zufrieden, dass er später bekannte: »Ich glaube, ich habe den Oscar verdient. Nicht allein für meine Darstellung, sondern für das ganze Filmteam – jedenfalls gehört dieser Film zu meinen Favoriten.«

Robin and Marian
(Robin und Marian) USA 1975

Inhalt

Robin Hood (Sean Connery) kehrt nach 20 Jahren alt, verbittert, arm und desillusioniert von einem Kreuzzug nach Sherwood Forest in England zurück. Viele der früheren Mitstreiter sind krank oder tot. Seine alte Liebe Marian (Audrey Hepburn) ist Äbtissin eines Klosters geworden. Ansonsten hat sich wenig geändert, auch König John (Ian Holm) und der Sheriff von Nottingham (Robert Shaw) terrorisieren weiterhin das Volk. Es kommt zu einem Zweikampf zwischen den alten Rivalen.

Hintergrund

Nach achtjähriger Pause ließ sich die 46-jährige Audrey Hepburn durch den Stoff, das Drehbuch und Richard Lester überzeugen wieder vor die Kamera zu treten. Aus familiären Gründen hatte sie sich zuvor zurückgezogen. Ihre Zusage war für Sean Connery der Grund, entgegen anderen Plänen ebenfalls mitzuwirken. »Ich war so aufgeregt, als ich das Angebot bekam. Da ich wusste, dass Audrey schon zugesagt hatte, gab ich meinen Urlaub auf, den ich nach den Filmen *Der Wind und der Löwe* und *Der Mann, der König sein wollte* machen wollte. Also nahm ich mir meinen Bart nicht ab und ging sofort an die Arbeit. Zuvor waren die Filme um Robin Hood durchweg Märchen, hier gibt es erstmals wirkliche Menschen zu sehen.«

Für Audrey Hepburn ist der Film vor allem eine große Liebesgeschichte. »Ob sie nun wahr ist oder nicht, ist dabei nicht wichtig, aber wenn man sie in der Weise erzählt, wie das hier geschieht, dann wird sie sowieso überlebensgroß.«

»Unser Film hat eine realistische Geschichte«, erklärte Sean Connery, »aber er hat auch Sinn für Humor, den alle realistischen Geschichten haben müssen. Der Stoff sagte mir nicht nur zu, weil es um eine interessante Legende geht, sondern weil es um eine Untersuchung und Analyse dieser Legende geht. Bei den Kreuzzügen wurden 350.000 Menschen getötet und nur 25.000 sind zurückgekehrt. Erreicht haben sie nichts.«

Der Arbeitstitel lautete ›The Death of Robin Hood‹, erschien aber zu negativ, so dass man ihn änderte. Der Auftrag für den Soundtrack ging zunächst an Michel Legrand. Verschiedenen Quellen zufolge arbeitete auch Maurice Jarre daran, ehe John Barry schließlich die Musik schuf. Mit ihr war Lester jedoch unzufrieden.

Dreharbeiten und -orte
Gedreht wurde ab Juli 1975 für sechs Wochen zwischen Bilbao und Madrid, zum Teil mit drei Kameras gleichzeitig. Den Recherchen von John Parker zufolge empfand Lester Connery als »toll. Er war unglaublich sicher in der Zusammenarbeit, vor allem durch seine messerscharfe Analyse des Drehbuchs. Ich habe ihm gesagt, dass ich sobald wie möglich wieder mit ihm arbeiten möchte«.

Nach Recherchen von Buchautor Andrew Rissik soll Connery sich persönlich darum gekümmert haben, dass alle den engen Drehplan einhielten – was auch gelang. Connery zu seiner Rolle: »Robin war ein Held. Er riss sich darum, für seine Ideale zu kämpfen. Aber er war nicht sehr klug. Ich habe mich bemüht ihn etwas naiv darzustellen. Er flüchtete immer wieder nach vorne ohne groß nachzudenken. Das führte ja auch letztlich zu seinem tragischen Ende mit Marian.«

Premiere
Audrey Hepburn und Sean Connery ließen es sich nicht nehmen, am 11. März 1976 die Weltpremiere in der New Yorker Radio City Music Hall zu besuchen. Draußen vor der Tür sangen etwa 6.000 Fans: »Audrey, wir lieben dich!« Anschließend besuchten beide die Premiere in Los Angeles. Hepburn äußerte später, dass sie mit dem Film nicht recht zufrieden sei, kritisierte Richard Lester und dessen ständige Improvisation.

Kritik
»Connerys und Hepburns braune Augen strahlen vor Lebendigkeit«, schwärmte Kritikerin Pauline Kael im ›New Yorker‹, aber fand darüber hinaus nichts, was sie bei Richard Lesters Abrechnung mit dem Mythos Robin Hood begeistert hätte. Seine distanzierte Betrachtung führte zu teilweise ablehnenden Reaktionen von Seiten der Presse. Nach der Meinung von ›Films in Review‹ hat Drehbuchautor James Goldman sogar Elemente von ›Tristan und Isolde‹ verwendet. Weiter heißt es: »Richard Lesters Film gewinnt, obwohl das Drehbuch manchmal witzig, geistreich und manchmal langweilig ist, vor allem

durch die wunderbare schauspielerische Leistung von Connery, der als graubärtiger, fast glatzköpfiger Robin überzeugend ist.« Auch die ›AZ‹ fand, Connery sei »glänzend als verschmitzter, aber kein bisschen weiser, gealterter Pfeil-und-Bogen-Heros«. ›Die Zeit‹: »Immerhin feiert Audrey Hepburn als Marian ein bewegendes Comeback, und Connery spielt den Robin Hood mit jener resignativen Virilität, die wir zuletzt in *Der Wind und der Löwe* bewundern konnten.« – »Der Film macht Spaß und ist bei dieser Legendenaustreibung dann auch etwas melancholisch. In der Mischung aus realistischer Zustandsbeschreibung und romantischer Vergeblichkeit ist dieser zu Unrecht ›verlorene‹ Film ein kleines Juwel«, schrieb Hans-Ulrich Pönack in Berlin bei einer Wiederaufführung.

Als arabischer Diplomat in Öl. Der Film erschien in Deutschland nur auf Video.

The Next Man (Öl) USA 1976

Inhalt

Der saudiarabische Diplomat Khalil Abdul Muhsen (Sean Connery), der sich im Mittleren Osten um Frieden mit den Palästinensern bemüht, soll das nächste Opfer der Attentäterin Nicole Scott (Cornelia Sharpe) werden. Vor der UNO kündigt Muhsen an, mit den Israelis Frieden schließen zu wollen, als ersten Schritt gemeinsam mit ihnen Erdöl zu liefern und so die OPEC aufzubrechen. Seine Aktivitäten stören die Syrer, die Palästinenser, einflussreiche Ölkartelle und Widerstandsorganisationen, die Jagd auf ihn machen. Nicht zuletzt dank seines Leibwächters Hamid (Alfred Paulsen) entgeht er auf den Bahamas und in New York verschiedenen Anschlägen – nicht aber Nicole, die ihn in New York auf der Fahrt zum Flughafen erschießt.

Hintergrund

Produzent Martin Bregman, der zuvor Filme wie *Serpico* und den von Sidney Lumet gedrehten Film *Hundstage* verantwortet hatte, lieferte die Idee zu dem Projekt. Über Lumet kam auch der Kontakt zu Connery zustande, der darauf hoffte, mit dem Film eine politische Aussage treffen zu können. Bregman sorgte dafür, dass seine Freundin Cornelia Sharpe die Rolle der Terroristin erhielt, was dazu führte, dass einige Rezensenten ihm Protektionismus vorwarfen. Bregman verpflichtete Richard C. Sarafian als Regisseur, der zahlreiche Folgen der TV-Serie *Tennisschläger und Kanonen (I Spy)* inszeniert hatte. Er arbeitete mit zwei anderen Autoren auch am Drehbuch, musste aber permanente Korrekturwünsche von Bregman hinnehmen, so dass allein ein halbes Jahr lang ständig das Skript geändert wurde. Letztendlich zog er noch den Kollegen von *I Spy*, Mort Fine, hinzu. Nach zehn Monaten war man endlich so weit. »Ich finde die Rolle ungewöhnlich und deshalb habe ich angenommen«, sagte Connery in einem Interview. »Es ist ein intelligenter Film darüber, was gerade in der Welt geschieht, der viele aufregende Szenen enthält.«

Dreharbeiten, -orte und Budget
Gedreht wurde in London, in Riad, in Nizza, auf den Bahamas, in Irland, in Bayern, in Marokko, bei der UNO in New York und auf dem dortigen John-F.-Kennedy-Flughafen. Connerys Szenen spielen in New York (im Waldorf Astoria Hotel, im Central Park, in Greenwich Village) und auf den Bahamas. Für die Szenen innerhalb der UNO wurden Sets in den örtlichen Astoria-Studios gebaut. Das Budget betrug vier Millionen US-Dollar.

Connerys starker schottischer Akzent, für einen arabischen Diplomaten eher ungewöhnlich, wurde mit einem Trick im Drehbuch erklärt. Darin heißt es, dass er in Schottland studiert habe. »Generell war der Film eine gute Idee«, erklärte Connery trotz der schlechten Reaktionen nach den ersten Vorführungen, »aber sie war aufgrund des schlechten Drehbuchs nur halb gar gekocht. Wir versuchten beim Schnitt noch etwas zu retten, aber es half nichts mehr.« Ein gefundenes Fressen für die Yellow Press waren Fotos, die Connery mit der traditionellen arabischen Kopfbedeckung zeigten, denn zur gleichen Zeit drehte Roger Moore den Bond-Film *Der Spion, der mich liebte* und trug ein entsprechendes Gewand. Noch heute wird in den USA eine Videokassette mit dem Titel *The Arab Conspiracy* vertrieben, deren Cover Connery mit arabischem Outfit zeigt. Es war der erste Film seiner Karriere, der nicht in England in die Kinos kam, sondern erst im Januar 1982 im dortigen Fernsehen zu sehen war.

Kritik
»Connery sieht unpassend aus als Araber, macht aber als Schauspieler einen kompetenten Job«, urteilte ›Films in Review‹ über seine Leistung. Der Film kam aber, wie überall, schlecht weg. Pauline Kael bemängelte die »lächerliche Geschichte«, andere zeigten sich eher verwirrt als beeindruckt von den vielen Anschlägen und Morden. Fazit: gut gemeint, schlecht gemacht.

A Bridge too Far
(Die Brücke von Arnheim) GB 1976

Inhalt
Die Generäle Montgomery und Eisenhower versuchten im September 1944 mit einer gewaltigen Luftlandeoperation in Holland den Zweiten Weltkrieg vorzeitig zu beenden. Dazu mussten fünf Brücken erobert werden. Doch der aufwändige Plan scheiterte an der letzten Brücke in Arnheim, unter anderem weil der deutsche Widerstand zu groß und das Wetter zu schlecht war, insbesondere aber daran, dass strategische Fehler gemacht wurden.

Hintergrund
Basis für den Film war der Roman des ehemaligen Kriegsberichterstatters Cornelius Ryan, der 1974 erschien und in 27 Sprachen übersetzt wurde. Er basierte auf der so genannten Operation Market Garden, nach der ein Luftlandeunternehmen der Westalliierten den Zweiten Weltkrieg möglichst schnell entscheiden sollte. 35.000 Fallschirmjäger sollten fünf Rheinbrücken in Holland besetzen, damit die Alliierten von dort aus die Waffenfabriken des Deutschen Reiches angreifen konnten. Der Widerstand der Deutschen und Fehler in der Strategie ließen das Unternehmen nach neun Tagen scheitern. Für die Alliierten war es, nach einem Ausspruch von Lt.

General Browning, »a bridge too far« – eine Brücke zu weit. Sie verloren doppelt so viele Soldaten wie bei der Invasion in der Normandie, etwa 17.000 Mann.

Der von Connery gespielte 42-jährige britische Major General »Roy« Urquhart hatte nach Einsätzen in Nordafrika, Italien und Sizilien damals seinen schwierigsten Einsatz vor sich. Der Schotte hatte erst im Frühjahr das Kommando über die First Airborne Division übernommen und musste nun selbst zum ersten Mal mit seinen Männern unter Beschuss aus den Lastenseglern abspringen. Von seinen 10.000 Soldaten überlebten nur etwa 2.000 den Einsatz. Urquhart selbst sagte zu seiner Besetzung: »Ich bin kein großer Kinogänger, deswegen sagen mir leider all diese Schauspielernamen nicht so viel. Als meine Frau und meine Töchter jedoch erfuhren,

General Major Robert Urquhart und sein Darsteller in dem Kriegsfilm Die Brücke von Arnheim.

dass Sean Connery im Film meine Rolle übernehmen würde, waren sie begeistert. Connery wollte ursprünglich nicht annehmen, da ein sehr naher Verwandter von ihm in Arnheim gefallen war.«

Als Connery hörte, dass Produzent Joseph E. Levine mit seinem Namen versuchte für den Film Geld aufzutreiben, und erfuhr, dass Robert Redford eine astronomische Gage er-

hielt, setzte er ihn unter Druck. »Ich ging zu Levine und sagte ihm, dass ich aussteige, wenn ich nicht das Gleiche kriege wie Redford. Bob hat nichts von dem, was ich nicht auch habe.«

Dreharbeiten, -orte und Budget

Gedreht wurde von April bis zum 6. Oktober 1976 mit einem 300 Mann starken Team in Holland, in Eindhoven, Grave, Nijmwegen und an den Absprungplätzen bei Arnheim, wobei die Wilhelmina-Brücke in Deventer 40 Kilometer nördlich von Arnheim die Originalbrücke darstellte. Verschiedenen Quellen zufolge waren 90 Prozent der Bevölkerung von Deventer in die Filmarbeiten einbezogen. Weiterhin drehte Regisseur Richard Attenborough in England und den dortigen Twickenham Studios.

Die Kosten für den Film lagen zwischen 23 und 27 Millionen US-Dollar (damals etwa 60 bis 70 Millionen DM), wobei allein Redford und Connery zwischen zwei und 2,5 Millionen DM kassierten. Ein Drittel des Budgets floss in die Gagen der 14 Stars. Neben ihnen wirkten 100 Darsteller in Sprechrollen, 1.500 Statisten und 100 ausgewählte englische Theaterschauspieler mit, von der Produktion als ›Attenborough Repertoire Company‹ bezeichnet, da sie speziell auf ihre Rollen als Soldaten vorbereitet wurden.

Premiere

Dem Film wurde in London die Ehre einer Royal Charity Premiere zuteil, die am 23. Juni 1977 in Anwesenheit der Duchess of Kent und des Flottenadmirals Earl Mountbatten of Burma im Odeon-Kino stattfand.

In der Originalfassung sprechen Deutsche und Holländer in ihrer Muttersprache, die jeweiligen Textpassagen sind englisch untertitelt.

Die beiden Gentlemen Gauner Agar (Donald Sutherland) und Edward (Connery) verüben 1855 den ersten Eisenbahnraub.

Kritik

»Glücklicherweise bedeutet die Garde der Stars von Bogarde bis Redford kein Flickwerk voller fiktionaler Episoden«, schrieb das Magazin ›Mayfair‹ treffend, aber es hieß zu Recht weiter, dass außer einem »schieren Spektakel« nicht viel zu erwarten ist. »Nur eine Serie von Schauplätzen«, bemängelte das ›Monthly Film Bulletin‹. Für die ›AZ‹ ist das Werk eine »heroisch aufgemotzte Haudegenschnulze«, für den ›Münchner Merkur‹ eine »gewaltige Materialschlacht mit unglaublich glaubhaften Bildern, ohne Schwarzweißmalerei«, für ›films and filming‹ ein »sensibler Film«, der die Erinnerung wach hält, dass »Krieg kein Abenteuer ist«.

The First Great Train Robbery
(Der große Eisenbahnraub) GB 1979

Inhalt

Der Gangster Edward Pierce (Sean Connery) und der Safeknacker Agar (Donald Sutherland) planen im viktorianischen England des Jahres 1855 den Überfall auf einen Geldtransport der Eisenbahn, den London-Paris-Express, der britische Goldbarren im Wert von 12.000 Pfund mit sich führt. Der streng bewachte Safe kann nur durch vier Schlüssel geöffnet werden, die getrennt voneinander aufbewahrt werden. Dank Wachsabdrücken und der Hilfe von Pierce' Geliebter Miriam (Lesley-Anne Down) nähern sich die Gangster ihrem Ziel, bis Hindernisse auftauchen, die nicht nur Verstand, sondern auch außergewöhnlich viel Mut erfordern, denn Pierce wurde betrogen. Als der Zug ankommt, liegt nur Blei im Tresor.

Hintergrund

Basis für den Film ist eine wahre Geschichte, die Michael Crichton zu einem Roman umgearbeitet hat und die ihm, gemeinsam mit dem Roman ›A Case of Need‹, den Edgar Allan Poe Award einbrachte. Der Zug fuhr im Auftrag des Londoner Schatzamts einmal pro Monat an die Kanalküste, von dort übers Meer nach Frankreich und dann in Richtung Osteuropa, um die englischen Truppen in Russland zu versorgen, die gemeinsam mit den Franzosen an der Krim gegen die Heere des Zaren kämpften. Der erste große Eisenbahnraub, so auch der Zusatz im englischen Titel, führte in England zu einer Diskussion über die Leistungsfähigkeit von Scotland Yard, aber auch zur Sympathie für die Gauner, denn sie hatten über ein Jahr an dem Plan gearbeitet und niemand verlor sein Leben.

Nach seinen drei Sciencefiction-Storys ›Andromeda‹, ›Coma‹ und ›Westworld‹ wollte Crichton nach eigenen Aussagen »mal etwas anderes« machen und recherchierte während seiner Zeit als Dozent für Anthropologie an der Universität von Cambridge die Hintergründe des Überfalls vom 22. Mai 1855. Schon vor dem Filmstart hatte er 1,5 Millionen Bücher verkauft. Dem Drehbuch fügte er eine Reihe komischer Elemente hinzu. »Mein Traum war es, die Welt der damaligen Zeit liebevoll zu rekonstruieren und in ihr *The French Connection* zu drehen.« Ursprünglich sollte Jacqueline Bisset die weibliche Hauptrolle spielen.

Dreharbeiten, -orte und Budget

Nachdem die Vorbereitungen, vor allem wegen der historischen Rekonstruktionen, ein Jahr gedauert hatten, drehte man ab Frühsommer 1978 zwei Monate in den irischen National-Studios (ehemals Ardmore) und ließ große Teile der ursprünglich gebuchten Londoner Pinewood Studios unbenutzt, obwohl die Geschichte in England spielt. In den Londoner Studios entstand die Hauptstadtstraße ›Strand‹ und Queen Victoria's Crystal Palace. Der Film kostete rund sieben Millionen US-Dollar. Die Aufnahmen auf und in dem Zug entstanden nahe dem Provinzbahnhof Mullingar auf einer 30 Kilometer langen abgesperrten Strecke. Bevor die Kameras liefen, unternahm man eine Probefahrt, die Crichton in seinem Buch ›Im Kreis der Welt‹ so beschrieb: »Nach wenigen Minuten grinst Connery so breit wie ein Kind auf der Kirmes. Er ist ein erstklassiger Sportler und hätte bestimmt auch als Berufs-Footballspieler Erfolg gehabt. Jetzt springt er leichtfüßig von einem Waggon zum anderen und genießt das Ganze sichtlich. Vor einer Brücke müssen wir uns flach auf das Dach legen. Sie zischt über uns hinweg, eine Handbreit über unseren Köpfen. Connery lacht dröhnend. ›Einfach fabelhaft!‹« Später stürzte Connery auf dem Zug, ließ sein Kleiderbündel fallen, rappelte sich aber wieder auf, so dass die Szene beendet werden konnte. Währenddessen hatte glühende Asche Crichtons Kopfhaar entzündet. Crichton: »Sean hat sich das Schienbein kräftig aufgeschlagen. Es muss verbunden werden. ›Alles in Ordnung, Sean?‹ Er sieht mich an. ›Wusstest du eigentlich‹, sagt er, ›dass deine Haare Feuer gefangen haben? Du musst da oben besser aufpassen.‹ Und er lacht.«

Für die Action-Aufnahmen mit dem Zug hatte man eigens von der Irish Railway Preservation Society eine Bahn aus jener Zeit geliehen. Connery wollte die Stunts auf dem Zug selbst übernehmen. Man hatte ihm zugesichert, dass er ungefähr 55 Stundenkilometer fahren würde. Wie die Kameraleute im Hubschrauber später bestätigten, fuhr er jedoch fast 90. Auf der Suche nach dem Grund fand der Regieassistent heraus, dass die Lok über gar keinen Tachometer verfügte. Die Frage, wie er denn die Geschwindigkeit messe, beantwortete der Lokführer trocken: »Ich zähle die Telegrafenmasten.« Ehefrau Micheline war fuchsteufelswild und beschimpfte die Verantwortlichen. Michael Crichton: »Connery lachte, während er in seinem Wohnwagen saß und die Krankenschwester seine Kratzer und Wunden versorgte.«

Michael Crichton berichtete später auch in einem Artikel über die Zusammenarbeit mit dem Schotten: »Es ist bemerkenswert, mit ihm zu arbeiten – so wie mit allen ernsthaften Menschen, die es vorziehen, so viel zu lachen wie möglich. Am Drehort ist er eine angenehme Erscheinung. Er ist charmant, einfach und spendabel. Wenn ein Schauspieler Probleme hat, hilft er sofort. Ich habe gehört, wie er beim Schnitt für einen Kollegen argumentierte, weil er wusste, dass das dessen beste Szene war. Zur gleichen Zeit ist er rigoros professionell und toleriert niemanden, der zu spät kommt, unvorbereitet oder müde ist. Er ist durchaus in der Lage, durch die Decke zu gehen und vor Wut rasend zu werden. Sein Sinn für das Drehbuch ist exzellent, und er beschäftigt sich mit Szenen und Dialogen, die nicht richtig funktionieren. Er ist einer von diesen Schauspielern, die sich immer die gedrehten Szenen des Tages ansehen, und scheint mir in der Lage zu sein, seine eigene Arbeit ziemlich objektiv zu beurteilen. Er ist auch perfekt vorbereitet, um in Szenen unsympathisch oder albern zu wirken, und hat nichts als Spott für Kollegen über, die aufgrund dieser Aspekte einen Film absagen, weil sie Angst haben, schlecht auszusehen. Wenn es um Stunts geht, ist er physisch selbstsicher und furchtlos. Connery zieht es vor, nicht über seine Arbeit zu sprechen, wenn er nicht arbeitet. Er ist ein großartiger Erzähler und ein erfahrener Mime, der andere nachmachen kann. Manchmal blockiert er eine ganze Szene und erfreut sich daran, die Rollen von allen anderen zu spielen – Männern und Frauen – genauso wie seine eigene. Er ist absolut direkt, sagt, was er denkt, und hält sich aus kräftigen Auseinandersetzungen heraus.«

Connery zeigte sich von Michael Crichtons Größe (2,05 Meter) beeindruckt und sagte einmal über ihn: »Er kann mit der einen Hand einen Bestseller schreiben und dir mit der anderen den Blinddarm herausnehmen.«

Die brillanten Bilder dieses Films stammen von Kameramann Geoffrey Unsworth, der zuvor *2001 – Odyssee im Weltraum* und *Cabaret* fotografierte. Dies war der fünfte und letzte Film, den er mit Connery drehte. Er ist ihm gewidmet, denn Unsworth starb kurz nach Beendigung der Dreharbeiten. Unsworth war es auch, der zwischen Crichton und dem englisch-irischen Team vermittelte, als es anfangs Probleme gab und der Drehplan nicht eingehalten werden konnte. Er schlug vor, Crichtons letzten (seinen zweiten) Film *Coma*, der gerade in den USA lief, zu zeigen. Nach einer Vorführung war das Team von seiner Regie angetan, akzeptierte den jungen, damals 35-jährigen Regisseur und begrub den Streit.

Kritik

»*Der Clou* war nur eine Sprotte verglichen mit diesem Fischzug«, schrieb ›New Republic‹ und auch viele andere Medien urteilten durchweg positiv. »Die Spannung steigt langsam, aber stetig«, hieß es in ›photoplay‹, und: »Connery schlägt sich wacker in diesem mehr als durchschnittlichen Komödienthriller.«

Meteor (Meteor) USA 1979

Inhalt

Der Astrophysiker Dr. Paul Bradley (Sean Connery) hat für die NASA das Projekt Hercules entwickelt, nach dem ein um die Erde kreisender, mit Atomraketen bestückter Satellit die Welt vor Trümmern aus dem All schützen soll. Tatsächlich sind die Raketen jedoch auf die UdSSR ausgerichtet. Als man entdeckt, dass sich ein riesiger Schwarm von Meteoriten, Ikarus genannt, auf die Erde zubewegt, erklären sich die Russen bereit auch ihre eigenen Killersatelliten einzusetzen, um die Katastrophe zu verhindern. Gemeinsam mit der sowjetischen Wissenschaftlerin Tatiana Donskaja (Natalie Wood) bereitet Bradley den Abwehreinsatz vor. Ihnen bleiben nur sechs Tage Zeit.

Hintergrund

Ausgangspunkt für den Film war eine Kurzgeschichte von Isaac Asimov über Raumstationen. Er inspirierte Koproduzent Ted Parvin, sich mit Meteoriten zu beschäftigen. Gemeinsam mit seinem Partner Arnold Orgolini entwickelte er das Projekt, ließ aber zunächst ein visuelles Konzept erstellen statt einen Drehbuchautor zu engagieren. Mit den Skizzen wurde das Geld beschafft und die Vorproduktion begonnen. Autor Edward H. North, der das Drehbuch zu *Der Tag, an dem die Erde stillstand* geschrieben hatte, entwarf das Treatment. 1976 boten die Produzenten auf dem Filmfestival in Cannes den Stoff an, verkauften ihn in mehrere Länder und beauftragten North das Drehbuch zu schreiben. Später gesellte sich noch Steven Bach zwecks Überarbeitung hinzu. Regisseur Ronald

Connery im Matsch: »Das Problem war nicht, wie ich das spiele, sondern wie ich das überlebe.«

Neame (*Die Höllenfahrt der Poseidon*), den man engagiert hatte, gefiel die neue Fassung nicht. Er zog Stanley Mann hinzu, der wiederum Connery gut kannte und ihm das Skript anbot. Aber auch der hatte Bedenken. Erneut wurden Änderungen, auch von Neame selbst, vorgenommen, bis alle Beteiligten zufrieden waren.

Dreharbeiten, -orte und Budget

Die Dreharbeiten begannen am 31. Oktober 1977 in Los Angeles. Aufgrund des Aufwandes für die vielen Effekte nutzten die Produzenten drei Studios in Hollywood: MGM (Hallen 15, 27 und 30), Warner Brothers und Paramount. Ronald Neame drehte zudem Außenaufnahmen in Hongkong, New York und eine sehr aufwändige Sprengung in den österreichischen Alpen. Natalie Wood und Brian Keith hatten viele Dialoge in Russisch zu führen und nahmen Sprachunterricht, was ihr jedoch leicht viel, da ihre Eltern Russen sind. Sean Connery traf sich vorab mit dem Astronauten Ronald Evans und ließ sich von ihm über dessen Arbeit und den Stand der Weltraumforschung informieren.

Eine der aufwändigsten Szenen war die Überschwemmung der U-Bahn mit einer Million Pfund Schlamm. Allein diese Sequenz verschlang zehn Drehtage. Das größte Problem war, die Masse zu kontrollieren oder, wie ein Techniker es ausdrückte, »so viel Dreck wie möglich zu liefern, ohne Sean Connery umzubringen«. Die Idee, die Lawine auf Körpertemperatur zu erhitzen, scheiterte, weil dadurch so viel Nebel entstand, dass die Objektive der Kameras beschlugen. Also wurde die Szene zu einer glitschigen wie kalten Erfahrung. Connery ging davon aus, mit seinem Text fertig zu sein, bevor die riesige Schlammwelle ihn erreichte. Aber sie war schneller: Wogen von Schlamm trafen ihn direkt im Gesicht, während er noch redete. Sein Kommen-

tar: »Das Problem war nicht, wie ich das spiele, sondern wie ich das überlebe.« Doch sein Humor war gespielt: Connery litt während der Dreharbeiten unter dem vielen Dreck und musste sogar einmal ins Krankenhaus gebracht werden, weil er zusammengebrochen war und zu viel Staub geschluckt hatte.

Martin Landau und Connery kannten sich bereits. »Wir hatten uns ein paar Mal in London bei Veranstaltungen getroffen, aber noch nie zusammengearbeitet. So war es sehr erfreulich, denn er ist ein absoluter Profi, und wir hatten eine gute Zeit.« Für Co-Star Natalie Wood hat Connery »Charisma und unbändigen Humor, bleibt immer bodenständig und wollte wieder und wieder proben, was mir gut gefiel«. Nach Aussagen von Joseph Campanella ist er gar einer der »logischen Nachfolger der Gables und Bogarts von früher«.

Die Angaben über das Budget schwanken zwischen 14 und 18 Millionen US-Dollar, vor allem begründet durch die etwa acht Millionen Dollar teuren Spezial- und Modelleffekte, die sich später eher als unzureichend denn als spektakulär entpuppten. Andere Produktionen wie *Superman* oder *Unheimliche Begegnung der dritten Art* hatten bewiesen, dass sensationellere Bilder möglich waren. Weitere 15 Millionen Dollar investierte man in die Werbung – und machte am Ende exakt 15 Millionen Dollar Verlust.

US-Moderatorin Dinah Shore, die Connery für ihre TV-Show am Set besuchte, wird diesen Moment sicher nicht vergessen, denn sie kam, als die Szene mit der Schlammlawine entstand. Connery nahm sie in den Arm, so dass sie von oben bis unten verdreckt war. Das Fernseh-Special über die Dreharbeiten wurde aufgrund des Erfolges zweimal wiederholt. Connery und die Schauspielerin Bibi Besch, die in dem Film seine Frau spielt, sind sich nie begegnet. Sie wurden auf verschiedenen Sets zu unterschiedlichen Zeiten aufgenommen.

Kritik

»Ein großes Staraufgebot [...] kämpft zwar erfolgreich gegen die Gefahr aus dem All, aber erfolglos gegen eine Geschichte voller logischer Löcher und kernigem Geschwafel«, schrieb ›Die Zeit‹ und brachte damit viele Meinungen zu dem Film auf den Punkt. »Es gibt Momente, die *Godzilla* wie ein Meisterwerk aussehen lassen«, spottete ein US-Kritiker. »Ex-Stars wie Sean Connery, Karl Malden, Brian Keith oder Natalie Wood hocken in irgendwelchen Befehlszentralen, starren gebannt auf irgendwelche Monitoren und reden«, schrieb Eckhart Schmidt in der ›Süddeutschen Zeitung‹. Auch Connery war sich des Desasters bewusst und sagte später: »Zwei Filme aus dem Jahre 1979 – *Meteor* trotz seines Aufgebots an Stars wie Natalie Wood, Henry Fonda und Trevor Howard und *Cuba* trotz der Regie von Richard Lester – waren wirklich schlecht. Bei *Meteor* gab es Probleme mit der Nachbearbeitung der Spezialeffekte, denn es war kein Geld mehr vorhanden. So kam es zu dieser Katastrophe. Aber so etwas passiert nun einmal.«

Cuba (Explosion in Cuba) USA 1979

Inhalt

Der ehemalige britische Major Robert Dapes (Sean Connery) kämpft im Kuba des Jahres 1959 für General Batista gegen dessen Widersacher Fidel Castro. Er erhält mehr und mehr Einblicke hinter die Kulissen und bemerkt Korruption, eine snobistische Highsociety und den Wunsch nach Freiheit. Er begegnet seiner früheren Geliebten Alexandra (Brooke Adams) wieder, die mit einem Fabrikanten (Chris Sarandon) verheiratet ist.

Hintergrund

Ursprünglich war Diana Ross für die Rolle der Alexandra vorgesehen, sie stieg aber im letzten Moment aus und wurde durch Brooke Adams ersetzt. Connery akzeptierte den Film nach der positiven Zusammenarbeit mit Regisseur Richard Lester bei *Robin und Marian* und nachdem er eine erste Drehbuchfassung von ihm gelesen hatte. Der US-Journalistin Marilyn Beck sagte Connery: »Als man mir das Skript von *Cuba* zum ersten Mal gezeigt hat, war es unfertig und zu lang. Aber ich war überzeugt, dass es eine faszinierende Geschichte ist: politische Verschwörung, Abenteuer, Zusammentreffen von Kulturen, und dazu noch eine leidenschaftliche Romanze.« Dann wurde das Buch jedoch mehrfach geändert und der Dreh immer wieder verschoben, so dass er sich am Ende mit Lester stritt.

Dreharbeiten, -orte und Budget

Gedreht wurde ausschließlich in Südspanien, das dank der Arbeit der Ausstatter Gil Parrando und Philip Harrison in das Kuba der fünfziger Jahre umgestaltet wurde. Für das Hotel Roma fand man ein Hotel in Cadiz und aus dem dortigen Plaza de España wurde ein Platz in Havanna. Viele Statisten kamen aus der Militärbasis Rota. Während der Dreharbeiten gingen manche Dinge schief: So überstand ein Flugzeug, das für eine wichtige Szene gebraucht wurde, nur einen Testflug und ging dann zu Bruch; Lester nutzte das bei dem Test gedrehte Material. Die zugesicherten Panzer wurden nicht geliefert, so dass man Lkws verkleidete und die Soldaten, die als Statisten zugesagt waren, wieder abziehen ließ. Connery war kurz davor, aufzuhören. »Ich habe den Dreh zweimal verschoben, weil das Drehbuch nicht fertig war«, sagte er 1981 dem Magazin ›Starburst‹. »Der Film war das reinste Puzzle, und ich glaubte, dass Lester seine Hausaufgaben nicht gemacht hatte.«

General Bello (Martin Balsam) und Robert Dapes (Connery) hecken einen Plan gegen die Anhänger Fidel Castros aus.

Das Budget betrug sieben Millionen US-Dollar.

Kritik

Trotz des Desasters ging Connery unbeschadet daraus hervor. Ihm wurde sogar eine ungewöhnliche Aufmerksamkeit zuteil, denn die in den USA bekannte Organisation Man Watchers Inc., die nur aus Frauen besteht, erklärte ihn zu einem der attraktivsten Männer der Welt. Sie schrieben, er mache »neugierig«, sei »sanft, bodenständig« und habe »savoir faire«. Der Film kam Weihnachten 1979 in die US-Kinos; in Deutschland war er nie im Kino zu sehen. Connery selbst war gegen den Film, als er das Ergebnis zum ersten Mal sah, und bezeichnete ihn gelegentlich als »Fehler« und »Zeitverschwendung«. In einem Interview mit dem britischen Magazin ›Empire‹ 1992

sagte er sogar, dass er nie wieder mit Lester zusammenarbeiten werde.

Einige Kritiker konnten ihm schlechte wie gute Seiten abgewinnen. Möglicherweise lag es daran, dass man den auf eher deftigere Komödien spezialisierten Regisseur Richard Lester (zwei Beatles-Filme, zwei Musketier-Filme) so viel Satire nicht zugetraut hatte. Als ein »liebloses, romantisches Melodram, völlig ziellos, das wesentlich eindrucksvoller in *Casablanca* dargestellt wurde«, bezeichnete ›Halliwell's Filmguide‹ das Werk. Für den Amerikaner Leonard Maltin, der Lester »eine sehr gute Form« bescheinigte, ist der Film ein »unterhaltsames Abenteuer«. Die ›Süddeutsche Zeitung‹ stellte fest, dass »dieser Connery mittlerweile ein wunderbarer Schauspieler geworden ist, der nichts mehr mit dem raubeinigen, brusthaarigen Macho 007 gemein hat – mit seinem leisen Charme, der großen Ausstrahlung und dem schönen männlichen Gesicht ist er eine so überzeugende Identifikationsfigur geworden, dass die anfänglich befremdliche Standortlosigkeit des Filmes, dieser respektlos alles ironisierende Spott in ihm ein Zentrum erhält, im selben Maße wie der Major selbst Stellung beziehen muss: zu den Revolutionären ebenso wie zu der schönen reichen Frau«.

Outland

(Outland – Planet der Verdammten) GB 1981

Inhalt

Eine rätselhafte Todesserie in einer Minenkolonie des Titan-Bergwerks auf dem Jupitermond Io führt dazu, dass ein neuer Marshall dorthin beordert wird, um die Ursache herauszufinden. Captain O'Niel (Sean Connery) stellt fest, dass Sheppard (Peter Boyle), der Chef der Minen, seinen Arbeitern Amphetamine besorgt, damit sie den anstrengenden Job überstehen. Nebenwirkungen sind jedoch Angriffe auf andere oder Selbstmorde. Als O'Niel eine Lieferung Drogen zerstört, engagiert Sheppard zwei bezahlte Killer, um ihn loszuwerden. Nachdem ihn seine Frau und sein Sohn verlassen haben, wird ihm nur durch eine heruntergekommene Ärztin Hilfe zuteil.

Hintergrund

Im Jahr 1610 stellte Galileo Galilei fest, dass der Planet Jupiter von vier Monden umgeben ist. Am 9. März 1979 fotografierte die Raumsonde Voyager I einen Vulkanausbruch auf Io, einem der vier Jupitermonde. Das war für Regisseur Peter Hyams, der auch das Drehbuch schrieb, der Anstoß, seine Geschichte auf Io spielen zu lassen. »Der vulkanische Mond bietet eine Vision der Hölle«, umriss er die Aus-

gangsbasis für den Film. »Ich bin der festen Überzeugung, dass die Raumstationen später einmal längst nicht so blitzend aussehen werden wie in den meisten Sciencefiction-Filmen. Für mich sind Raumstationen und Bergwerke im Weltall einfach Orte, an denen hart gearbeitet wird. Da ist wenig Platz für Ästhetik und schönes Design.«

Outland wurde die zweite Produktion der Alan Ladd Company. Connery war sofort an dem Stoff interessiert, denn in dem Charakter des O'Niel steckt viel von ihm selbst: »Er ist für mich ein Mann auf einer Odyssee, der allein gegen das System kämpft.« Peter Hyams: Connery »hat es immer wieder geschafft, seine Gefühle auszudrücken. Wenn man ihn auf der Leinwand sieht, bekommt man ein Gespür dafür, was er fühlt. Ich empfinde das als einen enormen Pluspunkt für einen Darsteller«.

Ursprünglich wollte man den Film in den USA produzieren, aber Connery war dagegen: »Ich wollte in London drehen, besonders weil die technischen Möglichkeiten hier herausragend sind und weil ich seit 1974 keinen Film mehr hier gedreht hatte.«

Dreharbeiten, -orte und Budget

Gedreht wurde ab dem 23. Juni 1980 vier Monate lang ausschließlich in den englischen Pinewood Studios. 80 Techniker waren zuvor drei Monate damit beschäftigt, das umfangreiche Set und die Modelle herzustellen. Über seine Zusammenarbeit mit Peter Hyams sagte Connery dem Journalisten Rolf Thissen während der Dreharbeiten: »Vor Drehbeginn sind wir alles gemeinsam durchgegangen. Dabei habe ich hauptsächlich davon gesprochen, wie ich den Charakter sehe, wie ich ihn spielen möchte. Wenn es zum Drehen kommt, lässt er mich normalerweise es erst einmal so machen, wie ich es mir vorstelle, und greift vielleicht korrigierend ein. Es gibt keine Probleme. Ich sehe das gesamte Material, das gefilmt wurde, begutachte jeden Tag die Muster und werde auch dabei sein, wenn der Film geschnitten wird.« Hyams über seine Besetzung: »Er ist ein außergewöhnlich guter Schauspieler. Er zeigt, dass seine Gefühle dicht unter seiner Haut sitzen. Wenn man ihn fotografiert, hat man das Gefühl, genau zu wissen, was er gerade empfindet. Er ist eine sehr kraftvolle Erscheinung auf der Leinwand und beherrscht sein Handwerk perfekt.«

Da Connery aus steuerrechtlichen Gründen nur 90 Tage im Land bleiben durfte, drehte er nach einem engen Zeitplan und flog jedes Wochenende in sein Haus nach Spanien oder an andere Orte. In den Drehpausen speiste er mehrfach mit Roger Moore, der zur gleichen Zeit in Pinewood den Bond-Film *In tödlicher Mission* drehte.

Während der Produktion wurde erstmals ein neues Aufnahmeverfahren namens Introvision angewendet, das 1,5 Millionen US-Dollar kostete. Fotos vom Innern des Modells der Raumstation wurden in die Introvisionskamera eingespannt, die diese automatisch ins Dreidimensionale dehnte. Dazu passend folgt ein Schauspieler exakt den Markierungen auf dem Boden. Später entsteht der Eindruck, als hätte er sich tatsächlich durch den Raum bewegt. Das mühsame Übereinanderkopieren einzelner Filmbilder mit einem optischen Printer entfällt.

Das gesamte Budget betrug 14 Millionen US-Dollar.

Premiere

Dank Connery fand die Europa-Premiere des Films, zu der er auch persönlich erschien, am

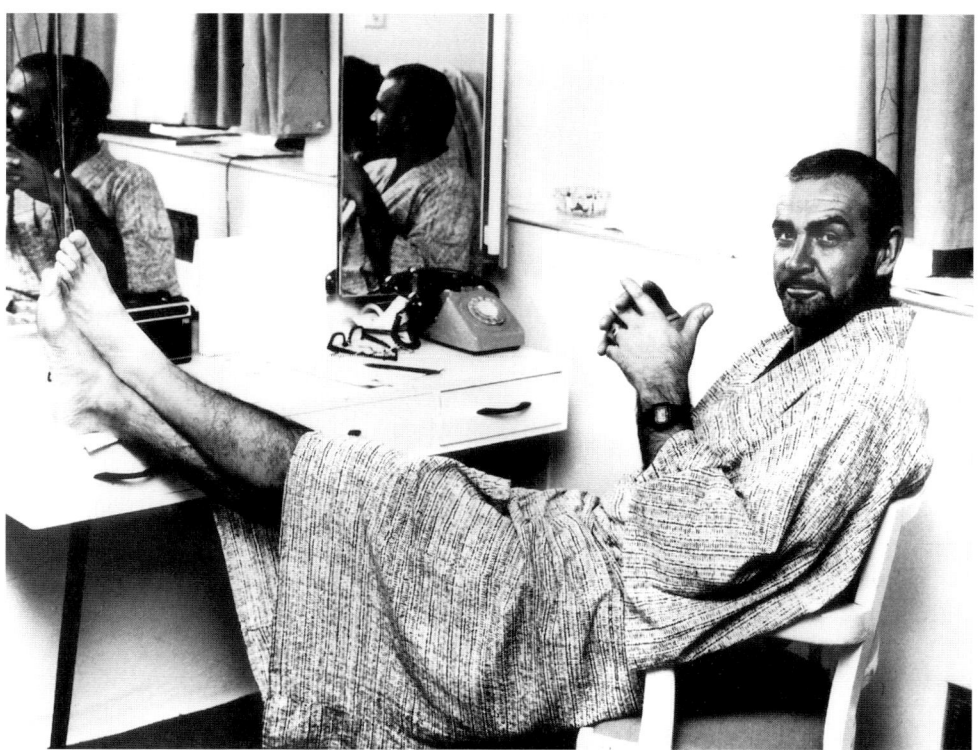

Kleine Verschnaufpause während der Dreharbeiten von Outland *in den Londoner Pinewood Studios.*

15. August 1981 in Edinburgh statt. Die Einnahmen kamen zu 90 Prozent dem Scottish International Education Trust zugute. Im September eröffnete der Streifen das Festival des amerikanischen Films in Deauville, bei dem Connery ebenfalls zu Gast war.

Outland besitzt eine Reihe von offensichtlichen Parallelen zu dem Westernklassiker *12 Uhr mittags*. Der Film wurde häufig als »High Noon in Space« oder »High Moon« beschrieben. Ironischerweise arbeitete Connery zu der Zeit bereits mit dem Regisseur Fred Zinnemann an dem Film *Am Rande des Abgrunds*.

Kritik

Gelobt an dem Film wurde vor allem die Spannung, die aus den spärlichen Dialogen resultiert, und das ungewöhnliche Produktionsdesign. Auch den Leistungen von Connery und Frances Sternhagen, die als heruntergekommene Ärztin Dr. Lazarus brilliert, wurde Respekt gezollt. Kritik gab es vor allem für das eher unspektakuläre Ende, das zum Teil im Weltraum spielt, dem Film das Tempo nimmt und zu behäbig wirkt. Zudem wurde häufig moniert, Hyams lehne sich zu sehr an Filme wie *Alien* an und habe zu wenig eigene Ideen eingebracht. »Vorhersehbar«, hieß es verschiedentlich. Pauline Kael lobte, dass Hyams etwas davon versteht, Jagden und Kämpfe zu inszenieren, bemängelte aber die offensichtlichen Ungereimtheiten des Drehbuchs. ›Variety‹ fasste treffend zusammen, dass es »ein guter Film sei, der eben besser sein könnte«. Durchweg gelobt wurde die etwa fünf Minuten lange Jagd zu Fuß durch Station, Quartiere und Kantine bis in die Küche. Sie kam so gut an, dass Hyams in *Presidio* gleich noch eine Verfolgungsjagd zu Fuß inszenierte – genauso brillant.

Time Bandits (Time Bandits) GB 1981

Inhalt

Der elfjährige Kevin wacht eines Nachts auf, als ein Ritter zu Pferd in voller Rüstung durch die Wand seines Kinderzimmers prescht. In seinem Gefolge erscheint eine Gruppe von sechs Zwergen. Sie sind ihrem Chef entflohen und haben ihm eine Karte entwendet, die alle Zeitlöcher enthält, mit Hilfe derer man durch die Epochen reisen kann. Sie nehmen Kevin mit auf die Zeitreise.

Bei den alten Griechen treffen sie auf König Agamemnon (Sean Connery), plündern in einer Stadt, die gerade von Napoleon (Ian Holm) belagert wird, begegnen Robin Hood (John Cleese), erleben den Untergang der ›Titanic‹ und entkommen ins Land der Legende, bis sie schließlich dem letzten Kampf zwischen dem bösen Genie und dem obersten Wesen beiwohnen.

Hintergrund

Terry Gilliam, das frühere Mitglied der Monty-Python-Truppe, hatte zuvor bei *Die Ritter der Kokosnuss* mit Regie geführt und *Jabberwocky* inszeniert. *Time Bandits* basiert auf einem Stoff, den er im Sommer 1980 zusammen mit seinem früheren Kollegen Michael Palin entwickelte, der auch eine kleine Rolle in dem Film übernahm. Die Grundidee wurde auf sieben Seiten skizziert. Kollege John Cleese und einige bekannte Stars, zu denen auch Connery und Ralph Richardson gehörten, wirkten mit. »Ich habe ihn angerufen, ihm von der Idee erzählt und er hat bald Ja gesagt. Es war alles ganz einfach und unkompliziert«, erzählte Terry Gilliam später über die Verpflichtung des Schotten. Nach anderen Quellen sprach Gilliam ihn auf einem Golfplatz in Los Angeles an. Später meinte er über ihn: »Er hatte genau das richtige Zwinkern und das richtige Maß an Autorität. Wir woll-

Wieder ein Kurzauftritt: als König Agamemnon. Gedreht wurde in Marokko.

ten einen Helden und Connery ist ein Held.« Michael Palin: »Connery war unsere Wunschbesetzung, und obwohl sich so etwas leider selten in die Tat umsetzen lässt, erklärte sich Connery bereit zu spielen, als wir ihm als Gegenleistung einen Dreh in der Nähe eines Golfplatzes anboten.« Weiter sagte er: »Mit einer Mischung von Heroik und Komik vermittelte er genau die richtige Atmosphäre von Abenteuer, Realität und Fantasy, die den Geist des Films bildete. Es gibt sehr wenige Schauspieler, die solche Stärke und solchen Ernst in einer historischen Rolle ausstrahlen können, während ihnen ein Junge namens Kevin aus dem 20. Jahrhundert auf den Kopf haut.« Für die Finanzierung sorgte dann Ex-Beatle George Harrison, der auch die Musik beisteuerte.

Dreharbeiten, -orte und Budget
Connery drehte seine Szenen in der Nähe des Golfplatzes Amelkis in Marokko, alle anderen entstanden in England. Das Budget betrug nach Angaben verschiedener Biografen fünf Millionen Pfund. Nach diesen Quellen erhielt Connery eine geringe Vorausgage und einen Prozentsatz am Einspielergebnis, was sich im Nachhinein als clever erwies, denn nach einem guten Start in Großbritannien wurde der Film besonders in den USA ein Überraschungserfolg. In einem Interview mit dem Magazin ›Focus‹ anlässlich des Films *Der 1. Ritter* sagte er dazu: »Ich habe mir nur die Auslagen erstatten lassen und eine Kopie des Films verlangt. Es war unglaublich, was Terry Gilliam da – mit lächerlichen fünf Millionen Pfund – alles auf die Beine gestellt hat.«

Premiere
Die Premiere fand auf Kreta statt. Nicht zuletzt dank einer sechs Millionen US-Dollar teuren Werbekampagne wurde der Film in den USA, wo er im November 1981 startete, zu einem großen Kassenerfolg.

Kritik
»Ein irrer Nonsense-Ulk, ein Märchenfilm voll wunderbarer – und manchmal grausamer – Begebenheiten«, schrieb Helmut W. Banz in mehreren Zeitungen. Nicht alle Kritiker waren so angetan, bemängelten bei all dem Einfallsreichtum und der visuellen Überzeugungskraft die etwas zusammenhanglose Reise von Set zu Set. »Er ist weit weg davon, ein schlechter Film zu sein, aber es passt auch nicht immer alles zusammen«, schrieb etwa Pauline Kael.

Wrong is Right

(Flammen am Horizont) USA 1982

Inhalt

Der Fernsehreporter Patrick Hale (Sean Connery) ist immer auf der Suche nach den heißesten Nachrichten, berichtet über Waffengeschäfte, Bürgerkriege und Naturkatastrophen. Ein Auftrag führt ihn in das Ölland Hagreb, in dem er die Beziehung zwischen König Awad (Ron Moody) und dem Terroristen Rafeeq (Henry Silva) untersucht. Er trifft auf den Waffenhändler Unger (Hardy Krüger), der zwei Atombomben in einem Koffer bei sich hat. Als kurz hintereinander die als Reporterin getarnte CIA-Agentin Sally (Katherine Ross) und der Monarch ums Leben kommen, findet Hale heraus, dass die amerikanische Regierung in die dunklen Machenschaften verwickelt ist.

Connery als Reporter Patrick Hale im letzten Film von Richard Brooks.

Hintergrund

»Patrick Hale als ein internationaler Korrespondent ist eine Mischung aus Walter Cronkite, Edward R. Murrow und Barbara Walters, ein Nachrichtenmann, der für seine Persönlichkeit und seine Fähigkeiten bekannt ist. Sean ist perfekt für die Rolle. Er ist eine weltbekannte Persönlichkeit und auf der Leinwand zeigt er echten Stil. Nicht nur, dass er ein wahrer Profi ist, sondern er hat auch immer gute Geschichten im Kopf. Seine Einstellung ist für jedermann beispielhaft.« Das sagte der damals 70-jährige Regisseur Richard Brooks *(Die Saat der Gewalt, Kaltblütig, Die Katze auf dem heißen Blechdach, Auf der Suche nach Mr. Goodbar)*, der drei Jahre an dem Stoff, der auf dem Roman ›The Better Angels‹ von Charles McCarry basiert, und seiner Umsetzung arbeitete.

In einer der letzten Szenen reißt sich Connery sein Toupet vom Kopf und wirft es weg. Der von ihm selbst stammende Gag sollte ein

Hinweis auf die weltbekannte Rolle sein, die er durchgehend mit Haarteil gespielt hatte: die des James Bond in *Sag niemals nie.*

Dreharbeiten, -orte und Budget

Trotz Schauplätzen wie Arabien und geplanten Drehorten wie Tunesien drehte Richard Brooks fast ausschließlich in Texas, Neu-Mexiko und New York und kommentierte die Wahl mit den ironischen Worten: »Eine Wüste ist eine Wüste ist eine Wüste.« Der Satz spielt auf die Äußerung von Produzent Joe Cahn zu einem früheren Film an: »Ein Stein ist ein Stein, ein Baum ist ein Baum. Wir drehen unsere südamerikanischen Filme auf Gelände 2 des Studios.« Brooks gab seinen Schauspielern immer erst am Abend vor dem nächsten Drehtag die Texte. Die Muster durfte niemand sehen. Nach Angaben des Presseheftes sagte Connery dazu: »Brooks ist so diszipliniert und ein solcher Profi, dass die Hälfte aller Szenen schon beim ersten Mal saß.«

Für den Film stand ein Budget von zwölf Millionen US-Dollar zur Verfügung, Brooks aber gab nach eigenen Angaben nur zehn aus.

Premiere

Der Film lief im Programm des Festivals des amerikanischen Films in Deauville, zu dem auch Connery anreiste. Zuvor hatte eine Sondervorführung in New York stattgefunden.

Kritik

»Ein bissiger, treffsicherer Film, der Connerys vielfältiges Talent unter Beweis stellt«, urteilte die ›Hannoversche Allgemeine Zeitung‹ und in der ebenfalls in Hannover erscheinenden ›Neuen Presse‹ hieß es: »Lichte Momente hat der Film, wenn er sich auf Connerys kaltschnäuzige Eleganz verlässt. Er war nicht nur der beste Bond – er ist in jeder Zynikerrolle gut.« Für ›Cosmopolitan‹ war es eine »erbarmungslose Satire, wenn Sie Ihre Komödien schwarz und bitter lieben«, für ›GQ‹ ein »dramatisches, raues, überraschendes Drama voll von Explosionen, die den Zuschauer atemlos vor Spannung schwindelig lassen werden«, und die ›New York Sunday News‹ schrieb knapp, der Film könnte als eines der »aufregendsten, dynamischsten und abenteuerlichsten Filmdramen dieses Jahrzehnts gelten«. Einige US-Kritiker machten sogar Parallelen zu Kubricks *Dr. Seltsam oder Wie ich lernte die Bombe zu lieben* aus.

Five Days One Summer

(Am Rande des Abgrunds) GB/USA 1982

Inhalt

Der alternde und verheiratete Arzt Dr. Douglas Meredith (Sean Connery) und seine junge Nichte und Geliebte Kate (Betsy Brantley) unternehmen im Jahr 1932 eine Reise in die Schweizer Berge, während derer sie sich in den Bergführer Johann (Lambert Wilson) verliebt. Bei einer Klettertour der beiden Männer spitzt sich der Konflikt zu. Nur einer von ihnen kehrt lebend zurück.

Hintergrund

Diese Studie über das Altern, bei der ein 50-jähriger Arzt noch einmal beweisen will, dass er nichts von seiner Kraft und Vitalität verloren hat, war der letzte Film des berühmten Regisseurs Fred Zinnemann, der Klassiker wie *12 Uhr mittags, Verdammt in alle Ewigkeit* oder *Der Schakal* gedreht hat. Connery sagte sofort zu, als er das Angebot bekam, und erklärte später: »Der Mann ist eine lebende Legende. Ich habe immer gehofft einmal mit ihm arbeiten zu können. Als ich *12 Uhr mittags* zum ersten Mal sah, kämpfte ich noch an der untersten Sprosse der Karriere-Leiter. Mit Fred Zinnemann zu arbeiten war ein großes und wichtiges Erlebnis für mich.« Zinnemann hatte Connery gefragt, nachdem er ihn in *Robin und Marian* gesehen hatte. Betsy Brantley engagierte er aufgrund eines Parts in einem Londoner Musical.

Der ursprüngliche Titel lautete ›Maiden Maiden‹ wie die Vorlage, die Kurzgeschichte der Amerikanerin Kay Boyle, die Zinnemann schon in den fünfziger Jahren gelesen und nie aus den Augen verloren hatte. Der gebürtige Österreicher war selbst vielfach auf Bergwanderungen unterwegs und bewegte sich beim Dreh trotz seiner 74 Jahre beweglicher als mancher wesentlich Jüngere, wie ›Times‹-Mitarbeiterin Claire Colvin feststellte. Der Verleih setzte schließlich den Titel ›Five Days One Summer‹ durch, womit Zinnemann genauso unzufrieden war wie mit der deutschen Version. Für ihn war gerade die Doppeldeutigkeit interessant, denn ›Maiden Maiden‹ steht sowohl für den Namen des Berges, der zu erklimmen war, als auch für die Situation von Kate, die es zu erobern gilt. Zinnemann orien-

Betsy Brantley und Connery in dem letzten Film von Fred Zinnemann, den der Schotte als »Legende« bezeichnete.

tierte sich in einigen Bildern an dem 1929 ent-standenen Film *Die weiße Hölle vom Piz Palü* von Arnold Fanck mit Leni Riefenstahl in der Hauptrolle, dessen Ästhetik ihn beeindruckt hatte.

Dreharbeiten, -orte und Budget

»Es ist eine sehr kleine Story und doch hat sie eine epische Qualität. Ich denke, man wird Bilder entdecken, die man nie zuvor im Film gesehen hat. Wir haben acht der besten Berg-steiger der Welt verpflichtet, und die Produk-tion ist mit einer Reihe von Helikoptern, die alles auf eine Höhe von 10.000 Fuß herauf-bringen, sehr aufwändig«, sagte Connery in einem Interview. In seiner Autobiografie schreibt Fred Zinnemann: »Neben der Tatsa-che, genial und ein erfreulicher Gentleman zu sein, ist Sean Connery ein exzellenter Schau-spieler und guter Sportler. Sein physischer Mut und sein schroffer, sarkastischer Sinn für Humor machten ihn bei der Crew sehr po-pulär. Er hätte wohl lieber Golf gespielt als sich in den Bergen herumzutreiben, aber er beschwerte sich nicht, als er, an einem Seil hängend, etwa 200 Fuß tief in eine Gletscher-spalte heruntergelassen wurde.« In einem In-terview der ›Times‹ beschrieb der Mann, der keinen Stuntman wollte, seine Erlebnisse so: »In dem Moment, wo man schneidet, um den Stuntman die Szene spielen zu lassen, ist die Verbindung zum Publikum unterbrochen. Wir waren in der Hinsicht sicher, dass die bes-ten Bergsteiger der Welt unsere technischen Berater waren. Aber obwohl ich als Kind ab und zu mal geklettert bin, habe ich die Tech-nik nie verstanden. Ich dachte immer, man ist so aneinander gebunden, dass, wenn einer fällt, alle anderen auch fallen. Es war eine to-tal neue Erfahrung für mich, wie das Ganze funktionierte und ablief und wie jeder Berg-steiger einen Anker für den anderen bildete. Die Bergsteiger sind ein interessanter Haufen,

aber ich denke, die meisten haben eine Schraube locker. Früher oder später mussten alle mit einem gebrochenen Bein oder Arm oder weil sie unter Frostbeulen litten, den Berg wieder herunterklettern. So stelle ich mir nicht gerade eine gute Zeit vor.«

Die Drehvorbereitungen begannen im März 1981 und die Kameras liefen von Juni bis August für zwölf Wochen. Das 80 Perso-nen umfassende Team drehte im Engadin, am Piz Palü, oberhalb von Pontresina an der itali-enisch-schweizerischen Grenze, in Glasgow sowie in den Londoner Shepperton Studios. Das Budget betrug zwölf Millionen US-Dollar. Arbeiten konnte man so gut wie ungestört, denn ein Zugang zum Set war nur per Heli-kopter möglich. Produktionsleiter Leonhard Gmür hat Connery als »sehr umgänglich« in Erinnerung. »Er hat überhaupt kein Aufsehen von sich gemacht und wollte nicht im Mittel-punkt stehen. Wir haben in dem Kino in Pont-resina, in dem wir uns täglich die Muster an-sahen, die aus England eingeflogen wurden, auch mal seinen kurz zuvor gedrehten Film *Outland* angeschaut, aber er hielt sich mit Ge-schichten darüber total zurück.« Connery be-suchte auch Feiern und war sich nicht zu schade, bei einem Umzug mitzulaufen. Er ze-lebrierte ein Bergsteigerfest der Schule in Pontresina mit dem Team ebenso wie einen Empfang, bei dem Behördenvertreter eingela-den waren, marschierte mit der gesamten Crew durch den Ort und spielte mit ihnen ge-gen die Einwohner in einem Fußballmatch.

Das französische Team unter Leitung von Willi Holt errichtete das Filmhotel in einem Naturschutzgebiet im Val Roseg und musste zusagen, das komplette Gebäude wieder ab-zureißen und »Stein für Stein« in den Urzu-stand zu versetzen. Genau daran hielt sich die Crew und fotografierte alle Steine, was die Na-turschützer sprachlos machte. Dennoch be-steht das Hotel im Film aus zwei Teilen. Einer ist die Fassade eines Hotels in Val Seix, der andere die Dekoration, in der vorbeikommende Wanderer mehrfach übernachten wollten.

Premiere

Bereits vor der Weltpremiere, die im Oktober 1982 im Londoner Westend gefeiert wurde, richtete man im September eine interne Premiere für das Team im Schweizer Ort Chur aus. Aufgrund der durchweg unbefriedigenden Reaktionen kürzte Zinnemann den Film, so dass im Fernsehen statt einer 108 nur eine 93 Minuten lange Fassung zu sehen war.

Der Engländer Leo Dickinson, der die gesamten Arbeiten mit einer Kamera begleitete, drehte eine Dokumentation, in der auch ein Leichenfund zu sehen ist. Die Bergrettung hatte das Filmteam darüber informiert, dass man tatsächlich die Überreste eines Menschen im Gletscher gefunden hatte. Aus Gründen der Pietät und da die Leiche schon starke Verwesungsspuren aufwies, inszenierte Zinnemann die Szene jedoch lieber statt auf das Dokumentarmaterial zurückzugreifen.

Kritik

Der Film wurde zum überwiegenden Teil stark kritisiert, als »altmodisch, langsam und ätherisch« abgetan. Die Schauspielkunst der beiden Newcomer Betsy Brantley und Lambert Wilson und die von Connery wurden jedoch häufig gerühmt. »Fesselnde darstellerische Leistungen«, stellte der ›Daily Mirror‹ fest. Der ›Sunday Express‹ fand Connery schlicht »großartig«, die ›Daily Mail‹ nannte den Film ein »bleibendes Erlebnis« und fügte hinzu: »nicht zuletzt deshalb, weil er Sean Connery die Chance gibt, mit der bei einem Schauspieler seltenen Autorität und Persönlichkeit sein wahres Alter darzustellen, ohne Scheu, es auch wirklich zuzugeben. Es ist vor allem Connerys darstellerische Leistung, die dem Film seine tragische Kraft gibt«.

Never Say Never Again

(Sag niemals nie) USA 1983

Inhalt

Der drogenabhängig gemachte amerikanische Luftwaffenpilot Petacci programmiert einen Computer so um, dass sich bei einem Testflug zwei Cruisemissiles selbständig machen. Sie werden geraubt und versteckt. Die dafür verantwortliche Organisation fordert eine Summe von zehn Milliarden US-Dollar von den westlichen Regierungen, andernfalls würden zwei Hauptstädte in die Luft gesprengt. »M« (Edward Fox) schickt Bond (Sean Connery) auf die Bahamas. Dort begegnet er Fatima Blush (Barbara Carrera), die Petacci ermordet hat und nun zweimal vergeblich versucht Bond umzubringen. Bond folgt Largo (Klaus Maria Brandauer) nach Monaco, verliebt sich in seine Partnerin Domino (Kim Basinger) und entdeckt ein unterirdisches Grabmal, das als Versteck der Cruisemissiles dient. Dort kommt es zum tödlichen Finale zwischen Bond, Largo und Domino.

Hintergrund

Auf der Suche nach einem neuen Bond-Skript erinnerten sich mehrere Produzenten an die verschiedenen Varianten des *Feuerball*-Drehbuchs. Am 18. Juni 1982 kam es zwischen Ian Flemings Erben, Broccoli und dem Filmverleih UIP (die frühere United Artists) auf der einen Seite und Kevin McClory mit Hollywood-Anwalt und -Produzent Jack Schwartzman auf der anderen vor dem Court Seven des Royal Court of Justice zu einem Gerichtstermin. Dort wurde bestätigt, dass *Feuerball* auf einer Originalgeschichte von Ian Fleming, McClory und Jack Whittingham basiert und McClory ein Wiederverfilmungsrecht besitzt, von dem er zehn Jahre nach der Verfilmung von *Feuerball* Gebrauch machen könne. Die Vorgeschichte zu diesem Film ist »so span-

nend wie ein Bond-Film«, wie Len Deighton
später ausführte – siehe dazu ›Das große James-Bond-Buch‹.

Im Oktober 1981 unterschrieb Connery,
für eine geschätzte Gage von dreieinhalb bis
fünf Millionen US-Dollar, Gewinnbeteiligung
und Mitspracherecht bei der Auswahl der Beteiligten. Als die Dreharbeiten bereits in
vollem Gange waren, unternahmen die Fle-

Kontrahenten aus. Über die Unterschiede
hieß es von Roger Moores Seite: »Einige Leute
ziehen Laurence Oliviers ›Hamlet‹ dem von
John Gielgud vor.« Connery: »Ich beginne
meine Bond-Rolle ernst und versuche später,
Humor hineinzubringen. Roger macht es von
Anfang an auf die humorige Tour.« Wie auch
immer, die Streitigkeiten zwischen den beiden Stars waren herbeigeredet.

Gegner im Film und privat gute Freunde: Connery und Klaus Maria Brandauer in Sag niemals nie.

ming-Erben noch einen Versuch, den Film zu
behindern. Am 15. Februar wurde darüber
verhandelt. Am 10. März 1983 führte der
Richter aus, dass es »unfair und ungerecht
wäre, den Film jetzt noch stoppen zu wollen«.
Schwartzmans erste Intention war es, etwa zur
gleichen Zeit wie *Octopussy* in die Kinos zu
kommen.

Für die Presse war der Kampf Bond gegen
Bond ein gefundenes Fressen. Genüsslich
breiteten sie Vor- und Nachteile der beiden

Connery behielt sich vor, nur mit einem
von zehn von ihm vorgeschlagenen Regisseuren zu arbeiten, bei denen Schwartzman
nachfragen sollte. Ganz oben stand Richard
Donner, doch der lehnte ab. Namen wie John
Guillermin und Terence Young tauchten auf,
bis man sich auf Irvin Kershner einigte. Es
kam zu Streitereien, weil er Drehbuchände-
rungen verlangte. Andere Autoren, unter ihnen Francis Ford Coppola, aber auch Semple
schrieben daran. Die neue Version gefiel Con-

nery nicht. Schließlich gab es nicht weniger als zehn Autoren, unter ihnen die Briten Ian La Frenais und Dick Clement, die für den englischen Touch sorgten. Im fertigen Film wird Semple als alleiniger Autor geführt.

Dreharbeiten, -orte und Budget

Am 3. April 1982 veröffentlichte ›Variety‹ die Hauptmitwirkenden des Films. Am 30. August kündigte Terry Semel, Präsident von Warner Brothers, an, dass man den Film in den USA, Kanada und Großbritannien verleihen werde. Das monatelange Rätselraten hatte ein Ende. Der 20. September 1982 war der erste Drehtag von *Sag niemals nie*, der auf dem Flughafen von Nizza stattfand.

Connery war trotz seiner 52 Jahre mehrfach auch in gefährlichen Szenen im Einsatz. So tauchte und schwamm er durch das versunkene Schiffswrack, ritt in voller Geschwindigkeit über die Mauern des Forts in Südfrankreich und war stark an den Prügelszenen beteiligt. »Er hat einen wundervollen Sinn für Rhythmus«, sagte Kershner, »ein guter Tänzer.« Wenn Bond und Domino auf dem Pferd über das Kliff sprangen, taten sie das in Südfrankreich. Im (knapp elf Meter tiefen) Wasser landeten sie jedoch auf den Bahamas. Dafür war eigens ein Turm gebaut worden. Stunt-Koordinator Vic Armstrong doubelte für Connery, mit Brusthaar-Toupet und aufgemalten Tätowierungen, Wendy Leech mit blonder Perücke für Kim Basinger.

Nach 19 Wochen Aufnahmen des Hauptteams, siebenwöchiger Arbeit des Unterwasserteams und fünf des Action-Teams war der Film Mitte Februar im Kasten. Mit einem Budget von geschätzten 36 Millionen US-Dollar war er deutlich teurer als Moores *Bond,* was nicht zuletzt auf die Unerfahrenheit des Produzenten Schwartzman zurückzuführen ist. Und das, obwohl man wenig baute und viel gestellt bekam: etwa den exklusivsten Dreh-

ort, die ›Flying Saucer‹ genannte Yacht, die dem Waffenhändler Adnan Kashoggi gehörte und von ihm nach seiner Tochter ›Nabila‹ getauft worden war. Das Schiff ist fast 92 Meter lang, hat einen Hubschrauberlandeplatz, einen Swimmingpool, ein Kino, eine Diskothek, zwei Saunen und elf Gäste-Suiten auf fünf Ebenen, die mit drei Fahrstühlen verbunden sind. Es ist 18 Knoten schnell und wurde erst nach zwei Jahren Bauzeit fertig. Weil Kashoggi ein großer Connery-Fan ist, stellte er die Yacht erstmals einem Filmteam zur Verfügung. Die Innenausstattung konnte man jedoch nicht verwenden, die Kulissen entstanden in den Londoner Studios.

Premiere

In den USA startete der Film am 7. Oktober 1983 in 1.550 Kinos und spielte am Startwochenende 9.725.154 US-Dollar ein. Das war das beste Startergebnis, das je ein Bond-Film verzeichnen konnte. Damit ließ er auch den ein paar Monate zuvor gestarteten *Octopussy* hinter sich. In drei Tagen waren 15 Millionen Dollar eingespielt. In Italien und Frankreich lagen die Einspielergebnisse deutlich vor der Konkurrenz, übertrafen sogar *Die Rückkehr der Jedi-Ritter*. Doch obwohl in vielen anderen Ländern auch Startrekorde erzielt wurden, hatte Moores Einsatz bei der Endabrechnung die Nase knapp vorn.

Wie erst später bekannt wurde, hatten sich Connery und Schwartzman während der Aufnahmen mehrfach angeschrien. Darin lag wohl auch der Grund, warum der Produzent nicht zur Londoner Premiere kam. Die Auseinandersetzung entstand, weil Connery ihm vorwarf, ungenügend vorbereitet an die Produktion herangegangen zu sein. Zur Promotion des Films besuchte Connery mal in Begleitung seiner Frau, mal seiner Partner verschiedene Premieren und Fernsehshows.

Anlässlich der europäischen Erstaufführung am 17. November in Monaco fand eine Pressekonferenz statt; zu der feierlichen Premiere am 14. Dezember in London erschien Prinz Andrew. Der Film kam in Deutschland mit 200 Kopien in die Kinos und war sofort ein Kassenknüller. Weltweit spielte er über 100 Millionen US-Dollar ein.

Kritik

Beinahe die einzige Kritik, die sich der Film gefallen lassen musste, betraf seine (Über-)Länge – 134 Minuten in England und 137 in den USA –, die fehlende typische Bond-Musik, die nicht verwendet werden durfte, sowie das enttäuschende Finale. Durchgehend gelobt wurden die exzellente Besetzung und deren durchweg grandiose Spielfreude, die zum Teil wunderbaren Dialoge und Gags, die nicht so lächerlich gerieten wie bei Moores Auftritten, und der realere Hintergrund. »Vergiss es, Roger, deine Tage sind gezählt. James ist wieder da!«, »Wie gut, dass es noch wortbrüchige Männer gibt« oder schlicht »Der beste Bond, den es je gab« sind nur einige der Schlagzeilen, die die Veröffentlichung des Filmes weltweit begleiteten. Schon an diesen wenigen Texten wird deutlich, dass die Kritik auf Connerys Seite stand. Der Berliner ›tip‹ brachte es wohl auf den Punkt, als er textete: Connery »spielt mit nunmehr 53 Jahren, unübersehbar künstlicher Haartracht und deutlichem Bauchansatz den 007 mit einer süffisanten, aus Ironie und innerem Abstand zum Sujet entstandenen Haltung, um die sich Moore vergebens bemühte. Dabei trägt er streckenweise so dick auf, dass es fast scheint, als habe Connery die Rolle nur übernommen, um dem Nachfolger zu zeigen, was eine Harke ist«. ›Starburst‹ nannte den Film »superbe Unterhaltung« und hoffte auf eine Fortsetzung. Gene Siskel von der ›Chicago Tribune‹ freute sich über »das Unmögliche, die Uhr in die sechziger Jahre zurückzudrehen und die

vergessenswerten Filme mit Roger Moore wirklich vergessen zu lassen«. Der ›Spiegel‹ schlug in dieselbe Kerbe: Der Film »macht einem so richtig deutlich, wie sehr die Bond-Serie durch den geradezu mörderisch sympathischen Roger Moore zum Kinderkram verharmlost worden war«. »Bei diesem Bond macht Kino wieder Spaß«, schrieb die ›tz‹ München und die ›Los Angeles Times‹ freute sich: »James Bond macht endlich wieder Spaß: erfindungsreich, fantasievoll und spannend.«

Sword of the Valiant – The Legend of the Green Knight
(Camelot – Der Fluch des goldenen Schwertes) GB 1983

Inhalt

Sir Gawain (Miles O'Keefe) ist der einzige Ritter aus der Gefolgschaft von König Arthur (Trevor Howard), der bereit ist, sich einem Kampf auf Leben und Tod mit dem berüchtigten Grünen Ritter (Sean Connery) zu stellen. Zwar beweist er dem König seinen Mut, indem er sich dem Kampf stellt und den Grünen Ritter enthauptet. Doch der ist so einfach nicht zu besiegen und setzt seinen Körper wieder zusammen. Er befiehlt ihm, innerhalb eines Jahres eine Reihe von Rätseln zu lösen, oder er müsse sterben. Gawain versagt und bietet ihm freiwillig seinen Kopf. Doch der Grüne Ritter schlägt bewusst daneben. Beim anschließenden Kampf wird er von Gawain getroffen und zerfällt endgültig.

Hintergrund

Der Film ist ein Remake des von denselben Filmemachern gedrehten *Gawain and the Green Knight*. In kleinen Rollen sind bekannte britische Schauspieler wie Peter Cushing, Trevor Howard, der mit Connery einst *Sein Leben in meiner Gewalt* drehte, und John Rhys-Davies zu sehen.

»Nach dem Bond-Film *Sag niemals nie*, bei dem ich Motorrad fahren, unter Wasser schwimmen, reiten und kämpfen muss, spiele ich hier den Grünen Ritter, und es gibt massenhaft Schwertkämpfe. Ich hoffe, ich kann mich 1983 ein bisschen ausruhen«, sagte Connery im Hinblick auf das Projekt, in dem er nur etwa zehn Minuten erscheint.

Dreharbeiten, -orte und Budget

Gedreht wurde in Wales, England und Frankreich. Connerys Part des Grünen Ritters wurde während der Dreharbeiten von *Sag niemals nie* aufgenommen. Er hatte nur sechs Drehtage und bekam eine Million US-Dollar Gage. Kameramann war Freddie Young, der bereits *Man lebt nur zweimal* gefilmt hatte. In seiner Autobiografie schreibt er: »Ich benutzte für bestimmte Szenen zwei Kameras. Da Connery nur sechs Tage zur Verfügung stand, war es entscheidend, seine Szenen in der Zeit fertig zu stellen. Wir hatten zwei Kameras Seite an Seite, die eine nahm seine ganze Figur auf, die andere ihn von der Hüfte aufwärts, so dass wir die Szene nicht zweimal von verschiedenen Standpunkten aufnehmen mussten. In Bezug auf die Ausleuchtung ist das nicht gerade ideal, aber manchmal hat die Geschwindigkeit gegenüber dem Perfektionismus Vorrang.«

Premiere

Der Film kam in Deutschland und England nie in die Kinos, sondern wurde nur auf Video veröffentlicht. In den USA lief er auch nur in wenigen Städten auf großer Leinwand.

Kritik

Leonard Maltin schreibt in seinem ›Movie and Video Guide‹, dass Connery zwar nur ein paar Szenen habe, aber dem Film zumindest etwas »Würze« verleihe, was für das Gesamtwerk allerdings nicht gelte. ›Variety‹ nannte seine Darstellung »robust«.

Highlander

(Highlander – Es kann nur einen geben)
USA/GB 1985

Inhalt

Der 1581 im schottischen Hochland geborene Connor McLeod (Christopher Lambert) erfährt als junger Mann, dass er unsterblich ist. Die einzige Möglichkeit, das Leben zu verlieren, ist die Enthauptung. Da nur wenige Menschen seiner Art existieren und dem letzten Überlebenden unglaubliche Macht winkt, sind sie dazu verdammt, sich untereinander erbitterte Kämpfe zu liefern. Kurgan (Clancy Brown) ist McLeods gefährlichster Gegenspieler. Doch der hat einen ausgezeichneten Lehrmeister namens Juan Villa-Lobos Ramirez (Sean Connery).

Hintergrund

Die Geschichte spielt im Schottland des 16. Jahrhunderts und dem New York von heute, eingestreut sind zwei kleine Episoden aus dem späten 18. Jahrhundert und dem Zweiten Weltkrieg. Dass Connery nur eine Nebenrolle hatte, störte ihn nicht: »Ich weiß, dass amerikanische Schauspieler – und Stars – kleinere Rollen wie die des Ramirez lieber nicht annehmen, wahrscheinlich weil sie befürchten, es schade ihrem Status. Ich sehe das ganz anders. Wenn die Rolle, um die es geht, originell und lohnend ist, übernehme ich sie mit Freuden. Und dieser Ramirez ist wahrhaftig ein Typ, dem man nicht alle Tage begegnet.«

Für seine Rolle brachte der Schotte Connery dem Franzosen Lambert einen schottischen Akzent bei.

Dreharbeiten, -orte und Budget

Gedreht wurde in Schottland, in der Gegend von Glencoe, Loch Shiel und Glen Nevis, sowie in New York. Ein Teil der US-Szenen entstand in einem Warenhaus für Düngemittel in Greenwich, wo Produktionsdesigner Allan Cameron die Dächer von New Yorker Gebäuden inklusive eines riesigen Neonschildes baute. Die Außenaufnahmen begannen am 19. April 1985 und dauerten insgesamt 70 Tage. Während der dreiwöchigen Dreharbeiten in Schottland wurde die Crew auf eine harte Probe gestellt, denn die meiste Zeit regnete es.

Regisseur Russell Mulcahy wollte ursprünglich Kurt Russell für den Part des Highlander. Er hatte zuvor einen Spielfilm (*Razorback*) und sehr viele Musikvideos gedreht und war mit dem Zusammenspiel seines Teams Lambert/Connery sehr zufrieden. Über Connery sagte er: »Er ist ein absoluter Profi und er liebte das Kostüm. Er gibt mit seiner imposanten Stimme und Gestalt eine ideale Vaterfigur ab, ist ausgesprochen herzlich und ich zähle zu seinen größten Bewunderern.« Ko-Star Lambert schätzte die gemeinsame Arbeit und freundete sich mit dem Schotten an: »Es war ein Privileg, mit ihm zu arbeiten.« Die gute Harmonie führte dazu, dass die beiden viele der Kämpfe selbst bestreiten wollten. Mulcahy gestand später, dass ihm der Eifer der beiden fast ein Magengeschwür eingebracht hätte, berichtete aber auch, dass sie fast unzertrennlich waren, in den Drehpausen »herumalberten und Wettkämpfe im Armdrücken veranstalteten«. Connery drehte nur an sieben der 70 Tage, so dass Lambert alle Nahaufnahmen mit einem Stand-in zu absolvieren hatte, einer Person, die zur Lichteinrichtung und Bildausschnittbestimmung den Schauspieler doublet.

Die Angaben über das Budget schwanken zwischen 14 und 16 Millionen US-Dollar. Der Film wurde in Europa zu einem guten Geschäft und für Christopher Lambert zu seinem zweiten großen Kinoerfolg nach dem Tarzan-Abenteuer *Greystoke*. Allein in Paris sahen über eine Million Franzosen das aufwändige Schwertkampfspektakel. In den USA war der Film mit einem Einspielergebnis von 2,8 Millionen Dollar ein totaler Flop.

Kritik

Mit Attributen wie »faszinierend«, »atemberaubend«, »grandios« und »fantasievoll« beschrieben die meisten der Rezensenten den Film, bemängelten zwar die Geschichte, lobten aber Kameraarbeit und Schnitttechnik sowie das Wirken der beiden Hauptdarsteller. »Connery zeigt Stil«, urteilte Leonard Maltin. Für ›Variety‹ ist er gar ein »Obi-Wan-Kenobi-Typ«. Nur für die altehrwürdige ›Zeit‹ war das Werk »platter Schnickschnack«.

Der Name der Rose / Il Nome de la Rosa / Le Nom de la Rose
D/I/FRA 1986

Inhalt

Anno Domini 1327 trifft der gelehrte Franziskaner William von Baskerville (Sean Connery) als Sonderbotschafter des Kaisers aus England in einer reichen Benediktinerabtei an den Hängen des Apennin ein. Er wird von dem jungen Novizen Adson von Melk (Christian Slater) begleitet und soll ein Treffen zwischen den der Ketzerei verdächtigen Minoriten und Abgesandten des Papstes organisieren. Doch in der Abtei kommt es zu einer merkwürdigen Mordserie. Ein Mönch ist aus dem Fenster gesprungen, ein zweiter wird im Schweineblut-Bottich gefunden, ein weiterer liegt tot im Badehaus. William beginnt mit den Untersuchungen. Zwischenzeitlich findet sich auch sein ärgster Widersacher ein,

»Warum ist es hier so kalt?«, scheint Connery Regisseur Jean-Jacques Annaud während der Dreharbeiten von Der Name der Rose *zu fragen.*

der Hexen- und Ketzerjäger Bernardo Gui (F. Murray Abraham). Der sieht überall den Teufel am Werke, sucht nach Sündenböcken und will sie auf dem Scheiterhaufen verbrennen.

Hintergrund

Der 1980 erschienene Roman des Italieners Umberto Eco erreichte bis zur Verfilmung eine Auflage von vier Millionen Exemplaren weltweit, davon allein in Deutschland 1,5 Millionen. Als der Film 1989 erstmals im deutschen Fernsehen lief, waren mehr als acht Millionen Exemplare in 25 Sprachen über die Ladentische gegangen (in Deutschland: 2,75 Millionen). Eco lakonisch zu seiner Geschichte: »Ich wollte einen Mönch vergiften und ein Kloster anzünden.« Für seinen Roman erhielt er allein sechs Ehrendoktor-Würden.

Regisseur Jean-Jacques Annaud stieß durch einen Artikel in ›Le Monde‹ auf das Buch und las es 1982 auf dem Flug nach Haiti. »Als ich auf Seite 200 war, wollte ich den Film machen, bei Seite 400 fand ich heraus, dass die Rechte an die RAI vergeben waren. Dann traf ich Eco, als er in Paris zu Gast war, und bat ihn um die Genehmigung, den Stoff verfilmen zu dürfen. Ich sagte ihm: Ich bin der einzige Regisseur, der diesen Film machen kann, denn Sie haben dieses Buch für mich geschrieben.« Auch Ettore Scola, Marco Ferreri und Michelangelo Antonioni wollten den Film realisieren.

Gegenüber der Buchvorlage wurde vor allem das Ende des Films stark verändert: Das Mädchen entkommt dem Scheiterhaufen und Bernardo Gui stirbt plakativ. In der vom ZDF ausgestrahlten Fassung fehlte der blutige Tod vollständig und die Liebesszene zwischen Adson und dem Mädchen wurde gekürzt. »Marktstrategisch gesehen dürfte es diesen Film gar nicht geben. Die Story ist zu intellektuell und spricht ein Publikum an, das viel älter ist als die typischen Kinogänger«, sagte der damals 38-jährige Produzent Bernd Eichinger dem ›Stern‹. »Viele Leute aus der Branche rieten mir, die Finger von dem Projekt zu lassen. Aber ich war überzeugt: Wenn es gelingt, diesen Film mit Stars und Werbung zu einem Ereignis zu machen, dann können wir es schaffen.« In einem Artikel für ›Transatlantik‹ schrieb er: »Etwa fünf Meter Leitz-Ordner wurden voll geschrieben, um die 400 Stunden verhandelt, 16 Drehbuchfassungen von fünf verschiedenen Autoren geschrieben, unzählige Stunden über Konzeption, Drehbuch, Besetzung, Bauten, Kostüme debattiert, unzählige Reisen für Motivsuche, Meetings, Gespräche mit Schauspielern, Architekten, Verleihern, Banken in der ganzen Welt unternommen.«

Nach Informationen der ›Fernsehwoche‹ waren Michael Caine, Dustin Hoffman, Warren Beatty und David Bowie an der Rolle des Bruder William interessiert, aber Annaud wollte Sean Connery: »Je älter er wird, desto besser ist er. Keiner hat so eine Ausstrahlung wie er.« Im Februar 2000 sagte er in einem Gespräch in Berlin: »Connerys Karriere war damals am Boden und keiner wollte ihn engagieren.« Der machte auf Wunsch von Annaud eine Abspeckkur und kam am 28. August 1985 zu Vorbesprechungen nach München. Fünf Tage zuvor hatte er unterschrieben.

Dreharbeiten, -orte und Budget

Mit einem Budget von 16 Millionen US-Dollar (45 Millionen DM) war der Film damals die teuerste deutsche Koproduktion. Gedreht wurde vom 11. November 1985 bis zum 20. März 1986 in Deutschland und Italien. Nach einer dreijährigen Motivsuche, in dessen Verlauf Annaud 300 Abteien besuchte, entschied man sich, einen Teil der Innenaufnahmen in dem am Nordhang des Rheingaus gelegenen Kloster Eberbach nahe dem Ort Kiedrich zu drehen, da dort der wichtige Kreuzgang noch erhalten war. Zwei Jahre hatte Annaud nach dem passenden Kloster gesucht: In Italien, Frankreich, Spanien, England, Schottland, Irland, Jugoslawien und der Türkei fand er keines und im ursprünglich vorgesehenen Maulbronn nahe Stuttgart durfte er nicht drehen. Drei Tage vor Drehstart gab es im Laien-Dormitorium eine große Pressekonferenz, an der die fünf Hauptdarsteller, Annaud und Eichinger teilnahmen. Connery sagte dort, dass er nicht weniger als »eine exzellente, zeitgenössische Literaturverfilmung« erwarte. »Baskerville ist ein alter Rebell, genau wie ich. Innerlich bin ich 24, mit vollem Haar, gut durchtrainiert und auch rebellisch. All die Bestandteile, die zu der Verfilmung beitragen, lassen einen sehr interessanten Krimi erwarten. Es ist eine Detektivgeschichte mit menschlichen Elementen.«

Weitere Szenen entstanden in den römischen Studios von Cinecittà. Dort wurden etwa das 15 Meter hohe Labyrinth und die Bibliothek gebaut. Sie entstand zwischen Juli und Dezember 1985 auf einem Hügel nahe Prima Porta, 15 Kilometer nördlich der Ewigen Stadt, war 30 Meter hoch, wurde von etwa 100 Tischlern, Bildhauern, Malern und Schmieden kreiert und galt mit 5,7 Hektar Größe nach der Kulisse des Films *Cleopatra* (1963) als größte Europas.

»In dem Kloster war es so kalt, dass man mühelos Fleisch aufhängen konnte – das wäre nicht schlecht geworden. Ich trug eine Mönchskutte, Thermounterwäsche und dicke Boots und fror mir trotzdem den Arsch ab«, sagte Connery über die Dreharbeiten. Und über Slater: »Ich erinnere mich noch gut daran, wie ich dem jungen Christian Slater erst einmal etwas Haltung und Disziplin beibringen musste. Er hatte diese lasche Körpersprache der US-Kids: Beine auf den Tisch, Kaugummi im Mund, fahrige Bewegungen.« Christian Slater über Connery: »Er brachte mir bei, wie ich mich in Liebesszenen verhalten sollte. Er sagte: ›Schließe deine Augen und denke immer daran, zu atmen.‹ Ich mache das heute noch auf der Leinwand – und privat.« Helmut Qualtinger genoss die Dreharbeiten mit Connery: »Das ist ein netter Kerl ohne Allüren«, sagte er der Zeitschrift ›Basta‹. »Er beginnt jetzt Shakespeare zu spielen, den Macbeth hat er bereits hinter sich und geht jetzt auf den Othello los, und da haben wir überhaupt eine Gemeinsamkeit gefunden – ich mit meinem Falstaff, er mit seiner neuen Shakespeare-Begeisterung. Die zweite Dekoration im Film war so, dass wir uns direkt in ein Shakespeare-Szenario versetzt gefühlt haben und in den Drehpausen in Shakespeare-Englisch Schmäh geführt haben.« Als Qualtinger kurz nach dem Dreh eine Magenblutung hatte, besuchte Connery ihn im Hotel, was Qualtinger als »unglaublich lieb« empfand.

»In Europa war es ein wichtiger Film, der 52 Millionen US-Dollar einspielte, in Amerika dagegen ein Flop mit einer Einnahme von nur zwei Millionen Dollar«, bemerkte Connery. Schließlich kamen weltweit über 100 Millionen Dollar zusammen. Da Connery nur an den US-Einnahmen beteiligt war, zahlte Eichinger ihm laut ›7 Tage‹ ein »Anerkennungshonorar in Millionenhöhe«. Von dem Erfolg des Films profitierte auch das Kloster. Bis Ende Oktober 1986 kamen allein 10.000 Besucher, zum Teil in Sonderbussen. Nach Aussagen von Günther Ringsdorf, dem Leiter des Weinguts, »sind schon Tausende hierher gepilgert, und sie fragen immer wieder, wo denn der Folterkeller ist«.

Im damaligen Ost-Berlin nahmen die Menschen Wartezeiten von mehreren Stunden und einige Hundert Meter lange Schlangen in Kauf, um den Film zu sehen. Bereits um sechs Uhr morgens standen Interessenten vor dem Französischen Kulturzentrum, wo der Kartenvorverkauf begann. Letztendlich kamen allein in Deutschland 5,89 Millionen Besucher. Somit wurde er zum bis heute erfolgreichsten Connery-Film in Deutschland.

Auf die Frage nach den Unterschieden in der Gestaltung der Rollen von James Bond und William von Baskerville sagte Connery laut ›Film-Illustrierte‹: »Was ich an James Bond mag, ist, dass er die Action auf sich nimmt, dass er immerzu handelt. Er fühlt sich persönlich verantwortlich und handelt persönlich und seinen Gefühlen gemäß. Ich glaube, die meisten Probleme dieser Welt gäbe es nicht, wenn die Menschen selbst handeln würden, statt irgendeinem Idioten zu gestatten ihr Leben für sie zu führen. William von Baskerville handelt auch, aber ganz anders. Er hat vorher schon eine Niederlage gehabt – Bond nie. William hat eine Vergangenheit, die ihn verfolgt und bedrückt – Bond nicht. Bond weiß einfach, dass er siegen wird, William ist da nicht so sicher.«

Der Film erhielt zahlreiche Preise: drei deutsche Bundesfilmpreise (je ein Filmband in Gold für Sean Connery und das Ausstattungsteam und eines in Silber für die Herstellung), den Bayrischen Filmpreis, eine Goldene Leinwand für mehr als drei Millionen Besucher, einen französischen César für den besten ausländischen Film, einen Jupiter der Zeitschrift ›Cinema‹ und vier italienische Davids, unter anderem als bester Film des Jahres.

Premiere

Der Film feierte am 24. September 1986 in New York und Los Angeles sowie am 15. Oktober in München Premiere. Zu der deutschen Erstaufführung im Mathäser-Filmpalast kamen Christian Slater, F. Murray Abraham, Valentina Vargas, Volker Prechtl, der Regisseur und zahlreiche Prominente wie Loriot, Atze Brauner, Joachim Fuchsberger, Thomas Gottschalk und Patrick Süskind. Insgesamt waren 1.500 Gäste geladen. Da Connery bereits *Die Unbestechlichen* drehte, musste er absagen. Später äußerte er sich: »*Der Name der Rose* ist mein liebster Film. Mir gefällt besonders die Art des Humors. Wenn ich ein Drehbuch lese, suche ich zuerst danach, ob die Hauptfigur einen Sinn für Humor hat. Der Humor einer Figur enthüllt wesentlich mehr über sie als die historischen Tatsachen, ihre Wut oder ihre Aggression.«

Kritik

»Quo vadis, James Bond? In der Eco-Verfilmung ist er ein Mönch mit der Lizenz zum Denken«, textete ›Der Spiegel‹ und weiter heißt es: »Der frühere Agent und Luxusartikel-Snob ist gereift wie ein alter Scotch und spielt herzerwärmend schön.« – »Über weite Strecken ein wenig kunsthandwerklich, ein bisschen wie aus der Reihe ›Das gute Spielzeug‹«, hieß es in der ›Frankfurter Rundschau‹, und ›epd Film‹ kritisierte, dass »*Vom Winde verweht* mehr intellektuelle Schärfe« habe: »Ohne Ecos Witz ist der Film ein durchschnittlich professionell gemachter Schinken. Vom geistreichen europäischen Großkino keine Spur.«

In den USA wurde der Film fast durchgängig verrissen. Die ›Los Angeles Times‹ bemängelte, man sehe ein »Vier-Sterne-Kloster des gewollt Bizarren«, aber keine stringente Erzählweise. Rogert Ebert vermisste ein »klares, sparsames, logisches Drehbuch«, und Leonard Maltin fand, der Film sei »zu voll gestopft, um sich an ihm zu erfreuen«, werde aber »dank Connerys schauspielerisch charis-

matischer Leistung aufrechterhalten«. Für die ›Hannoversche Allgemeine Zeitung‹ war der Schotte »mehr barfüßiger James Bond als Büchernarr, aber mit leicht selbstironischer Abgeklärtheit auf der Wahrheitssuche«. ›Toronto Star‹ und ›Newsweek‹ waren dagegen einer Meinung: »Connery ist überragend.«

The Untouchables

(The Untouchables – Die Unbestechlichen)
USA 1987

Inhalt

Im Chicago des Jahres 1930 sind Prohibition, Gewalt und Korruption an der Tagesordnung und Al Capone (Robert de Niro) beherrscht mit seinen Männern die Stadt. Das Finanzministerium beauftragt Eliot Ness (Kevin Costner), den Mann dingfest zu machen. Zu der Truppe, die er zusammenstellt, zählen der unbestechliche irische Polizist Jimmy Malone (Sean Connery), der hitzköpfige Polizist Stone (Andy Garcia) und der Buchhalter Wallace (Charles Martin Smith). Gemeinsam nehmen sie den Kampf auf. Am Ende klagen sie Al Capone wegen Steuerhinterziehung an.

Hintergrund

Bevor der Stoff von Brian de Palma neu verfilmt wurde, lief von 1959 bis 1962 in den USA eine TV-Serie unter demselben Titel, die Robert Stack in der Rolle des Eliot Ness zeigte. Bei uns hieß die Serie *Chicago 1930*. Für den Film entfernte sich Drehbuchautor und Pulitzer-Preisträger David Mamet, der acht Monate an dem Stoff arbeitete, von den historischen Tatsachen. So machte er aus Eliot Ness einen verheirateten Mann mit einer Tochter; tatsächlich war Ness unverheiratet und lebte bei seinen Eltern, als er den Job übernahm. Auch dass er seinen Gegner Frank Nitti vom Dach eines Hauses stößt und persönlich Al

Capone gegenüberstand, ist frei erfunden. Tatsächlich waren es acht Untouchables, Beamte der Finanzbehörde, die Capone überführten.

Al Capone war während der Ereignisse in Chicago 32 Jahre alt, Robert de Niro während des Drehs 43. Der Schauspieler legte für seine Rolle kräftig an Gewicht zu, wobei die Angaben zwischen 30 und 50 Pfund schwanken. Er erhielt 1,5 Millionen US-Dollar Gage für 18 Tage Drehzeit. Ursprünglich sollte Bob Hoskins die Rolle spielen, doch als de Niro zusagte, zahlte man ihn mit 200.000 US-Dollar Gage aus. Für die Rolle des Eliot Ness waren Harrison Ford und Mel Gibson die Wunschkandidaten des Regisseurs gewesen, doch waren beide anderweitig beschäftigt.

Sean Connery wurde von Regisseur Brian de Palma während des Festivals in Avoriaz 1982 angesprochen, auf dem er mit John Boorman und Donald Sutherland zu Gast war. »Er wollte ein europäisches Element als Gegenpart zu den vielen Amerikanern«, sagte Connery der Journalistin Catherine Esway. »Mit de Palma und seinem außergewöhnlichen Sinn für Technik sowie einem brillanten Autoren wie David Mamet interessierte mich der Film.«

Dreharbeiten, -orte und Budget

Die Dreharbeiten begannen Mitte November 1986. Gedreht wurde in und um Chicago, an über 30 Orten und speziell in der Union Station, dem Hauptbahnhof, in dem Brian de Palma eine Hommage an die berühmte Treppensequenz aus dem russischen Klassiker *Panzerkreuzer Potemkin* von Sergej Eisenstein filmte. Allein die Vorbereitungen dafür dauerten zwei Wochen. Nur die Szene, in der die illegale Whisky-Einfuhr gestoppt wurde, drehte man außerhalb an der Old Hardy Bridge, die den Missouri überspannt. 75 Stuntmen sorgten dafür, dass die Action-Sequenzen realistisch wirken, 400 Maschinenpistolen waren im Einsatz, 75.000 Schuss Munition wurden verbraucht. Ein kompletter Block der LaSalle Street wurde nach Vorlagen aus den dreißiger Jahren nachgebaut, 125 Statisten und 60 alte Autos kamen zum Einsatz. Das Budget des Films betrug zunächst 18 Millionen US-Dollar, erhöhte sich aber auf 20 bis 25 Millionen, je nach Angaben.

Premiere

Der Film wurde für vier Oscars nominiert (bester Nebendarsteller, Ausstattung, Kostüme, Musik), aber nur Connery gewann. Bei der Verleihung sagte er im Presseraum: »Vor 30 Jahren habe ich hier das erste Mal gestanden. Aber Geduld ist eine Tugend. Noch lieber hätte ich das Golf-Masters-Turnier gewonnen. Ich wollte die goldene Statue eigentlich meiner Frau geben, aber als ich hinter der Bühne hörte, dass der Oscar 15.000 Dollar wert ist, muss ich mir das noch mal überlegen.«

Später äußerte er sich in einem Interview: »Wer sagt, er würde sich nichts aus dem Oscar machen, den nenne ich einen Lügner. Schon vor 30 Jahren saß ich als Anfänger-Schauspieler bei der Oscar-Verleihung im Parkett, allerdings nicht nominiert. Genau zwischen John Wayne und Maurice Chevalier. Damals hatte ich bei der Veranstaltung nur große, verwunderte Augen – und nun habe ich auch so ein Ding und schäme mich nicht zu sagen: Es hat mich an einem Abend gleich um mehrere Jahre jünger gemacht.«

Die Garderobe der Hauptdarsteller kam von Giorgio Armani, der kommentierte: »Ich wollte nicht den Stil dieser Epoche kopieren, sondern seine Quintessenz aufspüren.« Connery erhielt in letzter Minute Sonderanfertigungen, da er an einer Wollallergie leidet.

Der große Erfolg in den USA führte schnell zu Spekulationen über eine Fortsetzung, doch bislang wurde nichts bekannt.

Kritik

»Sensationell gefilmt, großartige Darsteller-leistungen, grandiose Schießereien, tolle Ka-meraarbeit.« Mit Superlativen wie diesen überhäuften die Kritiker den Film. »Die beste Darstellerleistung gehört Connery«, schrieb Roger Ebert, »Connery fügt seinem Charakter ein menschliches Element bei.« Pauline Kael nannte Connery »magnificent« und ›Movie-line‹ merkte an, dass Connery »die besten Dialoge« hat. »Er spielt einen alten weisen Cop – prinzipiell Obi Wan Connery.« Hell-muth Karasek schreibt im ›Spiegel‹: »Der ei-gentliche Gegenspieler de Niros ist Sean Con-nery: Er säuft, wie es sich für einen Iren gehört, heimlich zu Hause, während er öffent-lich gnadenlos die Schnaps-Gangster be-kämpft.« In der ›Frankfurter Allgemeinen‹ heißt es: »Der Darsteller, welcher das Pech hatte, mit James Bond zum Weltstar aufzu-steigen, macht mehr aus Jimmy Malone, als ei-gentlich in der Figur steckt.«

The Presidio (Presidio) USA 1987

Inhalt

Auf dem Presidio, dem Militärgelände am Fuß der Golden Gate Brücke in San Francisco, ist ein Mord an einer jungen Militärpolizistin geschehen. Die Täter entkommen mit einem Pkw. Mit der Lösung des Falles wird Detec-tive Jay Austin (Mark Harmon) beauftragt, die militärischen Ermittlungen leitet Lieute-nant Colonel Alan Caldwell (Sean Connery). Die beiden Männer kennen sich von früher und können sich nicht leiden, was sich ver-stärkt, als Austin sich Caldwells Tochter Donna (Meg Ryan) nähert. Das scheinbare Fehlen eines Motivs macht die Arbeit der bei-den Dickköpfe nicht gerade leicht. Schließ-lich führt die Spur zu dem Presidio-Colonel Lawrence (Dana Gladstone) und zu einer Ver-strickung, die bis in den Vietnam-Krieg zurückreicht.

Hintergrund

Drehbuchautor Larry Ferguson hatte bereits bei *Highlander* die passenden Dialoge für Con-nery geschrieben und entwickelte den Stoff für ihn, nachdem bekannt geworden war, dass der ursprünglich vorgesehene Marlon Brando kein Interesse an der Rolle hatte. »Sean Con-nery ist ein Star, der gerade von einer neuen Generation von Kinogängern entdeckt wird«, sagte der Autor. Ursprünglich war Tony Scott (*Top Gun, Beverly Hills Cop II*) als Regisseur vorgesehen, hatte jedoch andere Vorstellun-gen als die Produktionsfirma Paramount. So übernahm Peter Hyams, der mit Connery be-reits *Outland* gedreht hatte. »Meiner Meinung nach ist Connery der außergewöhnlichste Schauspieler der Welt. Er hat eine imponie-rende Leinwandpräsenz. Er wird mit zuneh-mendem Alter immer besser«, sagte er.

Connery: »Der Film erteilt uns auch eine Lektion darüber, dass man zu seinen Über-zeugungen stehen muss. Nicht nur beim Mi-litär, sondern eigentlich in unserem ganzen Leben gehorchen wir bestimmten Regeln, die jeder für sich und auf eigenes Risiko hinter-fragen muss.« Gegenüber Bernd Deck äußerte er sich zu seinem Part als Film-Vater: »Ich habe Freude an der Vater-Rolle. Allerdings würde ich die Vaterschaft für Rambo ablehn-en. Das wäre zu viel der Verantwortung.«

Dreharbeiten, -orte und Budget

Gedreht wurde von Juni bis August 1987 an der Golden Gate Brücke in San Francisco, dem Ort, an dem einst Alfred Hitchcock Szenen des Klassikers *Vertigo* inszenierte, so-wie in Chinatown und an verschiedenen Plät-zen der Stadt. Das Presidio ist die älteste noch heute betriebene militärische Einrichtung der USA. Sie wurde 1776 von den Spaniern gegründet und 1963 zum nationalen Denkmal erklärt.

Das Budget betrug 20 Millionen US-Dollar. Allein der Dreh der ersten Verfolgungsjagd verschlang zwei Wochen. Wegen der Steuergesetzgebung, die es Connery erlaubte, nur 90 Tage pro Jahr in den USA zu bleiben, musste er jeweils an den Wochenenden das Land verlassen.

Während der Dreharbeiten übernahm Sean Connery einen Gastauftritt für den Henry-Winkler-Film *Memories of Me*.

Premiere

Der Film wurde in Deutschland auf dem 2. Hamburger Kino-Film-Fest uraufgeführt; Beteiligte des Films erschienen nicht.

Kritik

»Fabelhafte Verfolgungsjagden«, »spannend und unterhaltsam«, konstatierte ›Die Zeit‹ und in der ›Hannoverschen Allgemeinen Zeitung‹ hieß es: »Gut gemacht, spannend inszeniert, bisweilen gar ironisches Kino des gehobenen Konsums.« Für Leonard Maltin war der Film »glatte Formelware«, er attestierte Connery »Zeitverschwendung«. Der selbst war angetan: »Eine aussagekräftige Rolle«, erinnerte er sich. »Obwohl ich dem Militär wenig abgewinnen kann, brachte es viel Spaß.«

Memories of Me

(Memories of Me – Das tragisch-komische Leben eines großartigen Versagers) USA 1987

Inhalt

Der gestresste New Yorker Chirurg Dr. Abbie Polin (Billy Crystal) und sein Vater, der Filmstatist Abe (Alan King), sind nicht gerade ein perfektes Gespann. Abe ist vor Jahren nach Hollywood gegangen, um sein Glück als Filmkomiker zu suchen. Über Statistenauftritte ist er zwar nicht hinausgekommen, denkt aber, bekannt und berühmt zu sein, da die Leistung der Stars ohne die seine gar nicht möglich wäre. Er ist zum »König der Statisten« geworden und stolz darauf. Als der Chirurg einen Herzanfall erleidet, werden ihm die eigentlichen Werte des Lebens erneut bewusst. Er beschließt seinen Vater in Hollywood zu besuchen, der von anderen Statisten als Idol verehrt wird. Abbie bemüht sich noch darum, ihm eine Sprechrolle zu verschaffen, aber erlebt das nicht mehr. Connery erscheint in einer Szene in seiner Uniform aus *Presidio*, begrüßt Abe kurz und geht weiter.

Hintergrund

Connery sagte diesen kurzen Gastauftritt zu, um seinem langjährigen Kollegen Alan King, der nicht nur die Hauptrolle spielte, sondern auch einer der Produzenten des Films war, einen Gefallen zu tun. Sie hatten bereits gemeinsam *On the Fiddle* und *Der Anderson Clan* gedreht.

Dreharbeiten, -orte und Budget

Gedreht wurde ausschließlich in der Stadt Los Angeles und auf dem Gelände verschiedener Filmstudios. Die Höhe des Budgets ist nicht bekannt.

Kritik

Autor Lee Pfeiffer nannte den Film einen »netten kleinen Zeitkiller«. Viel wurde nicht geschrieben, denn er wurde nur in wenigen Ländern veröffentlicht; auch in Deutschland war er nicht im Kino zu sehen.

»Nenn mich nicht Junior!« Sohn Indiana und Papa Henry Jones 1989 beim Letzten Kreuzzug

Indiana Jones and the Last Crusade
(Indiana Jones und der letzte Kreuzzug)
USA 1989

Inhalt
Im Utah des Jahres 1912 kommt der junge Indiana Jones (River Phoenix) auf der Suche nach einem seltenen Kreuz nur knapp ein paar Konkurrenten zuvor, muss das Kreuz zuletzt aber abgeben. 1938 erhält der inzwischen erwachsene Indy (Harrison Ford) von dem New Yorker Kunstsammler Walter Donovan (Julian Glover) den Auftrag, nach dem Heiligen Gral Jesu Christi zu suchen, von dem es heißt, er mache seinen Besitzer unsterblich. Auch sein Vater Henry (Sean Connery) hatte lange danach geforscht, ist aber verschollen. Als Indy in der Post plötzlich dessen Notizen findet, macht er sich auf die Suche nach ihm und findet heraus, dass er sich in der Gewalt der Nazis befindet. Er kann ihn befreien und sie suchen fortan gemeinsam nach dem Gral. Aber auch die Nazis geben nicht auf.

Hintergrund
»Als junger Mann hatte ich eine Wunschliste an Filmen, die ich immer mal inszenieren wollte. Einer davon war ein James-Bond-Film. Als George Lucas mit der Indiana-Jones-Serie begann, war es so etwas wie Bestimmung und unvermeidlich, dass Sean und ich zusammenkommen würden, denn Bond und Indy haben viel gemeinsam. So wurde mein Traum wahr und er spielte Indys Vater. Harrison Ford machte es besser als in allen vorherigen Filmen«, sagte Steven Spielberg in einem Interview. In einem anderen Zusammenhang stellte er fest: »Es gibt nur sieben wirkliche

Filmstars in der Welt – und Sean Connery ist einer von ihnen.«

Der dritte Teil der Indiana-Jones-Saga ist für ihn eine Rechtfertigung des zweiten, den er als »zu düster, zu unterirdisch und viel zu schaurig« empfindet. Als Drehbuchautor Jeffrey Boam mit der Idee kam, Indys Vater einzuführen, waren Spielberg und Lucas als Produzenten sofort davon angetan. Hinzu kam, dass sowohl die beiden als auch Harrison Ford kurz zuvor Vater geworden waren. »Ich dachte mir, es gibt nur einen im ganzen Universum, der Indys Vater spielen könnte, und das ist Sean. Wer sonst, außer dem echten James Bond, hätte diesen abenteuerlustigen, rüpelhaften Archäologen schon zeugen sollen?«, sagte Spielberg der Journalistin Nancy Griffin. Anfangs machten sich die Produzenten Gedanken darüber, ob zwei Persönlichkeiten wie Connery und Ford zusammenpassen würden oder ob es zu einer Konkurrenz zwischen beiden kommen würde. Der ausführende Produzent Robert Watts stellte fest: »Glücklicherweise verstanden sie sich als Charaktere und als Schauspieler. Es gab kein gegenseitiges Übertrumpfen und wir erhielten zwei gleich gute darstellerische Leistungen.« Auch bestanden Befürchtungen, dass Connery absagen könnte, weil er erst spät im Film auftaucht. Spielberg: »Vor Seite 70 war er überhaupt nicht zu sehen, aber er hatte so viele gute Einfälle, dass wir ihn bereits 20 Seiten früher auftreten ließen. Dann fügten wir weitere Szenen mit ihm hinzu, und wenn er gute Ideen hatte – ungefähr zwanzigmal am Tag –, wurde das Drehbuch überarbeitet.«

Drehbuchautor Jeffrey Boam orientierte die Vaterrolle an dem Typ, »den Henry Fonda im Film *Am goldenen See* gespielt hatte. Als Indys Vater in die Story kam, wusste ich, dass dieser Film nicht so werden würde wie die früheren Teile. Als Connery besetzt wurde, änderte ich nicht den Typus, den ich mir überlegt hatte. Ich spielte ein bisschen mit seinem Wesen und gab ihm mehr Vitalität, aber der Charakter blieb gleich.« Im November 1987 unterschrieb Connery. Partnerin Allison Doody: »Es war Seans Idee, dass Indiana und sein Vater beide eine Affäre mit Elsa hatten. Ich bin ihm zu großem Dank verpflichtet. Während der Dreharbeiten sang er ständig: ›How do you doody, doody, doody‹. Meinen Namen fand er lustig, denn in den USA bedeutet Doody auch, dass man in etwas Ekliges hineintritt.« In ›US-Today‹ erklärte sie: Connery und Ford »zuzusehen hat mir mehr über das Schauspielen beigebracht, als ich sonst in vielen Jahren gelernt hätte«. Spielberg ergänzt: »Am spannendsten war es, Harrison und Sean in eine Zweierszene zu stecken, ›Action!‹ zu brüllen und dann nicht vor Lachen die Aufnahme zu schmeißen.«

»Ich wollte Henry Jones wie eine Art Sir Richard Burton [den bekannten Forscher] spielen. Er hat in seinem Leben so viel hinter sich gebracht und es gibt so viele versteckte Elemente«, sagte Sean Connery dem ›Time‹-Magazin. »Als ich die Rolle annahm, beschloss ich, mich als schroffer viktorianischer, schottischer Vater zu amüsieren – und ich habe mich amüsiert.«

Dreharbeiten, -orte und Budget

Die Dreharbeiten begannen am 16. Mai 1988 in der Wüste bei Almería in Spanien mit den Panzer- und Pferde-Sequenzen, die allein zwei Wochen Drehzeit verschlangen und pro Tag 200.000 US-Dollar kosteten. Das Team drehte anschließend zweieinhalb Monate in den Londoner Elstree Studios, in denen Donovans Appartement, die Katakomben von Venedig und das Innere des Zeppelins gebaut worden waren. Weiterhin drehte man in den Tilbury Docks in Essex, die, mit Gondeln bestückt, Venedigs Kanäle darstellten. Die Royal Horticultural Hall in London bildete den Hintergrund der Berlin-Sequenz. Weitere Aufnahmen wurden in der Stowe School in Buckinghamshire und der Royal Masonic Mädchenschule in Hertfordshire realisiert. Ab dem 7. August schloss man für mehrere Tage den Canale Grande von Venedig für Aufnahmen und reiste danach zur Tempelanlage von Petra in Jordanien. In Colorado entstanden der erste Auftritt des jungen Indy und die 16-minütige Eingangssequenz mit den Zugszenen. Zudem drehte man in den US-Staaten Neu-Mexiko, Utah und nahe Amarillo in Texas, wo der Ritt in den Sonnenuntergang inszeniert wurde.

Spielberg wollte ursprünglich auch auf einem den Indianern heiligen Gebiet drehen, doch wurde die Erlaubnis zurückgezogen. »Als Sean und Harrison am Drehort ankamen«, erzählte Spielberg, »war jeder still und voller Respekt. Die beiden sind wie Mitglieder der königlichen Familie, aber nicht die, die du fürchtest, weil sie dich in Anspruch nehmen, sondern die, die du liebst, weil sie dein Leben besser und schöner machen.«

»Es war sehr einfach, mit Sean zu arbeiten und ihn zu verstehen. Wir waren wie zwei Arbeiter, die etwas zusammen aufbauen. Wenn der eine ein Werkzeug benötigte, besorgte der andere es ihm. Es gab nie einen Konkurrenzkampf zwischen uns«, erzählte Harrison Ford. »Es war wunderbar, ihn zur Seite zu haben, ich bin ein Fan. Außerdem empfinde ich solch eine doppelte Star-Besetzung nicht als Wettbewerb, ich möchte lediglich, dass jede Rolle in meinem Film möglichst gut gespielt wird.« Connery schätzte die Improvisation und sagte in ›Tempo‹: »Spielberg ist unwahrscheinlich flexibel und hat Sinn fürs Improvisieren. Harrison Ford und ich haben ununterbrochen improvisiert. Wir haben uns nichts geschenkt. Spielberg hat jedes Mal sofort die Kamera draufgehalten. Er hat uns sogar zum Improvisieren ermutigt. Das machen heute nur noch ganz wenige Regisseure. Sie haben

Angst, die Kontrolle über den Film zu verlieren.«

Das Budget betrug 36 Millionen US-Dollar.

Premiere

Eine Royal European Charity Premiere wurde am 27. Juni 1989 im Empire Kino am Londoner Leicester Square gefeiert. Dort nahm Prinz Charles aus der Hand von Allison Doody und George Lucas eine Peitsche entgegen – Indys Verteidigungsinstrument. Zu den Gästen zählten Königin Nur von Jordanien, Boxer Frank Bruno und Pat Roach. Die Einnahmen gingen an den Prince's Trust und an den Gurka Museum Appeal zugunsten des Gurka Museums in Aldershot, Hampshire. Auch im Rahmen der Filmfestspiele in Venedig wurde der Film gezeigt.

Mit einem weltweiten Einspielergebnis von 494,8 Millionen US-Dollar übertrumpfte der Film mühelos den jüngsten Bond-Film *Lizenz zum Töten*, der »nur« 155 Millionen Dollar einspielte, was Connery freute. Der Film erhielt eine Menge Preise, hatte Chancen auf drei Oscars und erhielt eine Trophäe für den besten Toneffektschnitt. Connery wurde als bester Nebendarsteller für den Golden Globe nominiert.

Kritik

»*Indy 3* ist das Gleiche, aber anders und besser«, jubelte das ›Time‹-Magazin. »Der Film ist besser als *James Bond*. Er hat Sean Connery.« Und das war nicht das einzige Medium, das sich von den neuen Abenteuern des Archäologen begeistert zeigte. »Selten hat man Filmkritiker so atemlos gesehen wie nach dem zweistündigen Action- und Gagfeuerwerk«, schrieb die ›Neue Presse‹, »köstlich Sean Connery, der als Vater und seriöser Archäologe Dr. Jones aus allen Satire-Rohren schießt«. – »Sean Connery ist in glänzender

Form«, hieß es im englischen ›Independent‹, der von »zwei Stunden dynamischem Kitsch« schwärmte. ›Newsweek‹ ergänzt: »Nun ist es an der Zeit, die Peitsche an den Nagel zu hängen und in die Zukunft zu schauen.« Diesen Aspekt erwähnt auch Roger Ebert in seiner Besprechung: »Es wäre zu schade, zu sehen, wie die Serie altert und immer flacher wird – wie die James-Bond-Filme.« So hat es, trotz aller Gerüchte, bisher noch keinen vierten Teil gegeben.

Family Business
(Family Business) USA 1989

Inhalt

Jessie McMullen (Sean Connery) ist stolz, zeit seines Lebens ein Ganove gewesen zu sein. Er verachtet die Arbeit seines Sohnes Vito (Dustin Hoffman) in einer Fleischfabrik. Als sein Enkel Adam (Matthew Broderick), der als Stipendiat an einer Elite-Universität studiert, eines Tages alles hinwirft und einen Coup drehen will – den Diebstahl geheimer DNS-Unterlagen und eines Serums aus einem Forschungslabor –, ist Jessie begeistert, Vito dagegen nicht. Er macht jedoch mit, um auf seinen Sohn aufzupassen. Alles läuft reibungslos, bis Adam einen Fehler begeht. Seine beiden Mitstreiter müssen die Verantwortung übernehmen.

Hintergrund

In der fünften gemeinsamen Zusammenarbeit zwischen Connery und Regisseur Sidney Lumet machte er den Schotten erstmals zum Großvater: »Ohne ihn wäre aus dem Projekt wahrscheinlich nichts geworden. Wir brauchten einen Schauspieler mit unwiderstehlichem Charisma«, sagte Lumet später. Dass Connery nur sieben Jahre älter ist als Dustin Hoffman, schien niemanden gestört zu haben.

Er selbst meinte: »Anfangs hatte ich gewisse Vorbehalte der Rolle gegenüber, auch deshalb, weil ich jemanden spiele, der älter ist, als ich es bin. Als die Altersfrage geklärt war, hatte ich volles Vertrauen in Sidney Lumet.«

Bereits 1984 hatte Produzent Lawrence Gordon die Rechte an dem Roman von Vincent Patrick erworben, der auch das Drehbuch schrieb. Der Titel ›Family Business‹ steht nicht nur für die Familie der drei Generationen und den gemeinsamen Fischzug der Drei-Mann-Gang. Jessie ist Schotte und hat eine Sizilianerin geheiratet. Der Italo-Amerikaner Vito hat eine Jüdin geheiratet. Beide sind Einwanderer und bei ihnen treffen Ganovenehre und Spießerideologie aufeinander. »Ich dachte, man könnte kaum jemand härter machen als den Großvater«, sagte Vincent Patrick, »jedenfalls bis ich Sean Connery kennen lernte.«

Connery gefiel die Idee, mit Dustin Hoffman zu drehen: »Er ist ein sehr angenehmer Mann. Falls jemand denkt, dass es mir unangenehm war, mit ihm zu arbeiten, weil er mehr Oscars hat als ich, dann ist das falsch. Ich verehre seine Arbeit sehr, speziell seine Darstellung in *Tootsie*. Es war sofort ein blindes und kollegiales Verständnis vorhanden. Dustin ist eher ungeduldig und vorwärts drängend.« Matthew Broderick genoss die Dreharbeiten mit den beiden älteren Kollegen und sagte der Zeitschrift ›Kinohit‹: »Sie waren super, perfekt. Und ich sage wirklich die Wahrheit. Mit Dustin habe ich vielleicht das beste Verhältnis, wir sehen uns auch privat sehr viel. Sean ist anders. Er ist sehr professionell. Ich würde ihn nicht unbedingt meinen Freund nennen. Aber er ist extrem nett.«

Während des Drehs imitierte Matthew Broderick Hoffman und Connery, ohne dass die beiden das mitbekamen, schreibt John Parker in seiner Biografie. Als man Connery davon erzählte, fragte der: »Warum führt er es

Die 1961 in Schwarzweiß gedrehte Schwarz-
markt-/Kriegskomödie *On the Fiddle* kam 1965 in
den USA als *Operation Snafu* erneut in die Kinos.

Originalplakat von *Camelot – Der Fluch des
goldenen Schwertes*. Connery als Grüner Ritter war
in Deutschland jedoch nie im Kino zu sehen.

The taste is distinctive.
The man is Sean Connery.
The Bourbon is JIM BEAM.

SEE SEAN CONNERY IN "YOU ONLY LIVE TWICE."

86 PROOF KENTUCKY STRAIGHT BOURBON WHISKEY DISTILLED AND BOTTLED BY THE JAMES B. BEAM DISTILLING CO., CLERMONT, BEAM, KENTUCK

Connerys Werbung für Whiskey erschien 1966 und 1967 in US-Magazinen wie ›Life‹ und ›Playboy‹.

Schnappschuss während der Dreharbeiten von *Feuerball* auf den Bahamas. Dort gab er nur ein Interview, das im ›Playboy‹ erschien.

Rechte Seite: Während der Proben zu einem Kampf mit zwei Frauen: hier mit Trina Parks als Klopfer in *Diamantenfieber* (1971).

Der Versuch eines Western-
revival schlug trotz der Star-
besetzung mit Sean Connery
und Brigitte Bardot fehl.

Auf der Suche nach neuen
Herausforderungen nahm Sean
Connery 1968 auch die Rolle
des Westernhelden Shalako an,
doch der Erfolg blieb aus.

Kritiker und Fans waren schockiert:
Sean Connery 1974 in *Zardoz* als
Vollstrecker und Vergewaltiger, zudem
halbnackt und mit langem Pferdeschwanz.

In *Der Anderson Clan* gab Christopher
Walken 1971 sein Filmdebüt. Es war
Sean Connerys zweiter Film unter der
Regie von Sidney Lumet.

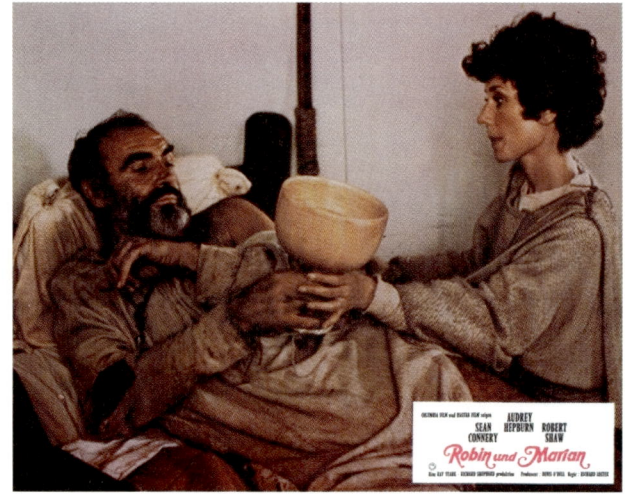

Als »High Noon im Welt-
raum« bezeichneten Kritiker
den Action-Film *Outland*.

Robin und Marian:
Sean Connery und Audrey
Hepburn. Von dem geplanten
Titel ›The Death of Robin
Hood‹ nahm man Abstand.

Zwölf Jahre nach seinem Abschied von der Bond-Rolle zeigte der damals 53-Jährige 1983 nochmals allen, wer der beste Bond ist – auch Kim Basinger.

Die Unbestechlichen: Andy Garcia, Sean Connery, Kevin Costner und Charles Martin Smith. Für die Darstellung des Polizisten Malone erhielt Connery einen Oscar.

In *Presidio* spielte Sean Connery in Militäruniform einen kantigen Soldaten und hatte in *Memories of Me* einen Kurzauftritt.

Linke Seite: Sean Connery und Christopher Lambert kreuzten 1985 in dem in Schottland gedrehten *Highlander – Es kann nur einen geben* die Klingen.

Ein Ex-Agent und ein Theoretiker gemeinsam im Action-Highlight des Jahres 1996: Sean Connery und Nicolas Cage in *The Rock – Fels der Entscheidung*.

Vorherige Doppelseite:

Das Russland-Haus entstand 1989 in Moskau. Partnerin Michelle Pfeiffer schwärmte, Connery sei »einer der letzten echten Männer«.

Im Sumpf des Verbrechens (1995): Die Connery-Koproduktion konnte an der Kasse nicht überzeugen.

Nach dem Kurzauftritt als Richard Löwenherz in *Robin Hood – König der Diebe* (1990) war Connery fünf Jahre später in *Der 1. Ritter* als König Arthur zu sehen.

Sean Connery als Bösewicht wollte 1997 genauso wenig jemand sehen wie die gesamte
Neuverfilmung von *Mit Schirm, Charme und Melone*.

Oscarsegen: James Cameron (rechts) und
Kollege erhielten am 23. März 1998 einen
Oscar für *Titanic*. Connery selbst erhielt
den Oscar zehn Jahre zuvor.

Dr. Connery: Dem Schotten wurde 1981
und 1988 je eine Ehrendoktorwürde von
schottischen Universitäten zuerkannt.

Gemeinsam mit Ehefrau Micheline und
Filmpartnerin Catherine Zeta-Jones bei der
Cannes-Premiere von *Verlockende Falle*
(1999).

1996 erhielt Sean Connery den Cecil B.
DeMille Award für sein Lebenswerk von der
Vereinigung der Auslandspresse in
Hollywood.

Nächste Seite: Mit 70 Jahren gilt Connery
immer noch als einer der attraktivsten
Männer der Welt – ihm persönlich ist sein
Aussehen eher unwichtig.

Eine Familie voller Gangster auf Fischzug: Matthew Broderick, Connery und Dustin Hoffman

mir nicht vor?« Die Antwort: »Weil er Angst hat.« Daraufhin Connery: »Gut. Das gehört sich auch so.«

Dreharbeiten, -orte und Budget

Gedreht wurde im Herbst 1988 in New York. Sidney Lumet war anfangs unsicher, ob Connery und Hoffman miteinander harmonieren würden, denn »Sean ist extrem diszipliniert und Dustin improvisiert die ganze Zeit. Ständig feilt er an seinen Dialogen. Ich wusste nicht, wohin das führt. Aber schließlich improvisierten beide, so dass sehr viel Humor herauskam, der den Film bereicherte«.

Die Höhe des Budgets ist nicht bekannt, aber allein die Gagen der drei Hauptakteure verschlangen 12,5 Millionen US-Dollar.

Kritik

Der Film wurde gepriesen wie verrissen und teilte die Kritiker in zwei Lager. Als »lächerlich und traurig« bezeichneten ihn manche und bedauerten das Ergebnis angesichts dessen, was man aus dieser Besetzung hätte machen können – es war wohl die enttäuschte Erwartung, die hier mit einfloss. ›Der Spiegel‹ urteilte, der Film »scheitert, weil er die multiethnische Folklore ziemlich süß zelebriert und weil sich die Stars in dieser Gaunerkomödie selbst blockieren, indem sie alle ihre Mittel ausgiebig und zeitraubend gegeneinander auffahren«. ›Cinema‹ meinte hingegen: »Die hervorragenden, von feiner Ironie durchsetzten Dialoge tragen den Film und geben Weltklasse-Darstellern Möglichkeiten, ihren Figuren Profil und Glaubwürdigkeit zu verleihen.« Leonard Maltin urteilte, dass sich das Anschauen lohnt, weil es »drei exzellente Darstellerleistungen gibt, auch wenn sie als Familie nicht glaubwürdig« seien. In ›Prinz‹ schrieb Karl-Heinz Schäfer: »Sean Connery wird – es klingt mittlerweile so banal, man wagt es kaum noch zu sagen – von Film zu Film besser. […] Und den beiden Schauspieler-Legenden Connery und Hoffman tut es sichtlich gut, in einem Film zu spielen, der keine andere Message hat als Spaß zu machen.« ›Variety‹ stimmte eine wahre Hymne auf den Schotten an: »Connery ist der Dreh- und Angelpunkt der Geschichte, ein Mann, der kopfüber in seine Rolle des amoralischen Familienpatriarchen Jessie springt und einen Charakter erschafft, der mit seiner mit einem Oscar gekrönten Rolle in *Die Unbestechlichen* rivalisiert.« Connery selbst war auch zufrieden: »Mir gefällt der Film, und ich denke, abgesehen vom Schluss haben wir gute Arbeit geleistet. Ich kann einfach nicht verstehen, warum er trotzdem ein finanzieller Flop geworden ist. Ich denke, Sidney Lumet hatte unter dem Misserfolg mehr zu leiden als ich.«

Connery als Russe Ramius. Sein schottischer Akzent tat dem immensen Erfolg von Jagd auf Roter Oktober *keinen Abbruch.*

The Hunt for Red October
(Jagd auf Roter Oktober) USA 1990

Inhalt

Der russische U-Boot-Kommandant Ramius (Sean Connery) ermordet seinen Führungsoffizier und nutzt ein Flottenmanöver, um mit ›Roter Oktober‹ auf die amerikanische Ostküste zuzusteuern. Das atomgetriebene Boot verfügt über einen neuartigen, nahezu geräuschlosen Raupenantrieb. Während die US-Regierung argwöhnt, dass Ramius das Land angreifen will, sieht der CIA-Analytiker Jack Ryan (Alec Baldwin) einen Überläufer in ihm und versucht Kontakt herzustellen. Währenddessen wird Ramius von den U-Booten der russischen Flotte verfolgt.

Hintergrund

Tom Clancys Bestseller aus dem Jahr 1984 war der erste Roman des Autors, der für das Kino adaptiert wurde. Das Buch des ehemaligen Versicherungsvertreters und Waffenfanatikers war wesentlich schärfer formuliert als der Film, der daraus entstand. Als der Roman erschien, stieß vielen hochrangigen Mitarbeitern des Pentagon die detaillierte Beschreibung von Waffensystemen unangenehm auf und sie fragten sich, woher der 1947 geborene Mann, der zwar in Vietnam war, die neueste Waffentechnologie aber eigentlich nicht kennen konnte, diese Informationen hatte. Auch die Kenntnis strategischer Aspekte verwunderte die Militärs, die sich oft im gleichen Atemzug als begeisterte Leser von Clancy entlarvten. Der ehemalige US-Verteidigungsminister Caspar Weinberger: »Es gibt viele Spionageromane, doch kaum einen, der sich mit Clancys Genauigkeit, Plot und Erzähltalent vergleichen lässt – es fällt schwer, dieses Buch aus der Hand zu legen.« Reagan lud Clancy sogar ins Weiße Haus, bezeichnete sich als Fan des Buches und nannte es »perfektes Seemannsgarn«. Basis für den Roman ist eine wahre Begebenheit, die sich im November 1975 ereignete, als die Besatzung des russischen U-Boot-Jägers ›Storozhevoi‹ von der Ostsee aus in den Westen überlaufen wollte. Bis zum Filmstart wurden von dem Roman sieben Millionen Exemplare verkauft – und das, obwohl das Buch in einem Kleinverlag erschienen war.

In der Ära Gorbatschow wurde dem Film ein Text vorangestellt, dass die Geschehnisse in die Zeit vor Glasnost und Perestroika fallen. Für die Rolle des russischen Kapitän Ramius war zunächst Klaus Maria Brandauer vorgesehen, der aber aufgrund seiner Arbeit an einem eigenen Regieprojekt über Georg Elser absagte. Auch Connery lehnte zunächst ab, da er den Plot in den Zeiten von Glasnost für unglaubwürdig hielt. Daraufhin wurde das Drehbuch geändert. Produzent Mace Neufeld: »Es gab eine Reihe sehr delikater persönlicher Verhandlungen mit Connery. So spät erst eine Rolle zu bekommen hätte manchem anderen Schauspieler Angst gemacht. Aber er brachte genau die Größe, die Präsenz und die unanfechtbare Autorität mit, die von seiner Rolle verlangt wurden. Und er half auch den anderen Schauspielern ihr Bestes zu geben, denn keiner wollte etwas verpatzen, wenn Sean Connery in der Nähe war. Er kam ohne irgendwelche Vorbereitungen am Drehort an, hatte den Regisseur bisher nicht getroffen. Er kam montags und fing am Dienstag an zu drehen, was für mich für seine große Professionalität spricht.«

Ursprünglich war Harrison Ford für die Rolle des Jack Ryan vorgesehen, doch lehnte er ab, weil es ihm zu lange dauerte, bis er seinen Auftritt hatte.

Angeblich lieferten zwölf Autoren 23 Drehbuchentwürfe für *Jagd auf Roter Oktober*.

Dreharbeiten, -orte und Budget

Produzent Mace Neufeld und Ko-Drehbuchautor Donald Stewart gingen im September 1987 für vier Tage an Bord des U-Bootes ›USS Rickove‹, stellten fest, dass es unmöglich war, dort zu drehen, und entschlossen sich Teile nachzubauen. So entstanden die Kommandostände der beiden Atom-U-Boote auf zwei zehn mal zehn Meter großen beweglichen Bühnen sieben Meter über dem Boden in Halle 15 der Paramount-Studios in Los Angeles. Die Kulisse wog 16 Tonnen und konnte um bis zu 36 Grad nach allen Seiten geneigt werden. Weiterhin entstanden drei U-Boot-Modelle und der Nachbau eines naturgetreuen russischen U-Bootes für Außenaufnahmen. Die viermonatigen Dreharbeiten begannen am 3. April 1989, Connery spielte lediglich vier Wochen: »Die Dreharbeiten waren ein Chaos. Ich habe erst mal die Kameras gestoppt und eine Woche Proben für alle Schauspieler durchgesetzt.« John McTiernan zollte dem Schotten, der einen Russen spielte, später Respekt: »In dem Moment, in dem er den Set betrat, wurde er unnahbar. Jeder um ihn herum stand sofort stocksteif und so militärisch gerade da, wie es notwendig war.« Und er fügte hinzu: »Es ist sehr einfach mit ihm, denn er ist ein absoluter Profi. Er begreift schnell und hat sich selbst immer unter Kontrolle. Es gibt keinen Moment, in dem er nicht aufpasst. Das ist wie ein Traum. Er weiß, was er tut, ist stets gut vorbereitet und besitzt viele wunderbare Qualitäten: Stärke, Stolz, Hartnäckigkeit und Männlichkeit.« Außer in den Studios entstanden Bilder auf dem Atom-U-

Boot ›USS Houston‹, dem Flugzeugträger ›USS Enterprise‹ sowie im Marinehafen von San Diego. Die Navy unterstützte das Projekt.

Als größeres Problem entpuppte sich die erste Szene des Films, in der ein U-Boot vorbeifährt. Da kleinere Modelle nicht in Betracht kamen, baute man ein zwölf Meter langes Duplikat, das von Lloyd's in London versichert wurde. Bereits am ersten Drehtag kippte es, so dass es repariert werden musste – die Eröffnungsszene kostete 1,5 Millionen US-Dollar.

Das Budget für den Film betrug 40 Millionen Dollar. Etwa 13 Millionen pumpte der Verleih nochmals in eine aufwändige Werbekampagne, die den Film als letztes Werk des Kalten Krieges pries. Connery handelte einen vertraglich festgelegten Ausgleich für den Fall aus, dass der Dollar zwischen Drehbeginn und Drehende sinken würde, ein Novum in der Filmgeschichte.

Premiere

Bei der im Februar 1990 vor hohen US-Regierungsvertretern stattfindenden Voraufführung in Washington, an der auch William Baldwin und Tom Clancy teilnahmen, stieß der Film auf allgemeines Wohlwollen. Der Stabschef des Weißen Hauses John Sununu urteilte: »Tolles Buch, toller Film. Ich fand ihn realistischer als *Top Gun*.« Les Aspin, Chairman of the House Armed Services Committee, schwärmte von der »guten Geschichte, die sehr realistisch« umgesetzt sei, und auch Admiral William Crowe, der ehemalige Chairman of the Joint Chiefs of Staff, nannte das Werk »großartig«.

Connery witzelte nach der US-Premiere, er hätte sich in den ersten Bildern, in denen nur seine Augen zu sehen waren, nicht erkannt: »Ich dachte, das wären Risse im Mond.« Sein schlohweißer Bart ist echt, das Kopfhaar nicht, es wurde mit Klebstoff befestigt. Die Royal Charity Premiere fand am 17. April im Londoner Empire Cinema statt. Zu der Veranstaltung, zu der Prinz Charles und Lady Diana geladen hatten, erschienen auch Sean Connery mit Frau, Scott Glenn, Regisseur John McTiernan und Produzent Mace Neufeld. Gefeiert wurde anschließend im Imperial War Museum, wo fünf Jahre später auch die *GoldenEye*-Party begangen wurde. Die North American Bear Co. aus Chicago vertrieb einen Teddybären namens ›Red Octobear‹, den Connery bei der Europa-Premiere dem Prinzenpaar überreichte. Er selbst spendete die Hälfte seiner Gage dem von ihm mitbegründeten Scottish International Education Trust.

Der Film war ein großer Erfolg. Er spielte in den USA in nur zwei Wochen knapp 54 Millionen US-Dollar ein; letztendlich waren es über 120 Millionen. *Jagd auf Roter Oktober* erhielt drei Oscar-Nominierungen. Eine Auszeichnung ging an Cecilia Hall und George Watters II für den besten Toneffektschnitt.

Kritik

Der Film spaltete die Kritiker wie selten zuvor. Die ›New York Post‹ nannte ihn einen »Koloss von einem Blindgänger«, die ›New York Times‹ kritisierte, dass die Jagd »nirgendwo sehr überzeugend« sei und »sogar die Tricks nicht großartig« seien, während ›USA Today‹ immerhin »Intelligenz und handwerkliches Können« attestierte. »Man kann sich der geschickt dosierten Spannung trotz militärtechnologischer Fachsimpeleien nur schwer entziehen«, hieß es im Berliner Magazin ›Zitty‹. »Langweiliges Kino, das nur von sich selbst erzählt: von der Suche nach einem neuen Feindbild«, schrieb Thomas Klingenmaier in der ›Hannoverschen Allgemeinen Zeitung‹. Connery und Alec Baldwin wurden durchweg für ihre Arbeit gerühmt. In der ›Welt‹ hieß es, Connery würde »lakonisch gelassen, mit klugem Weltblick, auffallend distanziert agieren«. ›Der Spiegel‹ bescheinigte ihm »melancholisches Charisma«.

The Russia House
(Das Russland-Haus) USA/GB 1990

Inhalt
Während der Moskauer Buchmesse wird dem englischen Verleger Barley Blair (Sean Connery) ein brisantes Manuskript zugespielt. Überbringerin ist die Verlagsangestellte Katja (Michelle Pfeiffer), Autor der Russe Dante (Klaus Maria Brandauer), der enthüllt, dass die russische Kriegsmaschinerie nicht einsatzfähig ist. Der britische Geheimdienst bekommt Wind davon, ist aber zunächst nicht von der Glaubwürdigkeit des Textes überzeugt und engagiert Blair für weitere Nachforschungen. Die Briten, aber auch der US-Geheimdienst verfolgen sein Tun. Die für Russland zuständigen britischen Geheimdienstexperten, das ›Russland-Haus‹, kümmern sich um den Fall, können aber nicht ahnen, dass Blair sich in Katja verliebt hat und sie und ihre beiden Kinder aus dem Land herausholen will.

Hintergrund
Die Romanvorlage von John le Carré erschien im August 1989 zeitgleich in 20 Ländern und entpuppte sich sogleich als Bestseller. Das Buch kam in Deutschland mit einer Startauflage von 100.000 Exemplaren auf den Markt (USA: 350.000) und wurde sogar in Russland veröffentlicht – zunächst in der Wochenzeitschrift ›Ogonjok‹ (Auflage 1,8 Millionen) und später in Buchform. Regisseur Fred Schepisi las die Druckfahnen im Februar 1989 und begann bereits im Oktober mit den Dreharbeiten. Connery: »Das Buch hat mir auf Anhieb gefallen, weil dieser Stoff durch seinen aktuellen politischen Bezug weit mehr ist als eine gewöhnliche Agenten-Story. Eigentlich geht es darin ja um die politischen Veränderungen in der Sowjetunion und den Argwohn, mit dem der Westen diese Entwicklung verfolgt.« Übereifrigen Beobachtern, die in Barley gleich Parallelen zu Connerys früheren Agentenabenteuern sehen wollten, erteilte er eine Absage. Für ihn ist Blair »kein James-Bond-Verschnitt, sondern eher ein Anti-Held, der durch die Ereignisse, die auf ihn einstürzen, über sich hinauswächst. Er ist kein guter Agent und will es auch nicht werden«. Zur Vorbereitung auf die Rolle nahm Connery 20 Stunden Klarinetten- und Saxofonunterricht. Auf dem Soundtrack ist jedoch Branford Marsalis am Saxofon zu hören.

Dreharbeiten, -orte und Budget
Das Russland-Haus war die erste US-Produktion, die in Russland gedreht werden konnte. Kameramann Ian Baker machte von der Möglichkeit ausführlich Gebrauch und filmte vom 2. Oktober 1989 an eine Woche in Leningrad und weitere vier in Moskau. Die Arbeit begann vor dem Winterpalais, fand seine Fortsetzung auf einer Zugfahrt von Leningrad nach Moskau und umfasste schlussendlich viele bekannte Orte der Hauptstadt: den Roten Platz, die Messehallen des Ukraine-Hotels, das Restaurant des National-Hotels, das Kaufhaus GUM und die U-Bahn. Außerhalb Moskaus wurde in Peredelkino gedreht, wo sich die Datschas bekannter Autoren befinden, nahe dem Grab von Boris Pasternak, in der russisch-orthodoxen Kirche in Sagorsk sowie auf dem Landsitz des alten Zaren Kolomenskoje auf einem Berg am Ufer der Moskwa.

Die Crew war im Hotel Sovietskaja untergebracht und ließ sich, aufgrund der schlechten Versorgungslage vor Ort, das Essen aus England und Finnland einfliegen. Connerys Eindrücke: »Ich wurde Augenzeuge eines großartigen Phänomens. Die Menschen diskutieren heute auf dem Roten Platz über Freiheit und Opposition. Und der KGB schaut tatenlos zu. Gorbatschow ist einer der mutigsten Politiker der Welt. Doch es ist eine riskante Einmann-Show. Ohne westliche Hilfe ist er auf verlorenem Posten.«

Außerhalb Russlands entstanden Aufnahmen in Lissabon, London, den dortigen Pinewood Studios und auf einem kanadischen Anwesen an einem See nahe Vancouver. Ende Dezember war der Film im Kasten. Partner James Fox über Connery: »Ich glaube, Sean hat sich selbst durch den kreativen und disziplinierten Einsatz aller seiner Kräfte zu einem der faszinierendsten Menschen im Filmbetrieb entwickelt. Ich denke oft, wie sehr er meinen eigenen Ansatz zur Schauspielerei bereichert und beeinflusst hat, woran man das Ausmaß meines Respekts ablesen kann.«

Die komplizierteste Szene spielt in einer Kirche in Moskau. Connery litt bei den Aufnahmen: »Michelle und ich hatten einen sehr schwierigen dreieinhalbminütigen Dialog. Wir haben ihn zwanzigmal gedreht, obwohl dreimal mein normales Limit ist. Wir standen 16 Meilen außerhalb Moskaus oben auf dieser bemerkenswerten Kirche und froren, denn die Temperaturen waren unter null. Wir trugen Thermounterwäsche und Moonboots, um etwas Wärme zu haben. Es war Zeitverschwendung.«

Während der Dreharbeiten weihte Connery den ersten Golfplatz in Moskau ein, spielte mit Kindern eine Runde und erinnerte daran, dass er vor 30 Jahren das erste Mal in Moskau war, um *Das rote Zelt* zu drehen. Er und Michelle Pfeiffer wurden von den meisten Russen weder beachtet noch erkannt. »Fayfer?«, fragte ein junger Teenager nach. Connery kannte man hier nur als James Bond: »Ah yes, oh-oh-seven, the american (!) spy. He is here?«, fragte ein junger Russe eher ungläubig einen Reporter des Magazins ›Newsweek‹.

Das Budget des Films betrug 21 Millionen US-Dollar, allein in den USA spielte er über 25 Millionen Dollar ein. Connery handelte in seinem Vertrag eine Sonderklausel aus, nach der er bei fallendem Dollar-Kurs einen Ausgleich erhielt.

Premiere

Der Film wurde während der 41. Filmfestspiele in Berlin am 21. Februar 1991 in Deutschland uraufgeführt, aber lediglich von Regisseur Fred Schepisi vorgestellt, denn im Schatten des damaligen Golfkrieges fürchteten viele Schauspieler die Reise nach Berlin. So verschob der Filmverleih Senator den ursprünglichen Starttermin vom 31. Januar auf 14. März 1991.

In der ›Vogue‹ vom Februar 1991 findet sich eine Liste der Traummänner deutscher Frauen. Unter den Top Ten rangiert neben Robert de Niro, Christopher Lambert und Jack Nicholson auch Sean Connery.

Kritik

Der US-Kritiker Leonard Maltin drückte wohl aus, was viele über den Film dachten. Er lobte die exzellente Besetzung, bemängelte aber, dass der Film »niemals Feuer fängt«. Das mag daran liegen, dass er ein für das Genre untypischer Spionagefilm ist, der ohne Action-Szenen und Pyrotechnik auskommt; es fällt nicht ein einziger Schuss. Auch ›Baseline's Motion Picture Guide‹ lobte die Besetzung und schrieb: »Connery ist in Topform als der offensichtliche Zyniker, der in seinem Herzen ein wahrer Romantiker ist.« Und in der ›Hannoverschen Allgemeinen Zeitung‹ hieß es: »Connery hat den verwitterten Charme für Barley. Und dass der einstige Geheimdienst-Superstar jetzt den Geheimdienstbüttel mimt, gibt dem Geschehen eine angemessen ironische Färbung.« Nigel Grant urteilte im britischen Magazin ›Time Out‹ ähnlich eupho-

risch und nannte Connerys Darstellung seine
»beste seit Jahren«.

Highlander II – The Quickening
(Highlander II – Die Rückkehr) USA 1990

Inhalt

Im Jahr 2024 ist die Ozonschicht, welche die
Erde vor der Sonne schützt, weitgehend zerstört. An ihrer Stelle macht ein Schutzpanzer
das Leben für die Menschen möglich. Der Betreiber, die Shield Corporation, hält geheim,
dass sich die Ozonschicht inzwischen regene-
riert hat, um die Menschheit weiterhin unter
Kontrolle zu halten. Louise Marcus (Virginia
Madsen) findet das heraus und gibt die Infor-
mation an Connor McLeod (Christopher
Lambert) weiter, der den Schutzschild erbaut
hat. Gemeinsam mit seinem Freund Juan
Villa-Lobos Ramirez (Sean Connery) macht
sich McLeod auf, um dem Chef der Shield
Corporation das Handwerk zu legen. Doch
plötzlich taucht Katana (Michael Ironside)
auf, der Erzfeind McLeods, der mit ihm ab-
rechnen will.

Hintergrund

Nach dem großen Erfolg des ersten Highlan-
der-Films erschien eine Fortsetzung fast zwin-
gend. Der ursprüngliche Titel dafür lautete
›Highlander 2020‹, ein dritter Teil und eine
Fernsehserie sollten folgen. An beiden war
Sean Connery nicht mehr beteiligt. Allerdings
ist sein Tod aus dem ersten Teil in einer Rück-
blende zu Anfang des dritten Kinoabenteuers
zu sehen.

Dreharbeiten, -orte und Budget

Gedreht wurde zwischen dem 1. März und
dem 26. Mai 1990 in New York und Argentinien: in und um Buenos Aires, im Weinbau-
gebiet von San Juan, im Tal des Mondes, das

Connery als Ramirez in Highlander II. *Seine
komödiantischen Kurzauftritte verhalfen den ersten beiden
Teilen zu großem Erfolg in Europa.*

etwa 360 Kilometer von San Juan entfernt
liegt und den Planeten Zeist darstellt, sowie
am Ullun-Staudamm, in einer Flugzeughalle
der Luftwaffe und in den örtlichen Baires Studios in Buenos Aires.

Ursprünglich sollte Connery eine Woche
im Oktober 1989 in Argentinien drehen,
doch verschob sich der Dreh. Connery ging
andere Verpflichtungen ein und stand vom
7. bis 20. Mai 1990 für zehn Drehtage zur Verfügung. Völlig überraschend kam er einen
Tag früher von seinem Haus auf den Bahamas,
um einfach nur hallo zu sagen, wie er einem
Journalisten gestand. »Ich nehme an, dass
es einige Schauspieler gibt, die nur daran
interessiert sind, was sie in dem Film machen«, äußerte sich Connery dazu. »Für mich

gilt das nicht. Ich bin interessiert zu wissen, was jeder tut.«

»Die Stimmung am Set war ziemlich gespannt, als Sean da war«, sagte Regisseur Russell Mulcahy der Journalistin Dorothee Lackner am Drehort. »Unser Drehplan war unglaublich dicht. Es durfte nichts dazwischenkommen.« Doch dann kam aufwändig in einer Tiefgarage gedrehtes Material zerkratzt aus dem Kopierwerk zurück und Connery erhielt zu seiner Garantie von fünf Millionen US-Dollar für den notwendigen Nachdreh weitere 500.000 Dollar. Die hohe Gage seines Kollegen kommentierte Christopher Lambert: »Ich bin überhaupt nicht neidisch, dass er so viel Geld bekommt. Ganz im Gegenteil: Sean ist einer der ganz wenigen Topstars dieser Welt und er verdient jeden Penny.« Wie schon bei den Dreharbeiten zum ersten Teil verstanden sich die Stars prächtig. Lambert: »Sean ist ein ziemlicher Witzbold, dauernd zu Späßen aufgelegt. Selbst dann, wenn du genervt bist. Wenn er dich da mit seinem süffisanten Grinsen anmacht, hast du schon manchmal Lust, ihm den Hals umzudrehen – nur ist er leider ein bisschen stärker.« Kostümdesignerin Deborah Everton war so nervös Connery zu begegnen, dass sie am Drehort nur von »His Sean-ness« sprach.

Das Budget des Films betrug zwischen 22 und 25 Millionen US-Dollar. Für Connery war es eine mühsame Zeit, da er noch mit der Produktion anderer Filme beschäftigt war. Dem ›Scotsman‹ sagte er: »Ich flog für *Das Russland-Haus* von Malaga nach Madrid, nach Amsterdam, von dort nach Warschau, dann nach Leningrad, nach Moskau, zurück nach Leningrad, nach London, nach Portugal, London, Los Angeles und Vancouver. Das war nur ein Film. Zwischenzeitlich sah ich mir die Muster von *Jagd auf Roter Oktober* an, machte Publicity für *Family Business* und nun bin ich hier in Argentinien. Es ist anstrengend.«

Premiere

Nachdem der Start immer wieder verschoben worden war, fand die Welturaufführung am 31. Januar 1991 im Münchner Mathäser-Filmpalast statt. Christopher Lambert und Virginia Madsen waren zu Gast. Connery zu den Highlander-Filmen: »Obwohl der erste Teil in den USA kein Erfolg war, war er in Europa genau das Gegenteil. Ich erinnere mich daran, dass ich über Paris nach Rom flog und amüsiert herausfand, dass *Der Name der Rose* und *Highlander* Platz 1 und 2 beim Publikum einnahmen. Als ich das erste Drehbuch sah, dachte ich, es sei eine interessante Idee, jemandem wie Ramirez alle Zeit dieser Welt zu geben. Er ist ungefähr 2766 Jahre alt und hat alle verschiedenen Kulturen erlebt.«

Später erschien eine – zunächst in der Branchenpresse als ›Highlander II – The Renegade Version‹ angekündigte – längere Fassung auf Video.

Kritik

Die (spätere) Aussage von Christopher Lambert, den dritten Teil der Saga ›Highlander – Die Entschuldigung‹ zu nennen, um sich so für den zweiten Teil zu rechtfertigen, war durchaus ernst gemeint. Sie sagt viel über die missglückte Fortsetzung aus, die aus Versatzstücken und schlechten Tricks besteht. Connery kam gut weg. »Lichtblicke im großen schwarzen Loch der verwirrenden Handlung sind allenfalls Sean Connery und Virginia Madsen«, befand das ›Stern TV-Journal‹.

Robin Hood: Prince of Thieves
(Robin Hood – König der Diebe) USA 1990

Inhalt

Robin von Locksley (Kevin Costner) und sein Freund Azeem (Morgan Freeman) flüchten aus arabischer Haft und kehren nach England zurück. Doch Robins Heimatland ist in Angst und Schrecken. Der Sheriff von Nottingham (Alan Rickman) kämpft gegen das eigene Volk. Der rechtmäßige König befindet sich auf einem Kreuzzug. Robin beschließt sich auf die Seite der Armen und Unterdrückten zu schlagen, schart ein paar alte Kämpfer um sich und nimmt den Kampf gegen die Macht des Sheriffs von Nottingham auf.

Hintergrund

Mit diesem Opus kam die 28. Filmvariante der Geschichte in die Kinos. Sean Connery wurde im November 1990 verpflichtet. Er hat einen Kurzauftritt als König Richard und akzeptierte den einen Drehtag, um Kevin Costner einen Gefallen zu tun. Dafür erhielt er eine Gage von 500.000 US-Dollar (900.000 DM), die er wohltätigen Zwecken spendete. Seine Mitwirkung an dem Film geht weder aus den Besetzungslisten noch aus der Werbung hervor und war als Überraschungsgag gedacht. Die Kritiker wurden gebeten den Auftritt nicht zu erwähnen.

Dreharbeiten, -orte und Budget

Gedreht wurde in vielen Teilen Englands; Hulne Priory in Alnwick, Northumberland, wurde zum Anwesen von Maid Marian. Die Waldgebiete von New Forest und Burnham Beeches in Buckinghamshire stellten den Sherwood Forest dar. In Burnham Beeches wurden die Waldlager Robin Hoods gebaut und entstanden die Kampfszenen zwischen ihm und dem Sheriff. In den Shepperton Studios wurde der mittelalterliche Marktplatz von Nottingham errichtet. Als Außenansicht von Nottingham diente die französische Stadt Carcassonne. Während und nach den Dreharbeiten stritten sich Kevin Costner und Regisseur Kevin Reynolds über Struktur und Schnitt des Films, so dass Reynolds den Premieren und Presseterminen fern blieb. Auf-grund verschiedener Nachdrehs betrug das Budget 50 Millionen US-Dollar.

Premiere

Die Weltpremiere des Film wurde am 10. Juni 1991 im englischen Nottingham gefeiert. Jim Lees, der Vorsitzende der Robin-Hood-Gesellschaft, urteilte hart über Kevin Costners Leistung in der Titelrolle: »Er ist viel zu blass für jemanden, der sein Leben lang im Freien war. Dieser Robin ist ein typischer Harvard-Junge mit einem grauenvollen Akzent.«

Bryan Adams' Song ›Everything I do I do for You‹ wurde für einen Oscar nominiert.

Kritik

»Jede Szene wirkt bis ins Detail dramatisiert und stilisiert, selbst der 30 Sekunden lange Auftritt von Sean Connery wirkt wie ein Special-Effect«, schrieb Stefan Gehrke im ›Filmecho‹. Nach Meinung von Kritiker Jeff Mennell aus dem ›Hollywood Reporter‹ ist Connerys Kurzauftritt »das Beste an dem ganzen Streifen«. Und auch ›Der Spiegel‹ fand daran Gefallen: »Die andere teure Zutat geht zum Happyend wie eine Sonne auf. Für eine knappe Minute betritt Richard Löwenherz die Szene, und als solcher zeigt Sean Connery, was einen Star königlich macht: Er tut nichts, doch seine reine Präsenz adelt alle Stümperei rundum.«

Generell fiel der Film bei der Kritik durch. Sprüche wie ›Der mit dem Pfeil schießt‹ musste sich Kevin Costner anhören, als der Film in den USA Premiere hatte. »Uninspiriert«, urteilte ›Variety‹ und machte »unerfreuliche Produktionsumstände« aus.

Medicine Man

(Medicine Man – Die letzten Tage von Eden)
USA 1991

Inhalt

Dr. Robert Campbell (Sean Connery) lebt als Forscher im Regenwald von Venezuela in vertrauter Gemeinschaft mit den Indianern. Er hat auf pflanzlicher Basis ein Serum gegen Krebs entwickelt, doch die Formel ist verschwunden. Er bittet den Pharmakonzern, der das Projekt finanziert, um neue Geräte und um einen Assistenten. Man schickt die junge Forscherin Dr. Rae Crain (Lorraine Bracco), die sich nach anfänglichen Schwierigkeiten für den eigenbrötlerischen Campbell interessiert und mit ihm in den Baumwipfeln auf die Suche nach einer seltenen Pflanze begibt, die für das Serum wichtig ist. Die Zeit drängt, denn eine geplante Straße durch den Dschungel droht die letzte Chance zu vernichten.

Hintergrund

Das Drehbuch für die Geschichte stammt von Oscar-Preisträger Tom Schulman, der *Der Club der toten Dichter* schrieb, und entstand 1989/1990. Er entwickelte die Geschichte auch auf dem Hintergrund von Erfahrungen seiner Frau in Costa Rica. Schulman schickte das Skript an den Regisseur John McTiernan, der es an Connery weiterreichte. Im August 1990 erwarb die von Andrew G. Vajna gegründete Firma Cinergi Productions die Rechte an dem Buch, das damals den Titel ›The Stand‹ trug. In einem Bieterkrieg mit Mario Kassar, seinem ehemaligen Partner von Carolco Pictures, gewann Vajna, der einen Vertrag mit Disney hatte. Er zahlte drei Millionen US-Dollar für das Skript, das Sally Robinson daraufhin überarbeitete. Zusätzlich wurde Tom Stoppard engagiert, um als »Skript-Doktor« nochmals darüber zu sehen. Diese Arbeit verschlang eine weitere Million, aber genannt wurde Stoppard nicht. Noch während des Drehs wurde das Buch mehrfach geändert.

McTiernan über Connery: »Abgesehen von seinen offensichtlichen Vorzügen ist Sean ein absoluter Profi. Er scheint aus einer Art besonders modellierfähigem Ton zu bestehen. Er kann sich in die unterschiedlichsten Charaktere verwandeln und jedem die gleiche Größe geben. Egal wie man ihn einsetzt, ob als strengen oder einschüchternden Kapitän oder als Wissenschaftler mit lumpigen Klamotten und ausgelatschten Schuhen, der im Regenwald arbeitet – da ist immer etwas Fesselndes an ihm.« Connery: »Als die Regenwaldstaaten von unserem Projekt erfuhren, mauerten sie, wo sie nur konnten. Vor allem lokale Politiker spielten sich auf wie Fürsten, weil sie an der Abholzung wohl ganz gut mitverdienen.« Seine Partnerin Lorraine Bracco suchte Connery als ausführender Produzent selbst aus, da sie ihm in *Good Fellas* gut gefallen hatte. McTiernan bevorzugte eine ältere und resolutere Frau, so wie in *African Queen*, aber das Skript war nicht für einen solchen Typ geschrieben. Aufgrund des großen Hofstaates, den Bracco mit in den Dschungel brachte, und der Tatsache, dass sie häufig die Szenen schmiss, kam es zu Auseinandersetzungen mit dem Regisseur.

Dreharbeiten, -orte und Budget

Regisseur John McTiernan und Produzent Andrew G. Vajna suchten in Malaysia, Borneo, Belize, Costa Rica, Ecuador, Panama und im Amazonasgebiet nach geeigneten Drehorten. Sie entschieden sich am Ende für die südmexikanische Provinz Vera Cruz und das Gebiet des Catemaco-Dschungels, etwa 160 Kilometer südlich der Stadt Vera Cruz, da es dem Handlungsort Venezuela am ähnlichsten war. Gedreht wurde von April bis 25. Mai 1991

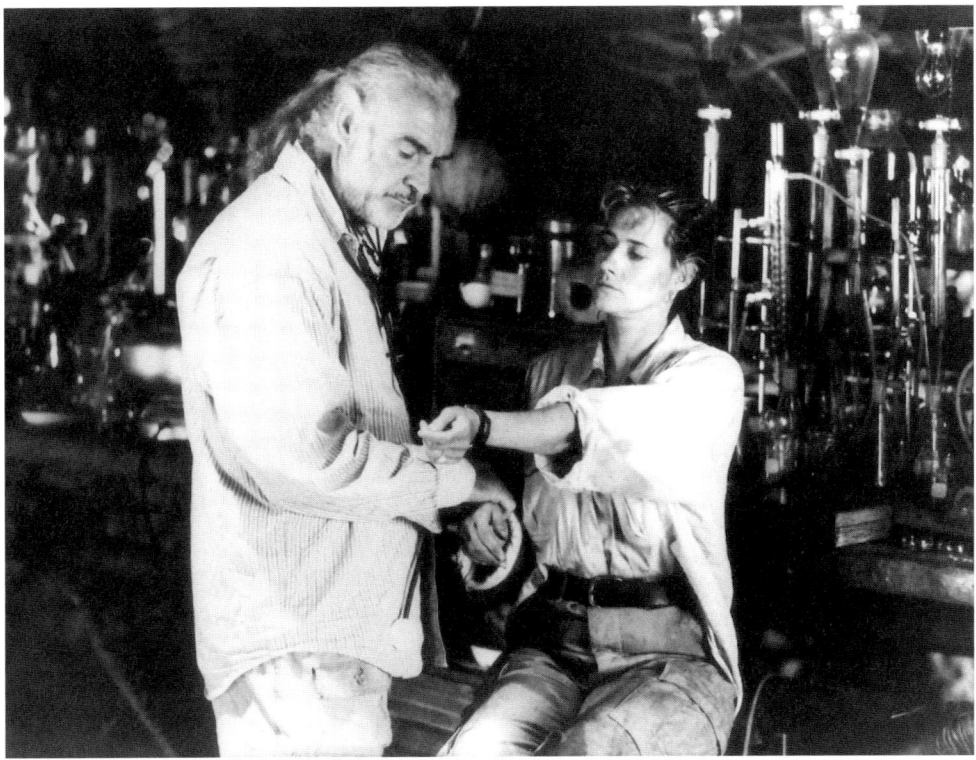

Ein Einsiedler und ein Greenhorn im mexikanischen Regenwald: Connery mit Partnerin Lorraine Bracco.

sechs Wochen lang in Mexiko. Zusätzliche Bilder vom Regenwald entstanden im August in Brasilien.

Die Kosten betrugen über 30 Millionen US-Dollar – manche behaupten, sogar knapp 40 Millionen. Vor Drehbeginn nahmen Bracco und Connery an einem mehrwöchigen Bergsteigertraining mit Stunttrainer Fred Waugh teil. Als besonders kompliziert erwiesen sich die Szenen in den Baumwipfeln in 60 Meter Höhe, für die McTiernan 3,6 mal neun Meter große Plattformen in den Dschungel bauen ließ. Die Höhe der Aufnahmen wurde langsam von sechs auf über 20 Meter gesteigert, ehe man reif war für die höchste Höhe. Connery: »Es war wie beim Bergsteigen – nur komischer!« 57 Indios wurden aus Brasilien eingeflogen, da am Catemaco keine mehr leben.

Da es für sie nicht üblich war, sich nackt zu zeigen, mussten sie sich langsam daran gewöhnen. Im Hinblick auf eine Ausstrahlung im US-Fernsehen musste McTiernan alle Szenen nochmals so drehen, dass ihre Geschlechtsmerkmale nicht zu sehen waren.

Immer wieder kam es zu Erkrankungen, Lorraine Bracco wurde gar von einer Schlange gebissen. Connery blieb verschont, was er mit dem Satz kommentierte: »Ich trank zu viel Wodka.« Von der Schönheit der Umgebung zeigte er sich angetan: »Es ist eine ganz andere Welt. Was mich persönlich am meisten beeindruckte, war der Reichtum des Lebens dort: Insekten, Pflanzen, wilde Tiere, Vögel, was auch immer. Leben, das teilweise noch gar nicht entdeckt oder erforscht ist und schon zerstört wird.« Nach einer Quelle verließ

Connery den Dschungel drei Tage vor dem eigentlichen Drehschluss, was mit sich brachte, dass die Crew Doppelschichten einlegen und der Regisseur schneller drehen musste als geplant. Nach Connerys Aussage hatte er über den vereinbarten Drehschluss hinaus keine freie Zeit eingeplant.

Connery empfand den Aufenthalt in Südmexiko als überaus anstrengend: »Das Essen war schrecklich und alle saßen in einem Hotel fest, in dem das ganze Team wohnte. Es gab kein Restaurant in der Nähe, man konnte nicht schwimmen, Golf oder Tennis spielen, denn der Platz sah aus wie der Strand von Dünkirchen. Es gab kein Kino und meine Fernsehsatellitenanlage brach ständig zusammen. Zwei Monate Dauerfeuchtigkeit, kein Kleidungsstück wurde jemals trocken und dann die Mückenplage! Die Geräusche der Insekten und Tiere im Dschungel war immens, wie im Neandertal. Es gab Klänge, die ich noch nirgendwo gehört hatte.«

Premiere

Die Welturaufführung wurde am 7. Februar 1992 im frisch renovierten El Capitan Theatre am Hollywood Boulevard in Los Angeles begangen. Zu den Gästen gehörten Iman, Thierry Mugler, Jeffrey Katzenberg, Chevy Chase, Arnold Schwarzenegger und Maria Shriver, James Belushi, Linda Hamilton und James Cameron. Die Einnahmen wurden zugunsten des Rainforest Alliance, Nature Conservancy und des Natural Resources Defense Council gespendet. Am 3. und 4. März 1992 kam Sean Connery nach Hamburg, um den Film zu promoten.

Im August 1992 klagte der 78-jährige Arzt Dr. Wilbur Ferguson gegen die Produktionsfirma des Films. Er hatte in den dreißiger Jahren in Ecuador aus Dschungelbäumen tatsächlich ein Heilmittel gewonnen, 1987 seine Lebensgeschichte der Künstleragentur Creative Artists angeboten und forderte nun einen zweistelligen Millionenbetrag. Die Klage verlief im Sande.

Kritik

Auch wenn viele Kritiker die offensichtlichen Parallelen zu *African Queen* anmerkten, kam der Film doch im Großen und Ganzen gut an. »Ein hervorragend fotografiertes und gut gespieltes Öko-Märchen«, urteilte ›Zoom‹. Die ›BZ‹ nannte den Film einen »hinreißend schön fotografierten Öko-Thriller« und fuhr fort: »Auch mit einem langen Pferdeschwanz sieht dieser Mann einfach großartig aus. Kein Wunder, dass sich seine junge Forscherkollegin in ihn verliebt.« Der ›filmdienst‹ sah in dem Werk einen »subversiv umweltbewussten Film und für alle, die nicht so genau hinschauen, perfekte Hollywood-Unterhaltung mit prächtigen Landschaftsaufnahmen und einigen überraschenden Einfällen«.

In den USA waren die Meinungen eher geteilt. Während die ›Washington Post‹ den Film »eine Überraschung von Anfang bis Ende« und ein »frisches, zwingendes Märchen« nannte, bemängelte ›Variety‹ die nicht funktionierende Beziehung der beiden Hauptdarsteller: »Hier stimmt die Chemie überhaupt nicht.« Und weiter: »Connery ist wie immer sehenswert, aber dies sind nicht seine beiden besten Stunden.«

Rising Sun
(Die Wiege der Sonne) USA 1992

Inhalt

Bei der Party anlässlich der Eröffnung des Bürogebäudes des japanischen Nakamoto-Konzerns in Los Angeles wird eine Frauenleiche (Tatjana Patitz) gefunden. Dem mit der Lösung des Falles beauftragten schwarzen Polizisten Web Smith (Wesley Snipes) steht der

Der Sempai (Connery) unterrichtet den Kohai (Wesley Snipes) und gemeinsam jagen sie einen Frauenmörder.

Japan-Experte John Connor (Sean Connery) beratend zur Seite. Für den rassistischen Polizisten Lieutenant Tom Graham (Harvey Keitel) ist klar, dass der Mörder unter den Firmenbossen zu finden ist. Connor ist anderer Meinung. Als Lehrmeister (Sempai) unterrichtet er seinen Schüler (Kohai) Smith in Sitten und Gebräuchen der japanischen Tradition. Bei ihren Ermittlungen treffen sie auf die körperbehinderte Technikerin Jingo Asakuma (Tia Carrere), die ihnen hilft. Sie findet heraus, dass die Aufzeichnungen der Überwachungskamera manipuliert wurden und der Hauptverdächtige lediglich Zeuge war. Es stellt sich heraus, dass Senator Morton (Ray Wise) in den Fall verwickelt ist und von einem Unbekannten erpresst wird.

Hintergrund

Basis für den Film ist der Bestseller ›Rising Sun‹ von Michael Crichton, der in Deutschland als ›Nippon-Connection‹ erschien und im Hardcover eine Auflage von über 340.000 Exemplaren erzielte. Crichtons Roman handelt vor allem von der Angst der Amerikaner vor einer Art feindlicher Übernahme ihrer Wirtschaft durch die Japaner. Einige Kritiker warfen dem Roman Rassismus vor. Crichton schuf die Figur des John Connor mit Sean Connery vor Augen und erhielt eine Million US-Dollar für die Filmrechte.

Die Verfilmung gestaltete sich anfangs schwierig, denn keiner der großen US-Verleiher wollte den Stoff haben. Bevor die 20th Century Fox zusagte, musste man erst das

Einverständnis der japanischen Verleihpartner einholen. Der politisch eher liberale Regisseur Philip Kaufman übernahm die deutlichen Angriffe Crichtons nicht und änderte sogar das Ende. So wurde aus dem japanischen Mörder des Buches ein Amerikaner. Dann wurde der Computerexperte Michael Backes als Co-Autor hinzugezogen. Er fungierte zuvor bei *Jurassic Park* als Graphic Supervisor und trieb die Entwicklungen elektronischer Storyboards voran. Backes in der ›New York Times‹: »Es war schnell klar, dass Crichton und ich einen temporeichen Thriller mit vielen Wendungen schätzten, aber Phil wollte etwas Meditatives. Es ist definitiv Phils Film.« Kaufman engagierte David Mamet für fünf Wochen als »Skript-Doktor«, der jedoch offiziell nicht genannt wurde. Zwar weisen die Credits noch Kaufman, Crichton und Michael Backes als Autoren des Drehbuchs aus, aber Crichton war mit der Veränderung der Story unzufrieden und verweigerte nach fünf Überarbeitungen die weitere Zusammenarbeit. Der Autor: »Ich habe mit Regisseur Philip Kaufman gestritten, und als er meine Vorschläge nicht respektierte, wollte ich sogar meinen Namen aus dem Vorspann zurückziehen. In Kaufmans Film kommen mir die Japaner zu gut weg.«

Connery sagte dazu dem US-Magazin ›Premiere‹: »Crichton ist, glaube ich, ein bisschen zu brillant für Hollywood. Ich habe ja schon unter seiner Regie an *Der große Eisenbahnraub* gearbeitet und muss sagen, dass er ein ziemlich umgänglicher Mensch ist. Er sollte sich diese Veränderungen nicht allzu sehr zu Herzen nehmen. Die Essenz seines Buches ist nach wie vor vorhanden.«

»Ich hatte das Gefühl, wir brauchten einen Führer durch diese Business-Welt, so wie Dante einen Führer durch die Unterwelt hatte«, sagte Kaufman dem Magazin ›Film Comment‹ zur Besetzung Connerys. Der erklärte: »Die Story besitzt alle Zutaten, die mich an einem Film interessieren: starke Figuren, der Zusammenprall verschiedener Kulturen und ein bedeutendes Thema. Außerdem hat der Film eine Menge Witz; und auf den lege ich bei all meinen Projekten großen Wert. Mit Humor lässt sich mehr erzählen als mit der eigentlichen Handlung. Egal wie dramatisch, blutig oder böse die Ereignisse scheinen mögen – Humor sorgt für das nötige Gleichgewicht.« Die Idee, ihm den schwarzen Akteur Wesley Snipes zur Seite zu stellen, stammt von Kaufman. Connery: »Ich fand diese Konstellation sehr interessant: In dem Moment, als Wesley Snipes dem Publikum vorgestellt wird, wird die Situation mit einem Mal viel explosiver.«

Dreharbeiten, -orte und Budget

Gedreht wurde vom 22. Juni bis 3. Oktober 1992 in Los Angeles, in den Studios der 20th Century Fox, im Sherwood Club und in der Gemeinde Wilmington, wo die Szenen der Konfrontation zwischen Smith, Connor und den Farbigen entstanden. Ab Anfang Juni wurde geprobt. Der 53 Stockwerke hohe Wolkenkratzer California Plaza stellte das Nakamoto-Gebäude dar. Die Garderobe steuerte Giorgio Armani bei, der als Berater engagiert worden war und schließlich Connery die Kollektion für das folgende Jahr zur Verfügung stellte.

Für das in Hamburg geborene und in Schweden aufgewachsene Model Tatjana Patitz war es die erste Filmrolle, die gleich mit etwa 250.000 US-Dollar Gage entlohnt wurde – behauptete zumindest ›Bild‹. Über Connery sagte sie: »Er hat unglaubliches Charisma! Als ich ihm vorgestellt wurde, war ich auf einmal schüchtern wie noch nie. Ich war plötzlich ›starstruck‹.«

Wesley Snipes: »Ich habe eine Menge Respekt vor ihm als Schauspieler. Ich spielte mit, um dabei so viel wie möglich von ihm zu lernen. Ich habe von ihm gelernt, wie Assoziationen funktionieren, wie ich mich präsentieren muss im Hinblick auf meine Karriere – nämlich immer deinem Inneren zu vertrauen.« Weitere Statements von Wesley Snipes, die während zweier Interviewtage in Hamburg entstanden: »Ein wirklich ungewöhnlicher Partner, der nicht eine seiner Teepausen ausließ und auf die Minute genau zur Tasse griff.« (›Die Welt‹) »Wir haben so gut wie nie übers Spielen geredet. Es ging um Geschäfte, Verträge, wie verklage ich wen, um an mein Geld zu kommen ...« (›Journal Frankfurt‹). Der amerikanischen ›Premiere‹ sagte er: »Ich habe über ihn Witze gerissen und er über mich. Alles war in Ordnung.«

Premiere

Anlässlich des US-Filmstarts im Juli demonstrierte eine Koalition aus 35 Organisationen vor Kinos in mehreren Großstädten, verteilte Flugblätter, warnte vor möglichen Folgen des Films und beschuldigte ihn »rassistischer Vorurteile«. Der Verleih wies den Vorwurf zurück und lehnte die Forderung des Media Action Networks for Asian-Americans ab, im Vorspann den Hinweis anzubringen, die Produktion spiegele »nicht die amerikanisch-japanische Wirklichkeit« wider. Als der Film Anfang November in Japan anlief, wurde er vom einheimischen Publikum gelassen aufgenommen. Laut Deutscher Presse-Agentur bezeichneten die Kinogänger ihn als »teilweise übertrieben und veraltet, stimmten jedoch mit der Darstellung aggressiver japanischer Firmenpolitik grundsätzlich überein. Als Fehler beanstandet wurde eine Filmszene, in der ein Mann Sushi [...] von einem nackten Frauenkörper isst. Wenn schon roher Fisch auf nackter Haut dargeboten werde, dann ohne Reis, sagte ein sachkundiger Geschäftsmann«.

Ironischerweise kam 1990, zwei Jahre vor ›Rising Sun‹, Crichtons Bestseller ›Jurassic Park‹ heraus, den die Universal Studios verfilmten, die zu der Zeit schon dem japanischen Matsushita-Konzern gehörten. So lieferte der japankritische Autor den Japanern den damals größten Hit der Filmgeschichte.

Um nach einer überstandenen Kehlkopfbehandlung seine Fitness zu demonstrieren, flog Connery mit einem Düsenrucksack in der Tonight-Show von Jay Leno ein – eine Anspielung auf die Pre-Title-Sequenz von *Feuerball*.

Kritik

»Gott sei Dank ließ sich Regisseur Kaufman vom angesagt reißerischen Hollywood-Kino nicht beeindrucken, sondern schuf mit *Die Wiege der Sonne* einen wunderschön altmodischen Krimi. Mit schönen Stars, falschen Fährten und verblüffendem Ende«, schrieb das Stadtmagazin ›Prinz‹ unter dem doppeldeutigen Titel »clever & hart«. Doch gerade in den USA war man mit der veränderten Story des Films nicht zufrieden. »Kaufman als Regisseur bei einem Crichton-Projekt zu engagieren ist in etwa so, als würde man Umberto Eco dazu verpflichten, *Terminator 3* umzuschreiben«, kommentierte das US-Magazin ›Premiere‹ bissig. ›Voice‹ bemängelte den fehlenden Höhepunkt am Ende sowie die »schwache Auflösung« des Falles, und auch ›Variety‹ fehlte das richtige Tempo, die Dramatik und zum Teil die richtige »visuelle Umsetzung« vieler dialoglastiger Szenen.

Connery jedoch bekam weltweit glänzende Kritiken. ›Max‹ nannte ihn »einen wunderbar lakonischen großen Pluspunkt«. »Das schärfste Armani-Model seit Grace Jones«, kommentierte der ›Wiener‹. In ›Cinema‹ hieß es: »Sean Connery ist das Beste an *Die Wiege der Sonne* – wenn er im Bild ist, hat der Film das gewisse Etwas. Aber sobald Connery in den Hintergrund rückt, entsteht eine lähmende Leere, die auch die komplizierte Handlung und Philip Kaufmans bemühte Regie nicht füllen können.« Die schönste Formulierung fand wohl die Amerikanerin Jeanne Wolf, als sie in ihrer Hollywood-Kolumne textete: »Sean Connery ist schärfer als ein Samurai-Schwert, kühler als Eis und sexyer als jemals zuvor.«

A Good Man in Africa
(A Good Man in Africa) USA/GB 1993

Inhalt
Der junge englische Diplomat Morgan Leafy (Colin Friels), der in dem gerade unabhängig gewordenen afrikanischen Staat Kinjanja arbeitet, ist frustriert. Sein Chef, der High Com-

missioner Arthur Fanshawe (John Lithgow), denkt nur an seinen eigenen Aufstieg. Er selbst hat sich einen Tripper eingehandelt und muss sich von dem grimmigen Arzt Dr. Alex Murray (Sean Connery) behandeln lassen. Leafy hat eine Affäre mit Priscilla (Sarah Jane Fenton), der Tochter seines Chefs, die sich immer schwieriger gestaltet, da der Tripper sexuelle Aktivitäten verhindert. Zudem hat er Ärger mit dem mächtigen Präsidentschaftskandidaten Sam Adekunle (Louis Gosset jr.), der ihn erpresst, als er herausfindet, dass Leafy sich mit seiner attraktiven Frau Celia (Joanne Whalley-Kilmer) eingelassen hat. Er soll ausgerechnet Murray bestechen – und die Leiche von Fanshawes Dienstmädchen beseitigen, die im Hof der Botschaft liegt.

Sieben Filme enthalten Szenen, die mit Connerys Lieblingssport Golf zu tun haben. Gedreht wurde in Johannesburg.

Hintergrund

Der Film basiert auf dem 1981 erschienenen gleichnamigen Roman des in Afrika geborenen schottischen Autors William Boyd, der auch das Drehbuch schrieb. Der zweifache Booker-Preisträger arbeitete – nach dem ebenfalls in Afrika entstandenen Film *Mr. Johnson* mit Pierce Brosnan – das zweite Mal mit Bruce Beresford zusammen. Beresford, der selbst zwei Jahre in Nigeria gelebt hat, las Boyds Roman 1985 das erste Mal. Murray war darin als stattlicher, gut aussehender Schotte beschrieben, der Golf spielt. Die Figur ist an Boyds Vater angelehnt und Connery passte perfekt zu der Rolle. Der kannte Boyds Roman und hatte den Autor bereits 1991 getroffen. Beresford: »Boyd und Connery sind so etwas wie schottische Nationalheilige. Also haben sich die zwei Schotten zusammengesetzt, jede Menge Diskussionen geführt und dann wurde das Drehbuch geschrieben.« Connery dazu: »Ein gut geschriebener Roman ist stets eine gute Ausgangsposition. Als ich hörte, dass Bruce Beresford den Roman verfilmen will, war ich sogleich an dem Projekt interessiert, denn ich kenne Bruce seit Jahren. Er hat Filme gemacht, die sehr unterschiedlich sind, aber sie haben mir alle gefallen, denn stets steht die Story im Zentrum – nicht irgendwelche Effekthascherei.«

Dreharbeiten, -orte und Budget

Die Dreharbeiten, die ausschließlich im südafrikanischen Johannesburg und dessen Umgebung stattfanden, begannen am 18. März 1993 und dauerten zehn Wochen. In dieser Zeit kam es zu gewaltigen politischen Unruhen im Land. Connery: »Kurz vor den Wahlen war die Situation hochexplosiv. Viele Szenen wurden nur aufs Geratewohl gedreht. Ehrlich gesagt war ich froh, dort schnell wieder wegzukommen.« Darüber ärgerte sich John Lithgow, der sich gefreut hatte mit ihm zu arbeiten: »Ich habe den Mann leider nie getroffen.« Zum fertigen Werk merkte der Schotte an: »Der Film ist phasenweise eher eine Komödie, bisweilen satirisch, auch wenn das Ende unheilvoll ist.« Letztendlich ist Connery jedoch im fertigen Film nicht mehr als 16 Minuten zu sehen.

Das Budget betrug 18,5 Millionen US-Dollar.

Premiere

Eine Vorabinformation des deutschen Verleihs Concorde Film vom Juli 1993 warb mit dem Text: »Der US-Start dieser 25-Millionen-Dollar-Produktion ist für Dezember 1993 geplant – und das bedeutet, dass die Produzenten ihrem Film große Chancen bei der nächsten Oscar-Verleihung einräumen. Kein Wunder: bei diesem Regisseur, diesem Stoff und dieser Besetzung!« Aus den Preisen wurde allerdings nichts. Der Film wurde auf dem American Film Market im März 1994 angeboten und in mehrere Länder verkauft. Schon im Mai 1993 konnten potenzielle Käufer beim Filmfestival in Cannes eine siebenminütige Promo-Rolle begutachten, auf der Connery allerdings noch nicht zu sehen war.

In Deutschland wurde der Film zuerst veröffentlicht, allerdings ohne Premiere. Die merkwürdig kalauernde Synchronisation stieß vielen Zuschauern unangenehm auf. Rezensenten bezeichneten sie als »platt« oder gar »schauderhaft«. Zwei Beispiele: Murray erteilt Leafy in Bezug auf den Verkehr ein »Fahrverbot« und kommentiert: »Alkohol und auch Sex, ihre sieben beliebtesten Hobbys.« Und als Leafy eine Urinprobe abgeben soll, heißt es: »Schütteln Sie den Tau von der Lilie.«

Kritik

»Ein guter Star reicht nicht«, stellte die ›Braunschweiger Zeitung‹ fest und schrieb über den »schlicht misslungenen« Film weiter: »Das Dauerschmunzeln des Schelms Connery ist Kommentar genug.« Es war nicht die einzige negative Kritik. Allerdings kam Connery zumeist gut weg. »Dass ausgerechnet ein Schotte [...] den Engländern Charakter vorleben darf, ist eine von vielen subtilen Spitzen, die vom Publikum außerhalb Britanniens allerdings kaum gewürdigt werden dürften.« Auch der ›filmdienst‹ lobte, dass Connerys »Auftritte die selbstgewisse Autorität des Veteranen ausstrahlen: Mit wenigen, aber präzisen Sätzen setzt sein Dr. Murray so etwas wie die ethischen Rettungsinseln im Chaos«, bemängelte aber insgesamt den fehlenden »nötigen politischen Biss«. In der Zeitschrift ›Max‹ hieß es: »Ungetrübtes Vergnügen garantieren allerdings jene Szenen, in denen Sean Connery und John Lithgow zu sehen sind: Der eine sorgt als scharfzüngiger schottischer Arzt für den nötigen Biss in den Dialogen, der andere brilliert als überheblicher englischer Aristokrat.«

Just Cause
(Im Sumpf des Verbrechens) USA 1993

Inhalt
Der renommierte Juraprofessor Paul Armstrong (Sean Connery) aus Harvard rollt einen acht Jahre alten Mordfall wieder auf, obwohl er seit 25 Jahren nicht mehr vor Gericht gestanden hat. Nach einem engagierten Plädoyer gegen die Todesstrafe spricht ihn eine ältere schwarze Dame an, die ihren Enkel Bobby (Blair Underwood) vor dem elektrischen Stuhl bewahren will. Der wird beschuldigt ein elfjähriges Mädchen ermordet zu haben. Nach anfänglichem Zögern beginnt Armstrong Nachforschungen anzustellen. Dabei trifft er auf den Polizisten Tanny Brown (Laurence Fishburne), der Bobby verhaftet,

das Geständnis aus ihm herausgeprügelt hat und ihn jetzt am liebsten loswerden will. Armstrong bekommt Bobby tatsächlich aus dem Gefängnis frei. Doch dann stellt sich heraus, dass dieser und der mit ihm einsitzende Serienkiller Blair Sullivan (Ed Harris) ein Spiel mit ihm treiben, vor dem selbst seine Frau nicht sicher ist.

Hintergrund
Der Film basiert auf dem Bestseller ›Just Cause‹ von John Katzenbach, einem ehemaligen Polizeireporter des ›Miami Herald‹. Connery stach bei der Besetzung Dustin Hoffman aus und hatte Spaß an seiner Rolle: »Der liberale Professor verlässt den Elfenbeinturm seiner Fakultät und gerät in den Sog eines echten Verbrechens. Dabei entdeckt er, dass er zu Handlungen fähig ist, die er niemals für möglich gehalten hätte. Was mir an der Geschichte gefiel, war, dass immer wieder etwas Überraschendes passiert und nichts so ist, wie es scheint. Ich versuche immer den Unterhaltungsaspekt mit Elementen von gesellschaftlicher Relevanz zu vereinigen.«

Connery wollte den Film schon ein paar Jahre früher mit Norman Jewison als Regisseur (*In der Hitze der Nacht, Mondsüchtig, Hurricane*) drehen, doch Differenzen verhinderten eine Zusammenarbeit. »Einer der interessantesten Punkte des Films ist die Tatsache, dass meine Figur, die ein absoluter Gegner der Todesstrafe ist, sich plötzlich in einer Situation wieder findet, in der ihr Glaube erschüttert wird.« Connery, der nach eigenen Worten »strenges Handeln« bevorzugt, fand heraus, dass Jewison anderer Meinung ist. »Er stimmte mit mir nicht überein, also beschloss ich, den Film nicht mit ihm zu machen.« Der neue Regisseur Arne Glimcher ist ein Gegner der Todesstrafe und teilte gemeinsam mit Connery den Glauben, dass das dramatische Ende dazu beiträgt, »dass die Leute mehr über den Stoff nachdenken«. Für Glimcher war es der erste Film nach *Mambo Kings*. Über seinen bekannten Hauptdarsteller sagte er: »Für mich wird er immer besser, je älter er wird. Er kann mehr mit einer hochgezogenen Augenbraue sagen als die meisten Schauspieler mit einer ganzen Seite Dialog.«

Im Buch ist Armstrong kein Anwalt, der sich zurückgezogen hat, sondern ein 40-jähriger Journalist. Ursprünglich sollte Michael Douglas dessen Rolle spielen. Als Connery für sie feststand, änderten die Autoren Jeb Stuart, der zuvor *Stirb langsam* geschrieben hatte, und Peter Stone (*Father Goose*) das Skript entsprechend um. Connerys Firma Fountainbridge Films war mit Lee Rich Productions ausführende Produktionsfirma. Dazu Connery 1995: »Ich war in den letzten sechs oder sieben Filmen bereits ausführender Produzent, mache das aber schon seit etwa 20 Jahren ohne den Titel zu beanspruchen. Ich habe beschlossen diesen Job nun anzunehmen, denn ich hatte das Gefühl, mehr Verantwortung für meine Arbeit übernehmen zu müssen und mehr und mehr in die Projekte einbezogen werden zu wollen. Ich habe schon viel über das Produzieren von Filmen gelernt. Ich bin wirklich ein Veteran. Erst kürzlich habe ich einen Brief von der Actor's Guild bekommen, die mir schrieb, dass ich ab sofort meine Pension beziehen kann.«

Dreharbeiten, -orte und Budget

Inszeniert wurde von April bis Anfang Juli 1994 in Florida, in Fort Meyers, Copeland, Bonita Springs, Naples, den Everglades des Babcock Naturschutzgebietes, Miami und Miami Beach. Für den zweiwöchigen Dreh in den Sümpfen stand ein Wildhüter mit geladenem Gewehr zur Überwachung der Alligatoren bereit. Für eine Autoverfolgungsjagd wurden sechs Nächte lang der MacArthur Causeway und die Brücke zwischen Miami und Miami Beach gesperrt. 42 Polizisten leiteten den Verkehr um; ein Hubschrauber, die Küstenwache, Marine-Patrouillen sowie 13 Kameras waren im Einsatz, um die rund 1,5 Millionen US-Dollar teure Szene einzufangen. In den Greenwich Studios in Nord-Miami entstand der dreistöckige Gefängniskomplex. Aus der Universität von Florida in Gainesville wurde die Harvard-University.

Der junge schwarze Akteur Blair Underwood, der zuvor in *Posse* und *L.A. Law* mitwirkte, schätzte den alten Schotten: »Er kümmert sich andauernd darum, ob es den Schauspielern auch gut geht und sie es bequem haben. Es war sehr leicht, mit ihm zu arbeiten, denn er hat mir gegenüber nie Druck ausgeübt. Einen Meister wie ihn zu beobachten ist wie eine Ausbildung.«

Nach Informationen von Biograf Robert Sellers beeindruckte Connery während des Drehs die Darstellerin der Delores, Liz Torres, die nur eine kleine Rolle hatte und lediglich eine Woche am Set war. »Am ersten Abend rief er mich an«, erzählte sie, »und fragte, ob wir unsere Szenen besprechen könnten. 15 Minuten später war er da – ich war verblüfft. Jedes Mal, wenn ich ins Zimmer kam, stand er auf. Zu einer Pause ließ er mir den Vortritt. Ich bin ziemlich rund, aber das hat ihn nicht beeinflusst. Ich fühlte mich als Dame. Als ich nach einem gemeinsamen Foto fragte, bestellte er den Set-Fotografen und sandte mir später die Abzüge signiert und in einem Rahmen. Ich war nur eine Mitwirkende am Rande; darauf vorbereitet, mich zu verlieben, war ich nicht.«

Kritik

Für den ›Spiegel‹ war der Film nur »eine weitere Papi-ist-der-Retter-Fabel«, wie auch zahlreiche andere Rezensenten nicht sehr angetan waren. ›TV-Movie‹ schrieb anlässlich der deutschen Fernsehaufführung, die Geschichte verlöre »nach einem spannenden Auftakt schnell an Tempo. Ein Thriller, der sich nur durch den wie immer soliden Sean Connery abhebt, aber sonst leider nicht mehr als Durchschnitt bietet«. ›Focus‹ monierte, dass »gegen Ende die Ideendichte genauso rapide abnimmt, wie die Geschwindigkeit des Geschehens zunimmt«, lobte aber Connerys Leistung: »Der weltmännisch überlegene Typus, den Connery seit Bond-Tagen immer wieder verkörpert, zeichnet sich in der direkten Konfrontation mit Hinterwäldlern und deren schmutzigen Geheimnissen besonders deutlich ab.« Franz Everschor resümierte im ›filmdienst‹, dass der Schotte mit seinen eigenen Produktionen bisher nicht gerade viel Geschick entwickelt habe: »Er scheint sich selbst der ärgste Feind zu sein. Seit er auch als Produzent seiner Filme auftritt, hat er offenbar das Augenmaß für gute Stoffe verloren […]. Es ist erkennbar, was den Schauspieler Connery an diesen Rollen reizt: Es sind in Ehren angegraute, intelligente, pazifistische Helden, die es mit einer weniger ehrenwerten Umwelt aufnehmen.«

First Knight (Der 1. Ritter) USA 1995

Inhalt

Auf dem Weg zu ihrer Hochzeit mit König Artus (Sean Connery) wird Lady Ginevra (Julia Ormond) von den Häschern des Fürsten Malagant (Ben Cross) überfallen. Durch seinen mutigen Einsatz rettet Lanzelot (Richard Gere) sie. Er schwört ihr seine Liebe, doch Ginevra bleibt – zunächst – Artus treu. Malagant gibt nicht auf. Er hatte einst die Tafelrunde verlassen, weil er selbst auf den Thron wollte, und entführt nun Ginevra aus dem Schloss. Lanzelot, der ein paar Tage bei Hofe war, gelingt es wiederum, sie zu befreien. Als Dank wird ihm ein Platz in der Tafelrunde angeboten. Malagant überfällt die Grafschaft Leo-

nesse, wird aber in einer entscheidenden Schlacht von Artus und seinen Rittern geschlagen. Doch Lanzelot und Ginevra werden bei einem Schäferstündchen erwischt. Artus wirft ihn in den Kerker und will ihm den Prozess machen. Zu dessen Beginn ist plötzlich Malagant zur Stelle, der sich mit seinen Leuten heimlich in Camelot eingeschlichen hat. Es kommt zum großen Showdown der Rivalen.

Hintergrund

Der Erfolg von Kevin Costners Robin-Hood-Neuverfilmung führte dazu, dass eine Reihe von Projekten über historische Helden in Produktion gingen. »Wenn das Potenzial all der üblichen Action- und Cop-Kumpel-Filme ausgereizt ist, wo findet man dann noch gute Abenteuerstorys«, sagte Mark Gill von Columbia Pictures und gab grünes Licht für *Der 1. Ritter*. Die Artus-Sage über Britanniens ersten christlichen König, der vermutlich im 6. Jahrhundert gelebt hat, war bereits mehrfach unter verschiedenen Aspekten verfilmt worden. Bekannt geworden sind vor allem *Die Ritter der Tafelrunde* aus dem Jahr 1953 mit Robert Taylor, Ava Gardner und Mel Ferrer in den Hauptrollen, *Lancelot, Ritter der Königin* von Robert Bresson (1973), die Komödie *Die Ritter der Kokosnuss* (1974) und *Excalibur* von John Boorman (1981).

Connery: »Als ich das Drehbuch zum ersten Mal gelesen habe, erschien es mir ein wenig naiv, aus der Sage ein leichtes Abenteuer zu machen. Deshalb habe ich einige Änderungsvorschläge angemeldet. Ich wollte vor allem, dass König Artus die Geschichte überstrahlte. Nicht um mich in den Vordergrund zu spielen, sondern weil er die zentrale Figur in Camelot war, diesem Utopia.« Jerry Zucker wollte vor allem eine Persönlichkeit mit physischer Präsenz für die Rolle und war begeistert, als Connery sein Okay gab: »Ich bin im ganzen Haus hin- und hergerannt und auf dem Bett auf- und abgesprungen, als er zusagte. In dem Moment, als Sean vor die Kamera trat, war die Sorge, dass er nicht genügend Präsenz zeigte, mit einem Schlag wie weggeblasen. Ich kann mir keinen anderen in dieser Rolle vorstellen.«

Dreharbeiten, -orte und Budget

»Nach den Dreharbeiten von *Im Sumpf des Verbrechens* hatte ich nur zweieinhalb Wochen Zeit, mir einen Bart wachsen zu lassen und König Artus zu werden«, scherzte Connery in dem Magazin ›Preview‹ über die eng aufeinander folgenden Drehs. Anfang Juli verließ er Florida, um vom 25. Juli bis zum 11. November im englischen Wales und den Londoner Pinewood Studios vor der Kamera zu stehen. Für ein Budget von ca. 60 Millionen US-Dollar trieb man großen Aufwand und ließ sogar Steine aus Portugal einfliegen, um den (nachgebauten) Schlosshof in den Studios zu pflastern. 800 Statisten, 200 Pferde und 300 Rüstungen waren im Einsatz. Der ungewöhnlichste Drehort war sicher ein stillgelegtes Atomkraftwerk in Nordwales, dessen Außenansicht zu Camelot umgestaltet wurde. Aus einem Schiefersteinbruch wurde Malagants Festung, König Artus' Feldlager baute man auf einem Feld in Stratfield. Die Hochzeit wurde in der Kathedrale von St. Albans inszeniert. »Nicht jeder, der ein mittelalterliches Kostüm trägt, macht darin auch eine gute Figur«, sagte Connery später. »Es ist nicht so leicht, sich so gravitätisch wie König Artus zu bewegen ohne dabei lächerlich zu wirken.« Julia Ormond: »Connery ist so liebenswert, gleichzeitig sich selbst kritisch hinterfragend. Ich hätte nicht gedacht, dass er so unterhaltsam ist«, sagte sie dem englischen Magazin ›Time Out‹. »Als ich noch ein Kind war, war Connery mein Lieblings-Bond. Als ich ihn dann traf, fiel mir gleich seine kraftvolle Prä-

senz auf. Er hat sich total unter Kontrolle, ist zum Teil unnahbar, aber gleichzeitig sehr charmant.«

Connery regte sich während des Drehs öfter über die Garderobe von Liam Cunningham auf, dem Darsteller des Sir Agravaine, und schenkte ihm schließlich eins seiner Golfhemden. Der verdutzte Akteur: »Ich wusste nicht genau, ob ich es zurückgeben, tragen oder einrahmen lassen sollte.«

Kritik

Wer von Jerry Zucker eine Klamotte im Stil seiner früheren Filme wie *Die nackte Kanone* erwartete, wurde enttäuscht. Er machte aus dem Stoff eine große Liebesgeschichte. Der ›Spiegel‹ befand, dass er den Mythos »ungewöhnlich ernst« nahm »und das Hieb- und Stichdrama ganz artig als Hommage an den Ritter- und Rüstungsfilm der fünfziger Jahre inszeniert«. Es war mehr die Ausstattung, die bestach, als die Story. »Äußerlich sieht das Ganze beeindruckend aus, aber innen regiert das luxuriöse Mittelmaß«, kritisierte die Londoner ›Times‹, während die ›Financial Times‹ schwärmte: »Da Connery göttergleich wie nur Charlton Heston vor ihm geworden ist, repräsentiert er wie kein anderer nun das goldene Zeitalter des Films.«

Dragonheart (Dragonheart) USA 1995

Inhalt

Im 10. Jahrhundert lehrt der tapfere Kämpfer Bowen (Dennis Quaid) den 14-jährigen Prinzen Einon (Lee Oakes) das Fechten und den Ehrenkodex der Ritter. Er muss mit ansehen, wie sein Vater bei einer Bauernrevolte ums Leben kommt, und wird bei einem Kampf schwer verletzt. Königin Aislinn (Julie Christie) bringt ihn in eine mythische Höhle der Kelten, in der sie einen Drachen um Hilfe bittet. Der stellt allerdings eine Bedingung: Der junge Prinz muss eines Tages mit Güte regieren. Dann gibt er ihm die Hälfte seines Herzens und rettet ihn. Doch aus dem kleinen Jungen wird ein gnadenloser König (David Thewlis), der das Land mit Terror überzieht. Bowen ist frustriert und schwört alle Drachen zu töten. Eines Tages trifft er, begleitet von dem Mönch Gilbert (Pete Postlethwaite), auf den Drachen Draco (in der Originalfassung gesprochen von Sean Connery, in Deutsch von Mario Adorf), den letzten seiner Art. Doch statt sich zu bekämpfen verbünden sich die beiden ungleichen Streiter, greifen Dörfer an und verkaufen den Bewohnern anschließend ihren Schutz. Sie treffen auf Kara (Dina Meyer) und Bowen erfährt, dass Draco derjenige war, der Einon einst rettete. Gemeinsam beschließen sie Einon den Garaus zu machen.

Hintergrund

Nach dem biografischen Film *Dragon: Die Bruce Lee Story* ist dies die zweite Zusammenarbeit von Regisseur Rob Cohen und Produzentin Raffaela De Laurentiis, die sich die Rechte an dem Stoff schon 1989 gesichert hatte. Zunächst glaubte niemand daran, dass eine Beziehung zwischen einem Ritter und einem Drachen überhaupt glaubhaft sein könnte. Doch dann eröffnete der Spielberg-Film *Jurassic Park* mit seinen Trickeffekten neue Möglichkeiten. Rob Cohen bot Connery die Rolle des Draco an: »Ich habe ein sehr interessantes Projekt für dich. Du brauchst allerdings nicht zu spielen.« Connery las das Drehbuch und sagte sofort zu. »Es war faszinierend und humorvoll«, erinnert sich der Schotte. »Ich liebe Geschichten und bin keineswegs zu alt zum Zuhören. Draco ist ein bisschen wie ein Kind, riesig groß, speit Flammen und fliegt wie eine Concorde. Zu diesem Zeitpunkt wusste Rob allerdings noch nicht, wie der Drache aussehen sollte.«

Die Special-Effects-Techniker von George Lucas' Firma Industrial Light & Magic (ILM) modellierten Dracos Physiognomie nach einer Reihe von Fotos des jüngeren Connery, speziell nach dessen Äußeren in den siebziger Jahren, und »pflanzten« diesen Kopf auf den fünf Meter hohen und 13 Meter langen Drachen. Dann wurden das Profil Connerys, seine Mimik und Mundbewegungen mit einer Kamera aufgezeichnet. Darsteller Quaid musste mit einem imaginären Connery kämpfen und spielen.

»Die Abstimmung verlangte eine ausgefeilte Animation von Connerys Gesicht«, sagte Scott Squires, der Spezialist für die visuellen Effekte von ILM. Den »fliegenden« Drachen ersetzte ein Ultraleichtflugzeug. Im fertigen Film erscheint Draco 23 Minuten.

Dreharbeiten, -orte und Budget

Gedreht wurde im Sommer 1994 in der Slowakei: an der Zipser Burg bei Spis, die die Ruine von Avalon verkörperte, und in den Filmstudios von Bratislava. Das Budget betrug 58 Millionen US-Dollar, von denen allein die Trickeffekte 22 Millionen verschlangen. Die Tonaufnahmen der Dialoge zwischen Connery und Quaid – die beiden kennen sich seit den Dreharbeiten von *Presidio*, als Quaids Frau Meg Ryan Connerys Partnerin war – entstanden auf den Bahamas.

Steven Spielberg, der die Technik der von Computern generierten Images (CGI) für seinen Film *Jurassic Park* einsetzte, schrieb Rob Cohen einen Brief, dass er von dem Film »sehr bewegt war und nicht erwartet hätte, dass die Technik solch starke Gefühle produzieren könnte«.

Kritik

Gelobt wurde an dem Film die tricktechnische Meisterleistung, Draco Leben einzuhauchen – die 170 Trickszenen (*Jurassic Park* hatte im Vergleich 59) hatten sich tatsächlich gelohnt. Bemängelt wurden die zum Teil äußerst brutalen Kämpfe und, so ›Blickpunkt Film‹, »dramaturgische Mängel« in Dracos Auftrittspausen.

Connerys Leistung wurde durchweg gefeiert. »Sean Connerys Stimme gibt dem Drachen im Original einen ironischen Beiklang, die Stimme Mario Adorfs in der Synchronisation hat etwas von einer verkrachten Existenz«, urteilte die ›Hannoversche Allgemeine Zeitung‹ und auch ›TV-Movie‹ fand: »Den Computerkünstlern von ILM diente Connery unter anderem auch bei der Mimik des Knuddelmonsters als Vorbild. Das Resultat verliert in der Synchronfassung jedoch an Reiz. In ihr hat der Drache zwar Connerys Charakter, aber irritierenderweise die Stimme von Mario Adorf.« Und ›epd Film‹ schrieb, dass in Connerys Stimme »Altersweisheit ebenso wie Witz mitschwingt, aber Mario Adorf ist bei weitem nicht so gelassen wie Connery und neigt zu theatralischen Betonungen«.

The Rock
(The Rock – Fels der Entscheidung)
USA 1996

Inhalt
Brigadegeneral Francis X. Hummel (Ed Harris) bricht mit einer Hand voll Offiziere in ein Waffenarsenal der US-Armee ein und eignet sich 15 mit V.X.-Giftgas bestückte Raketen an. Er transportiert sie auf die ehemalige Gefängnisinsel Alcatraz vor San Francisco, wo er 81 Touristen als Geiseln nimmt. Sein Plan sieht vor, die US-Regierung um 100 Millionen US-Dollar zu erpressen, um damit die Familien von 83 toten Marines zu entschädigen, die seit Jahren auf eine Zahlung warten. Der Spezialist für biochemische Waffen und FBI-Agent Dr. Stanley Goodspeed (Nicolas Cage) wird mit

dem Fall betraut. Er greift auf die Hilfe eines Gefangenen namens John Patrick Mason (Sean Connery) zurück, eines ehemaligen britischen SAS-Agenten. Der ist der Einzige, dem es jemals gelang, aus Alcatraz zu fliehen. Mit einem kleinen Trupp von Marines fliegen und tauchen sie zur Insel und werden in einen Kampf verwickelt.

Hintergrund
Alcatraz war von 1934 bis 1962 Bundesgefängnis und mit seinen insgesamt 1.576 Insassen direkt dem Justizministerium unterstellt. Die 14 Fluchtversuche mit 34 Beteiligten scheiterten alle, allerdings verschwanden drei Personen bis heute spurlos. Die Gefängnisinsel war Schauplatz für Filme wie *Der Gefangene von Alcatraz* (1962) mit Burt Lancaster oder *Flucht aus Alcatraz* (1979) mit Clint Eastwood. Historiker fanden heraus, dass *The Rock* das 27. Werk ist, das sich mit dem Gefängnis beschäftigt, aber das erste, in dem nicht aus-, sondern eingebrochen wird.

Als das Produzententeam Don Simpson und Jerry Bruckheimer das Drehbuch im Winter 1994/95 erhielt, sagten beide umgehend zu, den Film zu realisieren, und engagierten Michael Bay als Regisseur, der zuvor mit *Bad Boys* einen großen Erfolg erzielt hatte. Edward Harris wurde aufgrund seiner Leistung in *Apollo 13* verpflichtet. Connerys Rolle wurde ihm, nachdem er zugesagt hatte, auf den Leib geschrieben. Der Film ist die letzte gemeinsame Arbeit des Produzentenduos. Don Simpson starb vor der Fertigstellung am 29. Januar 1996 an einer Überdosis Drogen. Der Film ist ihm gewidmet.

Dreharbeiten, -orte und Budget
Gedreht wurde vom 30. Oktober 1995 bis Januar 1996 in den Straßen von San Francisco, im Fairmont Hotel am Fisherman's Warf und auf der vorgelagerten Insel Alcatraz. Das Film-

material wurde mit Frachtkähnen herangeschafft und mit Kränen auf die Insel gehievt. Ältere und unzugängliche Bereiche wie Werkraum und Waschräume wurden instand gesetzt und in den Film mit eingebaut. Der ausführende Produzent Louis A. Stroller: »Auf Alcatraz gibt es weder Wasser noch Essen, noch Heizung, noch sanitäre Einrichtungen. Der Drehort ist denkmalgeschützt. Außerdem ändert das Wetter sich ständig. Das alles machte die Arbeit dreimal so schwer wie eigentlich üblich.«

»Alcatraz ist sehr beeindruckend«, erzählte Connery später. »Die Insel sah jeden Tag anders aus. Einmal filmten wir im Turm, als plötzlich Nebel aufstieg. Im Film sieht das reichlich unwirklich aus. Man denkt, das ist ein Spezialeffekt, der zig Millionen Dollar gekostet hat.« Weil Connery nicht jeden Tag zu den Dreharbeiten geflogen werden wollte, ließ er sich auf der Insel eine Unterkunft einrichten. Fünf aktive Mitglieder der US-Eliteeinheit SEAL achteten auf die Korrektheit der Details. Drei von ihnen spielten das Militärexpertenteam, das Mason und Goodspeed begleitet.

Dass Connery die Rolle von Mason spielte, hat zu einer Reihe von Insider-Gags geführt. So weist er kurz vor dem Tauchgang in einer Anspielung auf *Feuerball* darauf hin, dass »wir so etwas zu meiner Zeit noch mit einem Schnorchel und einem Paar Schwimmflossen gemacht« haben. Auf die Nachfrage von Goodspeed »Zu Ihrer Zeit?« antwortet Mason: »Ja, haben Sie denn nie meinen Lebenslauf gelesen?« Später heißt es: »Ich hatte eine hervorragende Ausbildung – britischer Geheimdienst.«

In einem 1999 erschienenen Buch hat der Autor Bill Givens genüsslich Fehler aus bekannten Filmen aufgelistet. Darin wird *The Rock* mit der folgenden Szene erwähnt: Bei der Autojagd durch San Francisco geht die Windschutzscheibe des Ferrari zu Bruch. Doch bevor das Cablecar darauf fällt, ist sie wieder intakt.

Premiere

Vier Tage vor dem Kino-Start in den USA am 7. Juni 1996 fand auf der Gefängnisinsel Alcatraz die Welturaufführung statt. Unter den 500 geladenen Gästen befanden sich Connery mit Frau, Nicolas Cage und Gattin Patricia Arquette, der Produzent Jerry Bruckheimer und Regisseur Michael Bay. Zuvor hatte man beim Filmfest in Cannes eine verleihinterne Vorführung organisiert; dort hatte der Film noch etwa 150 Minuten Länge. Vor dem Start in den USA waren 500 Werbeplakate, die an New Yorker Bussen hingen, gestohlen worden. In Deutschland liefen am 5. und 6. Juli 350 Previews in den Kinos. Die Betreiber des Backnanger Universum-Kinos stimmten ihre Besucher mit »Knast-Kost« auf die Vorführung ein: Sie servierten Wasser und Brot.

Aufgrund des weltweit riesigen Erfolges – allein in Deutschland hatten nach knapp sechs Wochen über drei Millionen Besucher den Film gesehen – tauchen immer wieder Spekulationen über eine Fortsetzung des Films auf. Nach Aussagen von Jerry Bruckheimer bestehen, da die beiden Filmhelden überlebt haben, entsprechende Überlegungen, aber noch existiert kein Drehbuch.

Der Versuch, für Connery eine Oscar-Nominierung als bester Nebendarsteller zu bekommen, schlug fehl. Großformatige Anzeigen in US-Branchenblättern hatten auf seine Klasse hingewiesen, doch die Mitglieder der Academy übergingen ihn.

Kritik

Allgemein wird der Film als Sean Connerys Eintritt in die Generation der MTV-Altersklasse angesehen. »Cages Charme und Connerys grandseigneurhafte ironische Überlegenheit können sich vor, während und zwischen den Action-Einlagen gezielt entfalten, dämpfen den ausgeprägten Macho-Ton und sorgen für den nötigen comic relief«, schrieb ›epd Film‹. Die ›Braunschweiger Zeitung‹ nannte den Schotten »routiniert im Umgang mit Psychopathen und gern auch mal ironisch«, das Branchenblatt ›Blickpunkt Film‹ merkte an, dass er »als langmähniger Ausbruchsexperte seinen James-Bond-Part auf wunderbare Weise variiert und karikiert«. Auch die ›FAZ‹ lobte, dass aus »der Materialschlacht nur einer unbeschadet hervorgeht: Sean Connery beweist einmal mehr, dass er jeden Film tragen kann, und wirkt wie ein Fels in der Brandung der Bildersturmflut«.

Ein amerikanischer Kritiker bewunderte, dass Connery »erstaunlich aktiv sei für einen Mann seines Alters«, und Kritiker Roger Ebert, der dreieinhalb von vier möglichen Sternen gab, merkte an: »Man kam sich hinterher fast lächerlich vor, dass man in den Film hineingesogen wurde, aber das ist ein Teil dieser Achterbahnfahrt.«

The Avengers
(Mit Schirm, Charme und Melone)
USA 1998

Inhalt
Die beiden Agenten Dr. Emma Peel (Uma Thurman) und John Steed (Ralph Fiennes) werden von der Geheimorganisation »The Ministry« beauftragt einem ungewöhnlichen Fall nachzugehen. Sie erfahren, dass Prospero, ein Regierungsprojekt, mit dessen Hilfe das Wetter durch den Einsatz von Antimaterie kontrolliert werden kann, sabotiert worden ist. Zu Recht verdächtigt wird der ehemalige Prospero-Mitarbeiter Sir August De Wynter (Sean Connery). Er plant mit einer Reihe von Verbündeten einen großen Coup. Peel und

Steed machen sich an die Arbeit, müssen sich mit einer Doppelgängerin von Mrs. Peel und gigantischen mechanischen Killerbienen herumschlagen und versuchen De Wynters Plan zu vereiteln. Er will alle Regierungen mit seiner Macht über das Wetter erpressen, anderenfalls würden Schneestürme und Umweltkatastrophen die Welt verwüsten.

Hintergrund
187 Folgen der TV-Serie *The Avengers* wurden von 1961 bis 1968 produziert (zudem 1977/1978 *The New Avengers*) und zunächst im englischen Fernsehen und dann weltweit mit großen Erfolg wieder und wieder ausgestrahlt. In 51 Folgen kämpfte Steed (Patrick Macnee, dessen Stimme auch in dem Spielfilm zu hören ist) an der Seite von Mrs. Peel (Diana Rigg), die so Weltruhm erlangte. 1968 stieg Diana Rigg aus der Serie aus und drehte den Bond-Film *Im Geheimdienst Ihrer Majestät*.

1985 kaufte der US-Produzent Weintraub das umfangreiche Thorn-EMI-Archiv, zu dem auch die Serie gehörte. Schon damals ließ er ein Drehbuch für einen Kinofilm entwickeln; das erste Projekt hieß ›The First Avenger Movie‹. Dann überlegte man, ›The Avengers – International Reincarnation‹ als Pilotfilm für eine Serie zu realisieren, aber auch der Plan scheiterte. Es folgte ein Steed-Nachruf mit dem Titel ›The Avenging Angel‹, in dem die Peel-Kolleginnen Catherine Gale und Tara King den Mörder Steeds finden sollten. Auch diese Idee wurde begraben. Zuletzt entwickelte Weintraub mit dem Briten Don Macpherson ein Drehbuch und engagierte Jeremiah Chechik als Regisseur für eine Kinoversion für Warner Brothers.

Der Film basiert ansatzweise auf der von Sidney Hayers inszenierten Fernsehfolge *Eine Überdosis Wasser/Tödliches Nass (A Surfeit of H_2O)* aus der 1965/66 ausgestrahlten vierten Staffel der Serie. Damals war ein Dr. Sturm

(Albert Lieven) der Bösewicht. In der ersten Besetzung sollte Mel Gibson unter der Regie von Nicholas Meyer die Hauptrolle spielen. Dann sagten Ralph Fiennes und Uma Thurman zu und der Original-Steed Patrick Macnee hieß die Besetzung gut. Connery lehnte zunächst ab, als er das Drehbuch bekam. Weintraub, Chechik und die für die Gesamtleitung zuständigen Don und Susan Ekins flogen daraufhin zu ihm nach Marbella.

Weintraub: »Wir feilten gemeinsam an der Rolle des Sir August und drei Tage später unterschrieb Sean.« Am 5. April 1997 gab Weintraub bekannt, dass Connery mitwirkt. Chechik zur Besetzung: »Sean bringt Sean Connery ein – mit allem, was dazugehört: unglaubliche Ausstrahlung, wunderbare Selbstsicherheit und seinen Hang zum schwarzen Humor. Als Bösewicht wirkt er fantastisch.«

Dreharbeiten, -orte und Budget

Gedreht wurde ab 2. Juni 1997 für acht Wochen in London und Umgebung. Es entstanden Aufnahmen in dem Haus von Architekt Richard Rogers in Chelsea, das als Emma Peels Appartement diente, und in historischen Villen wie Blenheim Palace, Hatfield House und Syon House, die zusammen das Anwesen von De Wynter bildeten. Die noblen Gebäude entlang der Londoner Regent Street, das Royal Naval College in Greenwich als Stammsitz des Welt-Ministerrats und der Ballsaal von Stowe Castle wurden ebenfalls genutzt. Im Studio H der Shepperton Studios wurde ein Nachbau des Trafalgar Square errichtet und mit Schnee versehen. Die meisten Dreharbeiten mit Connery fanden jedoch in den ihm seit vielen Jahren bekannten Pinewood Studios statt. Das Budget betrug ca. 60 Millionen US-Dollar, weitere 30 bis 40 Millionen flossen in die Werbung.

Der Weltpremiere in London und weiteren Feiern in den USA im August 1998 blieben die drei Hauptdarsteller fern. Weintraub hatte sich zuvor gerichtlich gegen Gerüchte gewehrt, die dem Film ein finanzielles Desaster voraussagten. Das war das traurige Resultat eines Prozesses, der sich bereits Monate vorher angedeutet hatte: Der Starttermin war aufgrund von Produktionsschwierigkeiten und der immer aufwändigeren Spezialeffekte mehrfach verschoben worden. Als sich die Dreharbeiten weiter verzögerten und die Testvorführungen in der Wüste Arizonas zeigten, dass der Film nicht hält, was Aufwand und Besetzung versprachen, bemühte man sich um Schadensbegrenzung. Die üblichen Pressevorstellungen wurden mehr und mehr hinausgezögert, so dass sämtliche Magazine mit einem längeren Vorlauf den Film nicht sehen konnten. Ihre »Bewertungen« resultieren daher nur aus Presseinformationen, Gerüchten und Vermutungen. So konnten zum Beispiel in Deutschland Journalisten den Film erst drei Tage vor dem Start sehen. In den USA wurde er überhaupt nicht vorab gezeigt – obwohl Produzent Jerry Weintraub schon Wochen vor dem Starttermin Interviews gab. »Presse und Zuschauer sollen den Film gemeinsam entdecken«, schrieb Warner-Vize Don Buckley. Nach den zum Teil vernichtenden Reaktionen in den USA wurde er in Deutschland von 100 auf 85 Minuten gekürzt.

Finanziell gesehen war der Film ein Desaster. Der ›Hollywood Reporter‹ bilanzierte nach 16 Tagen Einnahmen von 20,8 Millionen US-Dollar; der ›Spiegel‹ stellte den Kosten von 110 Millionen DM (inklusive Marketing) Einnahmen von 49 Millionen gegenüber und machte somit einen Verlust von 61 Millionen DM fest.

Ein Jahr nach der Premiere äußerte sich auch Connery zu dem Film: »Ich hatte etwas Spaß, als ich anfing – bis sie den Film zusammensetzten. Und wenn es so etwas wie eine Lizenz zum Töten geben würde, dann würde

Angelina Jolie und Gena Rowlands sind Connerys Partnerinnen in Leben und lieben in L.A.

ich den Regisseur und den Produzenten erschießen.«

Kritik

»Ein Film, der die Fans der Serie verärgert und die anderen Zuschauer nur langweilen würde«, schrieb die ›New York Times‹. Die Londoner ›Times‹ nannte ihn »fürchterlich langweilig« und der ›Evening Standard‹ riet, »nicht mal den ärgsten Feind ins Kino zu schicken«. Vor allem der unterkühlte oder nicht vorhandene Witz stieß vielen Kritikern unangenehm auf. Die Besetzung polarisierte die Rezensenten. Die einen akzeptierten das neue Team, andere waren konsterniert. Dieses Mal traf es auch Connery. Das ›Filmecho‹ nannte ihn eine »kalkulierte Karikatur«, die ›Neue Presse‹ bezeichnete ihn als Bösewicht als »eine herbe Enttäuschung«. Die ›FAZ‹

nannte den Film ein »monströses Missverständnis« und titelte: »Mrs. Peel, wir würden gebraucht.«

Playing by Heart
(Leben und lieben in L.A.) USA 1998

Inhalt

Elf Personen in Los Angeles: Ihre Liebesbeziehungen, ihre Vergangenheit und Leidensgeschichte sind Thema des Films, der in acht Tagen und Nächten in der Millionenmetropole spielt. Die Ehe von TV-Köchin Hannah (Gena Rowlands) und Produzent Paul (Sean Connery) ist gefährdet; die Theaterregisseurin Meredith (Gillian Anderson) weiß nicht, ob sie sich mit ihrem Verehrer Trent (Jon Stewart) einlassen soll; die junge hübsche Joan (Angelina Jolie) versucht vergebens bei dem überzeugten Single Keenan (Ryan Phillippe) zu landen; Mildred (Ellen Burstyn) kümmert sich um ihren todkranken Sohn Mark (Jay Mohr); Gracie (Madeleine Stowe) und Roger (Anthony Edwards) pflegen eine Beziehung, bei der es nur um Sex geht; Barbesucher Hugh (Dennis Quaid) erzählt überall unterschiedliche Lebensgeschichten. Alle Personen finden am Ende zusammen.

Hintergrund

Harvey Weinstein, einer der beiden Chefs der US-Produktionsgesellschaft Miramax, erhielt das Drehbuch von Willard Carroll durch die beiden Produzenten Guy East und Nigel Sinclair von Intermedia Films nach der Premiere von *Sie liebt ihn, sie liebt ihn nicht* auf dem Sundance-Filmfestival 1998. Weinstein: »Ich habe es noch in derselben Nacht gelesen und war so gerührt, dass ich am nächsten Morgen beim Frühstück den Deal abgeschlossen habe.«

Der Arbeitstitel des Films lautete ›Dancing about Architecture‹ und findet sich als Teil eines Dialogs auch weiterhin im Film: »Über die Liebe zu reden ist wie Architektur zu tanzen.« Später wurde der Film umbenannt, weil Meryl Streeps zeitgleicher Film *Dancing at Lughnasa* zumindest ähnlich klang. Für Connery zeigt der Film, »dass das Leben ein Tanz ist, dass Intimität und Romantik nicht enden müssen, auch wenn man ein gewisses Alter erreicht hat«. Ihm gefiel der Optimismus, der Enthusiasmus und das Versprechen des Films. Deshalb sagte er umgehend zu, als er das Drehbuch von Weinstein bekam und erfuhr, dass Gena Rowlands seine Partnerin sein würde, obwohl Miramax und Intermedia als Produktionsfirmen nur eine kleine Gage bieten konnten. Sean Connery bezeichnet den Film, dem das natürlich gleich unterstellt wurde, als »nicht autobiografisch« und ergänzte: »Ich

kann mich auch gar nicht so gut ausdrücken wie die Figur, die ich spiele.«

Dreharbeiten, -orte und Budget

Gedreht wurde 41 Tage im Mai und Juni 1998 an 27 verschiedenen Orten in Los Angeles. Dazu gehörten Century City, der Santa Monica Pier, die Edgemar Mall, der Mayan Nachtclub, das Geffen Playhouse in Westwood, die Springbrunnen der Immaculate Heart Academy und ein von Pierre Koenig gestaltetes Haus in den Hollywood Hills. Das Budget betrug 14 Millionen US-Dollar.

Vorab trafen sich die Akteure und lasen gemeinsam ihre Rollen. Regisseur Willard Carroll: »Sean Connery und Gena Rowlands sind so ein spektakuläres Paar, dass ich bei ihrem ersten gemeinsamen Lesen dachte, dass sie wirklich seit 40 Jahren verheiratet sind, auch wenn sie noch niemals zusammen gearbeitet haben. Beide haben einen gewissen Heldenstatus, sind aber sehr, sehr menschlich und verletzlich, etwas, das viele Schauspieler verlieren, wenn sie immer erfolgreicher werden. Was Gena und Sean mit ihren Rollen machten, war eine tatsächliche Beziehung zu erschaffen, die komisch, heldenhaft und sehr leidenschaftlich ist. Leidenschaft endet nicht, wenn man 40 ist, sie endet niemals, wenn du es nicht dazu kommen lässt.«

Connery schätzte besonders die genaue Vorbereitung und die Möglichkeit zur Improvisation: »Willard war absolut offen für alle Ideen zum Drehbuch oder wie die Beziehungen funktionierten und fand so den richtigen Ton für die Umsetzung des Films. Immer wieder entstanden gute Dinge beim Spielen der Szenen, die man so nicht erwartet hätte und die den Film realer und menschlicher machten. Auf diese Weise an dem Film zu arbeiten führte zu ein paar traumhaften Wochen.«

Premiere

Die Welturaufführung wurde ein halbes Jahr nach Drehschluss, am 30. Dezember 1998, in Los Angeles begangen. Der Film kam aber erst am 22. Januar 1999 amerikaweit in die Kinos. In Deutschland wurde er zum Wettbewerb der 49. Internationalen Berliner Filmfestspiele eingeladen und erlebte dort am 15. Februar 1999 seine Premiere, kam aber erst am 29. Juni 2000 auf die Leinwände. Der Film enthält einen kleinen Insider-Gag, denn in einer Szene trinken alle Hauptmitwirkenden Wodka Martini, nur Connery nicht. Ob sie ihn »geschüttelt, nicht gerührt« trinken, war nicht in Erfahrung zu bringen …

Kritik

»Autor und Regisseur Willard Carroll mixte einen Cocktail, der ein angenehmes Champagner-Kribbeln verursacht. Überraschend, wie das clever konzipierte Skript die vielen Fäden kunstvoll miteinander verwebt«, schrieb Andreas Fuchs im ›Filmecho‹ kurz nach der US-Premiere. »Die prominente Besetzung wird wunderbar von Sean Connery angeführt«, lobte Kevin Thomas in der ›Los Angeles Times‹. »Es ist eine wahre Freude, die bleibt und zutiefst befriedigt.« Als »Das große Kabbeln« betitelte doppeldeutig die ›Berliner Morgenpost‹ den Film nach der deutschen Uraufführung und schrieb: »Dass man all den Episoden, die nebeneinander herlaufen, miteinander korrespondieren, gerne zuschaut, liegt natürlich an dem großartigen Ensemble, das sich zusammengefunden hat. Allen voran Gena Rowlands und Sean Connery als Philemon und Baucis, die sich trotz Altersweisheit täglich angiften.« Das US-Magazin ›People‹ schrieb: »Connery und Rowlands sind die besten. Ihre Szenen haben eine leichte Würde, Grazie und Glaubwürdigkeit, was dem Rest des Films fehlt.« Immer wieder gelobt wurden das exzellente Ensemble und die treffenden Dialoge. Häufig wurde das allzu versöhnliche Happyend kritisiert. Als der Kritiker der New Yorker ›Sunday Times‹ in einem Interview mit dem Schotten genau dies als ein bisschen »over the top« bezeichnete, antwortete Connery: »Wie kann ein Film zu romantisch sein? Ich vermute, er sagt etwas darüber aus, wo wir stehen.«

Entrapment (Verlockende Falle)
USA 1999

Inhalt

Aus einem New Yorker Penthouse wird ein Gemälde von Rembrandt gestohlen. Die Versicherungsagentin Virginia ›Gin‹ Baker (Catherine Zeta-Jones) beschäftigt sich mit dem Fall und hat den Meisterdieb und Kunstsammler Robert ›Mac‹ MacDougal (Sean Connery) in Verdacht. Sie verfolgt ihn, muss sich aber fürs Erste geschlagen geben, als er sie in ihrem Zimmer zur Rede stellt. Sie macht ihm den Vorschlag, gemeinsam eine chinesische Maske zu stehlen. Sie proben den Bruch in Macs schottischem Anwesen. Nachdem er ihnen gelungen ist, planen sie einen größeren Coup: In der Silvesternacht 1999/2000 wollen sie – mit Hilfe der Computerumstellung – die Zentralbank in Kuala Lumpur in Malaysia erleichtern. Doch Macs Partner Thibadeaux (Ving Rhames) ist skeptisch, und auch Gins Chef wird misstrauisch, warum sie Mac noch immer nicht fassen konnte.

Hintergrund

Basis der Geschichte sind sieben Zeilen Text, die Autor Ron Bass (*Rain Man, Die Hochzeit meines besten Freundes*) Sean Connery und Rhonda Tollefson vorlegte. Gemeinsam mit William Broyles jr. (*Apollo 13*) entwickelte er ein Drehbuch und kümmerte sich um die Vorbereitung. Connery: »Es ist ein guter und spannender Stoff, mit einer reizvollen Romanze, die der Geschichte ordentlich Würze verleiht. Zunächst ist Mac einfach nur ein Einzelgänger. Er schätzt die Schönheit und die Kunst und ist auf jede Eventualität bestens vorbereitet. Das Einzige, was er nicht kommen sieht, ist diese Frau. Und im Verlauf des Films wird sich das Blatt mehr als einmal zu ihren Gunsten wenden.«

Ursprünglich war Antoine Fuqua *(Replacement Killers)* engagiert worden, um den Film zu drehen. Doch der wollte daraus »eine Art von bondianischem Hightech-Sciencefiction-Thriller machen, in dem die Frau nur Beiwerk war wie in den 007-Filmen«, erzählt Connery. Er entließ ihn und verpflichtete Jon Amiel. In einer früheren Drehbuchfassung war der Showdown während der Übergabe Hongkongs an China geplant, doch wurde diese verworfen. Auch die sich andeutende Beziehung zwischen Gin und Mac wurde auf ein Minimum reduziert. Bettszenen hatte Connery untersagt, da sie nicht zu den Charakteren passten.

Catherine Zeta-Jones wurde zu einem Treffen mit Connery nach Rom eingeladen, nachdem er sie in einigen TV-Rollen gesehen hatte. Später lobte sie die Zusammenarbeit mit ihm und attestierte ihm, er sei »ein großartiger Kollege und guter Küsser. Als wir uns das erste Mal trafen, haben wir beide sofort gemerkt, dass wir uns gut verstanden. Was ich während der Dreharbeiten über ihn gelernt habe, war, dass er nicht einschüchtert oder dazu beiträgt, dass ich mich unwohl gefühlt hätte – eher im Gegenteil«.

Dreharbeiten, -orte und Budget

Gedreht wurde ab 29. Juni 1998 für 15 Wochen in England, Schottland, New York und Malaysia. In England waren es die Pinewood Studios, einige Straßenzüge in London und das Anwesen Blenheim Palace in Oxfordshire; an der schottischen Westküste das Castle Duart auf der Isle of Mull; und in der malaysischen Hauptstadt Kuala Lumpur die Twin Petronas Towers, das mit 84 Stockwerken und 452 Metern höchste Gebäude der Welt. Zudem nutzte man eine S-Bahn-Station und ein paar Straßenzüge im alten Hafen von Melaka. Der Hausherr des schottischen Schlosses Duart war übrigens Sir Lachlan MacLean, der 28. Führer des Clans der MacLeans – Connerys Mutter Effie war auch eine MacLean. Angeblich hat Connery das Schloss inzwischen gekauft und wohnt dort.

Das Budget betrug zwischen 65 und 68 Millionen US-Dollar, war aber mit 70 Millionen veranschlagt worden. Connery: »Das altmodische Zeug wie eine gute Vorbereitung hilft immer noch am besten, um zu sparen. Mache das Drehbuch so gut wie möglich fertig, verschwende kein Geld und probe am Samstag. Es gibt nichts Schlimmeres als an den Drehort zu kommen und nichts passiert.« Seine Absage, während der Dreharbeiten in Malaysia Interviews zu geben oder eine Pressekonferenz abzuhalten, trug ihm im Oktober 1998 die weltweit publizierte Meldung ein, er sei im Lande »unbeliebt«. In der malaysischen Zeitung ›Sunday‹ hieß es sogar, er sei zu einem »traurigen, eitlen, alten Mann mit wenig Rücksicht auf die Medien und seine Fans geworden«.

Premiere

Connery besuchte im März 1999 mit Catherine Zeta-Jones die ShoWest Messe für US-Kinobesitzer in Las Vegas, um die Werbetrommel zu rühren. Am 9. März erhielt er im dortigen Bally's Hotel einen Lifetime Achievement Award und kommentierte ironisch: »Damit stehe ich jetzt vermutlich mit einem Bein im Grab.« Seine Kollegin erhielt einen Preis als Nebendarstellerin des Jahres. Die Premiere wurde am 15. April im Mann's

Chinese Theatre in Los Angeles begangen; anschließend feierte man im Argyle Hotel. Zu den Gästen zählten neben den Mitwirkenden und Machern Jan de Bont, Linda Hamilton, Jennifer Tilly, Robert Forster, Arnold und Anne Kopelson und Robert Loggia. Der am 30. April gestartete Film erreichte mit einem Einspielergebnis von 20,1 Millionen US-Dollar am ersten Wochenende sogleich Platz 1 und spielte allein in den USA knapp 90 Millionen Dollar ein. Damit verwies er das Remake des Steve-McQueen-Thrillers *Thomas Crown ist nicht zu fassen* mit Pierce Brosnan in der Hauptrolle, das den Titel *Die Thomas Crown Affäre* trägt und im gleichen Genre spielt, auf die Plätze.

Vom 13. bis 17. Mai waren Connery mit Frau, Catherine Zeta-Jones, Jon Amiel und Rhonda Tollefson in Cannes, wo der Film in einer Sondervorführung am 14. Mai als Hommage an den Schotten gezeigt wurde.

Kritik

»Wie lächerlich und altmodisch der Film auch oft genug sein mag, es ist schwer, ihn nicht zu mögen«, schrieb ein Kritiker nach der Premiere in Cannes und sprach damit für viele Rezensenten. Man bemängelte zwar zum Teil die »Großvater-Enkel-Beziehung« zwischen dem damals 68-jährigen Connery und der erst 29-jährigen Waliserin Zeta-Jones sowie den zum Teil voyeuristischen – ein Kritiker schrieb gar »obszönen« – Blick auf den geschmeidigen Körper der jungen Frau, wenn sie den zweiten Einbruch probt. Man schätzte jedoch den Stil der Einbrüche, die Fotografie, Stunts, die Drehorte und die zahlreichen Wendungen der Geschichte.

»Connery zeigt, dass er immer noch einen teuflisch guten heldenhaften Mann spielen kann ohne zu einer Parodie zu werden«, hieß es weiter. »Spannung schaffen ohne Waffen«, schrieb ›Prinz‹. »Dem Film fehlen Neben-

handlungen und Nebendarsteller«, monierte ›Variety‹, lobte aber, »Connery sei so sicher wie immer«. Die deutsche Filmbewertungsstelle vergab das Prädikat »besonders wertvoll«, lobte das »brillante Drehbuch« und bezeichnete den Film als »prickelnd, spannend mit echten Höhepunkten, spektakulär, erotisch und mit einem intellektuellen verbalen Schlagabtausch zwischen Connery und Zeta-Jones vom Feinsten«. Sie empfand ein »rundes Vergnügen«. In ›epd Film‹ hieß es: »Wenn die zwei an einer Lichterkette von einem Wolkenkratzer herabbaumeln […], dann siegt der Adrenalinausstoß und man hat nach dem Kino fast ein schlechtes Gewissen, dass man sich von derart simplen ›Kicks‹ immer wieder überrumpeln lässt.«

Finding Forrester USA 2000

Inhalt

Die Geschichte handelt von dem jungen Farbigen Jamal Wallace, den ein Basketball-Stipendium an eine nur von Weißen besuchte Schule führt. Er ist nicht nur ein erfolgreicher Student, sondern auch ein exzellenter Schreiber, der die Freundschaft eines angesehenen, aber einsamen Romanautors (Sean Connery) erlangt und dessen Kokon aufbricht.

Hintergrund

Das Drehbuch des Films stammt von Mike Rich, der dafür 1998 ein Stipendium, das so genannte Nicholl Fellowship, bekam. *Finding Forrester* wird von Sean Connerys Firma Fountainbridge Films mit Partnerin Rhonda Tollefson und Laurence Mark produziert, der für seine Arbeit an dem Tom-Cruise-Film *Jerry Maguire* eine Oscar-Nominierung für den besten Film erhielt. Der Film bringt drei Oscar-Gewinner zusammen: Connery gewann 1987 für *Die Unbestechlichen*, F. Murray

Abraham 1984 für *Amadeus*, Anna Paquin 1993 für *Das Piano*. Regisseur Gus van Sant wurde für *Good Will Hunting* für einen Oscar nominiert.

Dreharbeiten und -orte

Die Dreharbeiten begannen am 3. April 2000 in Toronto und New York. In weiteren Rollen sind F. Murray Abraham als Professor und Anna Paquin als Freundin des jungen Schwarzen zu sehen. Jamal Wallace wird voraussichtlich von Rob Brown gespielt werden.

Premiere

Der Filmstart ist für Ende des Jahres 2000 vorgesehen.

Privatleben

Die Zeit vor James Bond

Thomas Connery wird am 25. August 1930 im Royal Maternity Hospital im schottischen Edinburgh als Sohn von Joseph und Euphemia Connery geboren. Die Vorfahren seines Vaters, der als Lastwagenfahrer arbeitet, stammen aus Irland. Von 1935 an besucht er die Grundschule Tollcross Primary und wechselt zwei Jahre später zur Bruntsfield Primary School. Von August 1942 an besucht er die Darroch School, die er 1944 verlässt, um regelmäßig für die Molkerei St. Cuthberts Dairy im Stadtteil Fountainbridge in Edinburgh zu arbeiten – bereits mit neun Jahren hatte er begonnen vor Schulbeginn Milch auszutragen. »Ein Milchmann zu sein hat viel mehr Spaß gemacht als ein Sex-Symbol zu sein. Ich habe ein paar interessante Erfahrungen mit Frauen gemacht, denn kurz nach dem Zweiten Weltkrieg waren alle Männer noch fort«, wird er im ›Daily Record‹ vom 6. März 1999 zitiert.

In einem Interview mit ›Vanity Fair‹ erzählte er über die Verhältnisse zu Hause: »Wenn ich im Grosvenor House Hotel in London wohne, liege ich immer viel in der Badewanne. Das ist ein richtiges Bad, wenn Sie wissen, was ich meine. Ein Bad ist etwas Besonderes. Früher gab es nur ein einziges Bad in der ganzen Straße in Edinburgh, in der ich wohnte, und das gehörte der Brauerei. In unserer Straße gab es kein heißes Wasser.«

1946 verpflichtet er sich für zwölf Jahre bei der Royal Navy, weil er gerne die Welt sehen möchte. Aber er schiebt nur in den Barracks in Portsmouth Dienst. Nach drei Jahren wird er wegen Magengeschwüren entlassen und erhält eine kleine Pension.

»Eine Zeit lang fuhr ich eine Pferdekutsche. Dann wurde mir, weil ich als invalider Veteran eingestuft war, ein Ausbildungsprogramm zugestanden«, sagte er dem ›Wiener‹. »Ich wollte Möbelpolierer werden – Tische und Särge und so. Dann fing ich mit Bodybuilding und Gewichtheben an. 18 Monate lang arbeitete ich als Polierer und hatte während dieser Zeit auch Särge zu polieren. Der Job ermöglichte mir, meine Umgebung zu verlassen. Ich hatte ein Fahrrad und radelte dorthin, wo meine Arbeitskraft gerade benötigt wurde.«

Auf Anraten seines Freundes Jimmy Laurie schreibt sich Connery 1950 im Dunedin Amateur Weight Lifting Club ein. In der Edinburgh School of Art in Lauriston steht er Modell und versucht nebenbei eine Karriere als Sportler. Er arbeitet am Zementmischer oder als Maurer auf dem Bau, ist Rausschmeißer in einem Club und verbringt einen Sommer als Bademeister und Lebensretter im Schwimmbad im schottischen Portobello. »Mit 20 wurde ich Fußballprofi. Damit ließ sich aber kein Geld verdienen, also besorgte ich mir einen kleinen Job bei den ›Edinburgh Evening News‹. Dort arbeitete ich in der Druckereiwerkstatt, schmolz jeden Tag Blei und stellte Druckplatten her. Während dieser ganzen Zeit machte ich mit dem Krafttraining weiter. Schließlich fuhr ich nach London zum Mr.-Universum-Wettbewerb.« Im Scala-Theatre wird er 1953 Dritter in der ›tall men's class‹, der Kategorie über 1,80 Meter. Connery misst 1,89 Meter.

1953 kommt er durch einen Zufall zur Schauspielerei. »Ich habe niemals daran gedacht, Schauspieler zu werden. Ich war in London beim Wettbewerb für den Mr. Universum und suchte nach einem neuen Job. Ich hatte ein Angebot, für Manchester United Fußball zu spielen. Aber ich war 22 und schon ein bisschen zu alt dafür. Dann sagte mir jemand, dass der Chor von ›South Pacific‹ Leute suche. Also fand ich heraus, wo und wann das Vorsprechen stattfand, und bekam den Job.«

Vom Juni 1953 an spielt er drei Monate lang mit dem Ensemble von ›South Pacific‹ im

1967 bei den Proben zu dem Stück ›Volpone‹ im Londoner Garrick Theatre, das Connery produzierte.

Londoner Theater an der Drury Lane, singt mit dem Chor ›There is Nothing like a Dame‹ und tourt 14 Monate. Nach dem Part als Sänger übernimmt er die Rolle des Leutnant Buzz Adams. Es folgen eine Reihe von Engagements an kleinen Theatern in Oxford, Cambridge und dem Players Theatre in London. Robert Henderson, amerikanischer Schauspieler und einer seiner Kollegen aus dem Chor, der später als Theaterregisseur bekannt werden sollte und ein langjähriger Freund Connerys ist, erzählt: »Eines Tages erwähnte ich Ibsen, und Connery fragte, wer das sei. Ich erzählte von den Stücken und den Themen. Sean ging sofort in eine Bücherei und las seine Stücke. Die meisten jungen Männer wollen gerne Stars sein, sind aber stinkend faul. Bei ihm war das

nicht so.« Connery über seine Lehrjahre von 1951 bis 1956: »Ich habe mich selbst erzogen. Ein Schauspieler ist nun mal interessanter, wenn er mehrere unterschiedliche Qualitäten zu bieten hat, wenn er mehr als nur der ist, der er zu sein scheint.« Henderson hatte entscheidenden Einfluss auf Connery, da er ihm vom Profifußball abriet. »Ich sagte, ich spiele lieber Fußball, und er entgegnete: ›Na ja, wenn du noch ein paar Engagements als Double annimmst und ernsthaft in Betracht ziehst deinen Horizont zu erweitern und, natürlich, deine Bildung, was sowieso nicht schaden kann, könntest du ein sehr interessanter Schauspieler werden.‹ Er gab mir eine Liste mit Büchern, die ich lesen sollte. Ein ganzes Jahr brachte ich damit zu, in jeder Bibliothek in England, Irland, Schottland und Wales herumzustöbern. Überall, wo wir Station machten, spielte ich ein bisschen Fußball, ansonsten verbrachte ich meine Tage in der Bibliothek und die Abende im Theater.«

Das Theater faszinierte Connery. »Ich war von der Arbeit der Schauspieler sehr beeindruckt. Sie konnten sich so gut artikulieren und schienen von allem Ahnung zu haben. Die meisten, die ich traf, faszinierten mich. Ich wüsste nichts über Geist und Intellekt, denn ich hatte mich niemals damit auseinander gesetzt.« In dieser Zeit wechselte er seinen Vornamen und aus Thomas, in seiner Jugend Tammy oder wegen seiner Größe Big Tam genannt, wurde Sean. Der erfolgreiche Western *Shane (Mein großer Freund Shane)* von George Stevens aus dem Jahr 1954, der Connery gefiel, veranlasste ihn angeblich zu der Namensänderung.

Es folgten eine Reihe kleinerer und größerer Auftritte in Spiel- und Fernsehfilmen. Zu Connerys Ausbildung als Schauspieler und seinem späteren Erfolg trugen aber nicht nur Theaterstücke und Bücher bei, sondern auch eine spezielle Form der Bewegung. Nachdem er Diane Cilento kennen und lieben gelernt hatte, übten sich beide in dieser Kunst. Ihr Lehrer war der Schwede Yat Malmgeren, ein ehemaliger Tänzer des Kurt Joos Ballet Ensembles. Er vermittelte eine auf dem Bewegungskonzept des ungarischen Tänzers Rudolf von Laban beruhende Technik der wortlosen Kommunikation und des adäquaten Rhythmus. Beide waren davon beeindruckt und erwähnten häufig in Interviews, wie sehr diese Ausbildung ihnen geholfen hat.

Später wurde immer wieder kolportiert, dass gerade Connerys Gang und seine spezielle Form, sich zu bewegen, die Bond-Produzenten Harry Saltzman und Albert R. Broccoli fasziniert hatten und sie ihm letztendlich aus diesem Grund die Rolle des Geheimagenten anboten. »Wie ein Panther vor dem Sprung erschien er uns«, erinnert sich Saltzman und Sidney Lumet ergänzt: »Wenn er einen Raum betritt, erscheint eine Person. Es ist, als wenn jemand Würdevolles hereinschaut, und seine großen Augenbrauen kommen immer zuerst herein.« Robert Henderson: »Die Leute sagten später: Er hat mit der Rolle des James Bond so viel Glück gehabt. Aber es war kein Glück. Er hat hart gearbeitet und Blut geschwitzt. Er trainierte seine Ausdrucksweise, arbeitete an seinem Akzent und lernte sich richtig zu bewegen. Er hatte kaum Schulkenntnisse, kein Hintergrundwissen, aber er war clever.«

Connerys erste Frau Diane Cilento

Diane Cilento wurde am 5. Oktober 1933 im australischen Brisbane geboren. Ihr Vater, Sir Ralph West Cilento, war eine Autorität auf dem Gebiet der Tropenkrankheiten und gleichzeitig Anwalt, ihre Mutter Gynäkologin. Diane besuchte die New Yorker Academy of Dramatic Arts und die Royal Academy of Dramatic Arts in London. 1952 erhielt sie ihre erste Filmrolle, ein Jahr später stand sie auf der Bühne. 1957 lernte sie Connery bei dem Theaterstück ›Anna Christie‹ in Oxford kennen. Als daraus 1960 ein Fernsehfilm entstand, sahen sich beide wieder und verliebten sich ineinander. Cilento war zu der Zeit noch mit dem Italiener Andrea Volpe verheiratet und hatte eine Tochter: die im Dezember 1957 geborene Giovanna Margaret. Sean Connery und Diane Cilento heirateten am 30. November 1962 in Gibraltar.

1963 wurde sie für ihre Darstellung in dem Film *Tom Jones – zwischen Bett und Galgen* für einen Oscar nominiert. Sie spielte neben Paul Newman in *Man nannte ihn Hombre* und neben Charlton Heston und Rex Harrison in *Michelangelo – Inferno und Ekstase*. 1968 veröf-

Ehepaar Connery auf dem Weg zu einer Premiere. Der volle Terminkalender war später mit ein Grund für die Trennung – behaupten manche Biografen.

Connery und Diane Cilento mit Tochter Giovanna aus ihrer ersten Ehe und dem gemeinsamen Sohn Jason.

fentlichte sie ihren ersten Roman ›Manipulator‹, nachdem Bond-Autor Ian Fleming sie zum Schreiben ermuntert hatte. Connery gestaltete das Cover. Vier Jahre später erschien ihr zweiter Roman ›Hybrid‹.

Am 6. September 1973 ließen sich beide scheiden. Im Juni 1985 heiratete Diane Cilento den englischen Autor Anthony Shaffer. Heute lebt sie mit ihm auf einer großen Farm im australischen Queensland und arbeitet in verschiedenen Theatern.

Connerys zweite Frau Micheline Roquebrune

Connerys zweite Ehefrau wird die 1931 geborene französisch-marokkanische Malerin Micheline Boglio Roquebrune (geborene Cosman), die wie er leidenschaftlich Golf spielt. »Ich habe Micheline 1970 bei einem Golfturnier kennen gelernt. Sie hat in der Frauengruppe gewonnen, ich in der Männergruppe. Es war ein perfektes Match.« Das Turnier fand am 13. März 1970 auf dem Golfplatz in Mohamaha in der Nähe von Casablanca statt. Damals hatte Micheline Roquebrune ein Handicap von 17.

Sie ist in Nizza geboren, arbeitete als Kunstmalerin und stammt aus einem vermögenden Elternhaus. Sie war bereits einmal verheiratet und hat drei Kinder. Als beide sich kennen lernten, lebte sie in Frankreich. »Vielleicht habe ich nicht gerade die Geigen spielen gehört, aber es hat definitiv ein Feuerwerk gegeben«, sagte Micheline später. »Im Clubhaus sahen wir uns zum ersten Mal, und was mich betrifft, war es Liebe auf den ersten Blick. Und ich glaube, etwas in der Art war auch die Antwort.« Sie hatte keine Kenntnisse von Connerys Beruf oder Ruhm. »Ich wusste nicht, dass er Schauspieler ist und dass er *der* Schauspieler ist. Ich wusste gar nichts über Schau-

1966 besuchte Connery die Dreharbeiten von Man nannte ihn Hombre, *in dem Paul Newman neben seiner damaligen Frau Diane Cilento die Hauptrolle spielte.*

spieler. Ich sah nur seine Augen … und ich dachte mir, der ist so schön riesig!«

Micheline Roquebrune und Sean Connery heiraten am 6. Mai 1975 in Gibraltar und fahren nach Casablanca in die Flitterwochen. Micheline Roquebrune gilt als geschickte Verhandlungspartnerin und hat häufig Connerys Verträge mit Filmstudios oder seine Klagen gegen Produzenten und Agenten mit ausgearbeitet. Der Titel von Connerys letztem Bond-Film *Never Say Never Again (Sag niemals nie)* stammt von ihr. Mit seinem Ruhm kommt sie gut zurecht, antwortete allerdings auf Fragen, warum sie beide 1999 Spanien verlassen hätten, dass die Aufmerksamkeit für ihren Mann immer stärker geworden sei und das ihrer Zweisamkeit geschadet habe. »Je älter er wird, desto schwieriger wird es, ein Privatleben zu führen – ungewöhnlich für einen Schauspieler.«

Connerys Sohn Jason

Jason stammt aus Connerys erster Ehe mit Diane Cilento. Er wurde am 12. Januar 1963 in Rom geboren und besuchte von 1975 an das Millfield-Internat in Street (England) und Gordonstoun (Schottland). Sein Abschlusszeugnis in Gordonstoun bescheinigt ihm, »er habe Talent, sei aber nicht sehr strebsam«. Sein erster Berufswunsch war Tierarzt. Später besuchte er die Schauspielschule, brach sie jedoch ab. Anfangs traute er sich nicht, dem Vater sein Interesse für die Schauspielerei zu gestehen. Als er es dann doch tat, war Connerys Kommentar: »Ich dachte, das gefällt dir nicht?« Jason fragte zurück: »Warum sollte es nicht?«, und Connery erwiderte: »Ich denke, es ist schrecklich. Aber wenn du es wirklich willst, bedenke: Wenn du Enthusiasmus entwickelst, wird es dich weit bringen … und achte auf die Haie.«

In der Ausgabe vom März 1990 des US-Magazins ›Prevue‹ sagte Sean Connery: »Kein liebender Elternteil würde jemals seinen Sohn oder seine Tochter ermuntern Schauspieler zu werden. Aber wenn sie es wollen, solltest du sie nicht stoppen. Du kannst ihnen sogar ein paar Türen öffnen, aber dann sind sie auf sich alleine gestellt, wie überall im Leben.« An anderer Stelle wird Connery mit den Worten zitiert: »Ich habe einen Sohn, und wenn er mehr weiß als ich, höre ich ihm zu. Bis dahin hört er mir zu.«

Mit Hilfe seines Vaters engagierte Jason die Agentin Joy Jameson, die den Papa früher vertreten hatte und eine langjährige Freundin der Familie ist. Jason Connery schnupperte etwas Filmluft bei den Dreharbeiten zu *Am Rande des Abgrunds*. Er wirkte in verschiedenen Repertoire-Theatergruppen mit und bekam bei der Perth Repertory in Schottland einen Job als Assistant Stage Manager. Seinen ersten Bühnenauftritt hatte er 1981 in dem Weihnachtsstück *Aladdin*. 1982 gab er in dem Paramount-Film *Verflucht sei, was stark macht (The Lords of Discipline/Marines)* neben Michael Biehn, Robert Prosky und David Keith sein Leinwanddebüt. Dank der Gage von 5.000 Pfund zog er nach London um und suchte sich mit zwei Freunden eine Wohnung. Es folgten Casting- und Vorsprechtermine, die erfolglos und für Jason frustrierend verliefen, da man ihn fast immer auf seinen Vater ansprach: »Viele wollten mich nur kennen lernen, um zu sehen, ob ich so aussehe wie mein Vater. Würde ich so aussehen wie er, hätte ich bestimmt meinen Namen gewechselt.«

Ein erster Erfolg stellte sich mit dem australischen Film *The Boy who had everything* ein, in dem er an der Seite seiner Mutter einen Studenten spielt, der in Beziehungsschwierigkeiten gerät. Vater Sean war beeindruckt und bescheinigte ihm, »sehr gut« gewesen zu sein. Die größte Aufmerksamkeit brachte ihm die Rolle des Robin Hood in einer englischen Fernsehproduktion ein. Die Serie entstand 1984, die 13 Folgen waren drei Jahre später auch in Deutschland zu sehen. 1990 spielte Jason Connery Ian Fleming in dem US-Fernsehfilm *Spymaker – Das geheime Leben des Ian Fleming*. Jasons Kommentar: »Freud hätte seine Freude daran. Fleming kreierte Bond, mein Vater spielte Bond, mein Vater kreierte mich und ich spiele Fleming.« An den Bond-Ruhm seines Vaters erinnert er sich kaum: »Ich war damals zu jung. Ich denke, mein Vater sieht die Rolle als etwas an, was hinter ihm liegt und mit dem er abgeschlossen hat.«

In dem 1986 in Israel entstandenen Märchenfilm *Der gestiefelte Kater* singt Jason Connery auch. Am 20. Januar 1992 bekam er von einem Londoner Gericht 100.000 DM Entschädigung vom Boulevard-Blatt ›The Sun‹ zugesprochen, das ihn als Feigling dargestellt hatte. Er kocht gerne, fährt Motorrad, bewundert Robert de Niro, Dustin Hoffman – und seinen Vater. Er ist verheiratet mit der Schauspielerin Mia Sara (*Ferris macht blau*), die er bei den Dreharbeiten der Neuverfilmung der Harry-Palmer-Abenteuer *Bullet to Bejing* kennen gelernt hat. Sie lebten lange Zeit im Londoner Stadtteil Fulham und besitzen ein Haus in Los Angeles; inzwischen haben sie sich im schottischen Lilliesleaf ein Farmhaus gekauft. Im Juni 1997 wurde Sohn Dashiell geboren.

Connerys Bruder Neil

Neil Connery, Seans 1938 geborener Bruder, arbeitete jahrelang als Verputzer in Edinburgh, heiratete seine langjährige Freundin Eleanor und ist Vater zweier Töchter.

1967 entdeckte der italienische Filmproduzent Dario Sabatello, dass Sean Connery einen Bruder hat, und entwickelte ein Drehbuch, in dem ein junger Chirurg, der kleine Bruder des berühmten Geheimagenten, Kriminellen das Handwerk legt. Der Film hieß *Operation Kid Brother* und vereinte eine Reihe von ehemaligen Bond-Mitwirkenden wie Daniela Bianchi (*Liebesgrüße aus Moskau*), Adolfo Celi (*Feuerball*), Anthony Dawson (*James Bond – 007 jagt Dr. No*) sowie Bernard Lee (M) und Lois Maxwell (Miss Moneypenny). Der Film war ein einziges Desaster und wurde in Deutschland kurz vor dem Start zurückgezogen, obwohl das Promotionmaterial bereits gedruckt war.

Neil Connery erhielt 5.000 Pfund Gage und zog sich den Ärger von Sean zu, der den Produzenten öffentlich angriff: »Indem Sie meinen Bruder dazu bringen, solch einen Film zu drehen, nutzen Sie uns beide aus.« Neil übernahm gelegentlich kleinere Rollen und Gastauftritte, etwa in der britischen Billigproduktion *The Body Stealers* oder in der Fernsehserie *Taggart*, und diente seinem Bruder als »Lichtdouble« in der Dokumentation *Sean Connery's Edinburgh*, ehe er das Handwerk der Schauspielerei vorzog. Inzwischen lebt er mit seiner Familie außerhalb von Edinburgh.

Wohnungen, Häuser, Anwesen

1. Adresse: 176 Fountainbridge, Edinburgh – ein verarmter Arbeiterstadtteil in der schottischen Hauptstadt

2. Adresse: 1956 bezog Connery eine Ein-Zimmer-Wohnung in der Shalcomb Street in Chelsea, nahe der bekannten Kings Road.

3. Adresse: eine Mietwohnung in Wavell Mews, St. Johns Wood.

4. Adresse: Nach der Hochzeit mit Diane Cilento 1962 kauften sich beide ein 20-Zimmer-Haus in Shepherd's Bush, West-London.

5. Adresse: Später zogen sie gemeinsam in ein 12-Zimmer-Haus in der Acton High Street (Acacia House) in London. Connery verkaufte es 1965 für 18.000 britische Pfund wegen zu großer Belästigung durch Fans.

6. Adresse: Fortan lebten sie in einem herrschaftlichen viktorianischen Wohnhaus in Putney Heath. Er verkaufte es 1971.

7. Adresse: Nach der Trennung von Diane Cilento zog er aus dem Haus in Putney aus und kaufte sich ein Appartement im Londoner Stadtteil Chelsea. Aufgrund der hohen Steuern in England legte Connery sich 1974 einen Wohnsitz in Monte Carlo zu. Dazu sagte er dem ›Stern‹ (Ausgabe vom 22. Oktober 1981): »Ich hätte schon zehn Jahre früher ge-

hen sollen. Denn all die Zeit zahlte ich irrsinnig hohe Steuern. 98 Prozent meiner Gagen gingen direkt in die Staatskasse. Ich managte meine Geschäfte schlecht. Ich war in zu viele Geschäfte verstrickt, in den Autohandel, in eine Bank, in Clubs. Von all dem verstand ich kaum etwas. Und dann geriet ich in diesen Teufelskreis. Ich musste verdienen, um Steuern zu bezahlen, mehr verdienen, um die neuen Steuern zu bezahlen. In England hätte ich keine Chance mehr gehabt.«

8. Adresse: 1974 kaufte Connery ein Haus mit neun Zimmern, einem Billardsaal und einem Pool nahe Marbella in San Pedro de Alcantara an der Costa del Sol in Spanien (Casa Malibu). »Ich lebe in Spanien, weil ich in England über 90 Prozent Steuern zahlen musste. Natürlich hätte ich drei Sekretärinnen und vier Autos beim Finanzamt absetzen können, aber ich brauche keinen Hofstaat, um mein Ego aufzupäppeln. Mein Haus ist wie ein Krankenhaus. Darin verschwinde ich, um mich zu erholen.« Der englische Journalist Ken Roche schrieb über das Anwesen: »Das Haus sieht aus, als wenn sich jemand nicht entscheiden konnte, ob er eine spanische Villa oder ein Schloss bauen wollte.« Der Umzug brachte mit sich, dass Connery vier Jahre keinen Zugriff auf seinen Besitz in England hatte und sein Vermögen eingefroren wurde.

Weitere Anwesen und Büros: Im Lauf der folgenden Jahre kaufte Connery sich ein Appartement mit Büro in Century City in Los Angeles. Dort ist auch der Sitz seiner Filmproduktionsfirma Fountainbridge Films – benannt nach dem Stadtteil in Edinburgh, in dem er aufwuchs. In Iowa kaufte er eine 600 Morgen große Farm mit Schweine- und Viehzucht. Seit Februar 1982 besitzt er ein Haus in Lyford Cay in der Nähe von Nassau auf den Bahamas; bei der Suche behilflich war der Ire Kevin McClory, Produzent von *Feuerball* und ausführender Produzent von *Sag niemals nie*, der heute sein Nachbar ist.

9. Adresse: Nach Angaben von Ehefrau Micheline begannen die Gespräche darüber, nach Schottland umzuziehen, bereits 1995, aber erst 1999 wurde der Plan umgesetzt. Connery verkaufte das Haus in Marbella im September 1999 für 9,4 Millionen DM an eine Wohnungsbaugesellschaft, die auf dem Gelände Ferienwohnungen errichten will. In einem Interview mit dem ›Daily Mirror‹ nannte Connerys Frau als Grund für den Umzug, dass das Haus und ihr Mann zu viele neugierige Menschen anziehe: »Natürlich sind die Frauen an Sean interessiert, aber ich muss Ihnen sagen, die Männer auch. Die Zeit ist gekommen, zu all dem Rummel ›es ist genug‹ zu sagen.« Verschiedenen Quellen zufolge hat Connery Duart Castle gekauft, das Schloss, das in dem Film *Verlockende Falle* dem Einbrecher Mac als Stützpunkt dient. Immer wieder berichten Artikel der englischen Regenbogenpresse, dass Connery in oder nahe Edinburgh ein Haus suche.

Leidenschaften

Fußball

Connerys früheste sportliche Leidenschaft galt dem Fußball. In einem Vorwort für das Buch ›Golf the Torrance Way‹ schrieb er: »Celtics [Glasgow] war mein Team, und Spieler wie Jimmy Delaney und Charlie Tully waren meine Helden. Es war ein so wichtiger Teil meines Lebens, dass ich darauf bestand, von der Bruntsfield Grundschule nach Darroch zu kommen, weil dort Fußball gespielt wurde und nicht Rugby wie in Boroughmir.« Später spielte er als Rechtsaußen im Scottish Junior Football Team. Während seiner Tournee von Juni 1953 bis November 1954 mit dem Chor von ›South Pacific‹ bildeten die Sänger auch ein Fußballteam. Als er unter der Leitung von Matt Busby im Old Trafford Stadion von Manchester United spielte, bekam er ein Angebot des renommierten Clubs.

Die Begeisterung für den Sport hat Connery bis zum heutigen Tag nicht verlassen. So zeigen ihn eine Reihe von Fotos am Rande von Dreharbeiten mit seinen Kollegen Fußball spielend. In dem Film *Verflucht bis zum Jüngsten Tag* war ein Rugbyspiel sogar Teil der Handlung – aber in den Drehpausen spielten die Akteure Fußball. 1983 schrieb und sprach Connery den Kommentar zu dem Film *G'Ole!*, der offiziellen Dokumentation der Fußballweltmeisterschaft 1982 in Spanien.

Golf

Vor den Dreharbeiten für *Goldfinger* (1964) sorgten die Bond-Produzenten Albert R. Broccoli und Harry Saltzman dafür, dass Connery Trainerstunden bekam, damit die Golfszenen mit Gert Fröbe überzeugend wirkten. Geübt und gedreht wurde auf dem Golfplatz von Stoke Poges nahe den Pinewood Studios in London. Der Schotte selbst schrieb in dem Vorwort für das erwähnte Golfbuch: »Ich war Mitte dreißig, als ich mit dem Spiel begann – und das nur, weil ich die Golfszenen in *Goldfinger* zu spielen hatte, die untrennbar mit der Figur des James Bond verbunden waren.«

Sein Interesse an dem Sport kann man seit langem getrost als Obsession bezeichnen, denn wenn er längere Zeit nicht Golf spielen kann, wird Connery unwirsch. »Er ist ein wahrer Drachen auf dem Golfplatz«, antwortete Dennis Quaid, Connerys Partner in *Dragonheart*, auf die Frage nach dessen Leidenschaft doppeldeutig. Diese Besessenheit war sogar mitverantwortlich für die Trennung von seiner ersten Frau Diane Cilento, denn neben den zeitraubenden Dreharbeiten ging Connery häufig auf den Golfplatz. »Es gibt nur vier Geschichten, die ich Ihnen erzählen kann«, sagte sie 1964 in einem Interview, »und alle haben mit Golf zu tun.« Schon 1965 hatte er ein Handicap von 13 (damals begann man mit Handicap 36), 1981 lag es bei 10, neun Jahre später bei 8 und schwankt heute zwischen 7 und 11. Ehefrau Micheline: »Mein Mann hat noch eine weitere Liebe, der er jeden Tag nachgehen muss, und das ist Golf. Er ist ganz verrückt danach.« So verrückt, dass er sogar nach dem größten Triumph in der Filmbranche 1987 sagte: »Ich hätte lieber die US-Open im Golf als den Oscar gewonnen.«

An dem Sport schätzt er mehrere Aspekte: »Es ist ein einsames Spiel, das Spiel eines Einzelgängers. Das ist meine Art zu relaxen, das gefällt mir. Es muss von einem Schotten erfunden worden sein.« Zwar spielt er auch mit seiner zweiten Frau Micheline, die er bei einem Golfturnier kennen gelernt hat, bevorzugt aber mit Männern zu spielen: »Da kann man Wetten abschließen. Frauen mögen das nicht so sehr.«

Der ›Stern‹ zitierte Connery 1993: »In meinem Golf-Club in Marbella gibt es eine Herren-Bar und eine gemischte Bar. Und nun

Micheline und Sean Connery -— beide passionierte Golfer – auf dem Weg zu einer Premiere.

fordern Frauen in Amerika, die Herren-Bars abzuschaffen. Ich mag es aber, nach dem Spiel mit Männern zu trinken und über diesen und jenen Schlag zu sprechen. Da ist nichts Schlimmes, das ist Freundschaft.«

Einige Golfprofis und Freunde Connerys haben sich, zumeist ironisch, über seinen Eifer geäußert, so etwa Terence Young, Regisseur von drei 007-Filmen: »Er könnte ohne die Filme leben, aber ich glaube, er könnte nicht ohne Golf leben. Wenn er jeden Tag eine Runde Golf spielen kann, ist er glücklich.« Golfprofi Nick Faldo: »Wenn ich ihm in Bezug auf sein Golfspiel irgendwie helfen könnte, würde ich sagen: Nimm dir zwei Wochen frei – und dann gib auf.« – »Er hat keinen schlechten Schlag, aber wenn er professionell Golf spielen würde, wäre er ein armer Mann«, kommentierte der Golfer Ian Woosnam und Kollege Bernard Gallacher witzelte: »Sean sollte beim nächsten Cup-Team in den USA dabei sein. Jemand muss ja die Taschen tragen!« 1992 erklärte Connery: »Ich verbringe inzwischen die meiste Zeit mit Golfen, weil das Spiel etwas sehr Beruhigendes hat und gleichzeitig immer wieder aufregend anders ist. Das Spiel befreit mich von meinen Problemen und lässt mich eins sein mit der Natur. Etwas Schöneres kann ich mir nicht vorstellen.«

1995 plante er eine »Golf-Version« von *Feld der Träume* mit Jack Lemmon und Clint Eastwood und wollte Michael Crichton für das Drehbuch gewinnen. Connery: »Das Problem ist nur, dass er kein Golf spielt.« Sicher ist jedoch, dass seine Produktionsfirma Fountainbridge Films das Projekt weiterentwickelt und die Idee für den Film nicht verworfen wurde. Im Jahr 2000 tauchen in Branchenblättern wieder Meldungen auf, dass an dem Stoff weiter gearbeitet wird.

Connery ist Mitglied im exklusiven Bel-Air Country Club in Los Angeles.

Weitere Leidenschaften

Connery schätzt Bücher, guten Whisky sowie Wodka und kocht leidenschaftlich gern, vor allem traditionelle schottische Speisen sowie Nudelgerichte aller Art. Er ist ein Selfmademan, hat keinen Pressesprecher oder Vertrauten, lediglich eine Mitarbeiterin im Büro in Los Angeles sowie seine Koproduzentin Rhonda Tollefson von Fountainbridge Films. ›Vanity Fair‹ sagte er 1993: »Ich bin sehr verschlossen. Ich buche meine Reisen selbst, gehe die Sachen durch, die zu erledigen sind, und habe in der Regel alles geschafft, bevor jemand anderes sich damit beschäftigt.«

Als er in der deutschen Fernsehsendung ›Oscar‹ 1990 plötzlich ein Gedicht vortrug, waren die Interviewer vollkommen überrascht. Manche Quellen behaupten, dass Connery selbst Gedichte schreibe, sie aber nie jemandem zeige.

In Interviews ist er zumeist recht verschlossen. Seine übliche Antwort auf private Fragen lautet: »Warum soll ich Fragen von einem völlig Fremden beantworten?«

Politik

»In der Politik werden permanent Macher gesucht, aber benötigt würden Verhinderer.«
Sean Connery

»Ich interessiere mich nicht für Politik«, sagte Sean Connery im März 1969 am Set des Films *Das rote Zelt*. Verschiedene Medien hatten berichtet, dass er damals ernsthaft über eine Kandidatur für die Scottish National Party (SNP) im schottischen Parlament nachgedacht hätte. Doch Connery hat das immer wieder verneint, zuletzt am 26. April 1999 auf einer Wahlveranstaltung der SNP in Edinburgh. 1976 erklärte er in einem Interview: »Es ist unmöglich, gleichzeitig Politiker und Schauspieler zu sein. Man muss seine ganze Zeit der Politik widmen.« Allerdings wurde er am 31. Januar 1991 Mitglied der SNP, erhielt die Mitgliedsnummer 007 und erklärte: »In einem vereinten Europa muss Schottland nach 300 Jahren Abhängigkeit von London selbständig sein.« 1989 war die SNP bei Umfragen von 25 auf 17 Prozent gefallen.

Bei einem Besuch in Hamburg anlässlich der Premiere von *Medicine Man* antwortete er auf die Frage, warum er sich für die schottische Nationalbewegung engagiere: »Weil totalitäre Konglomerate nicht funktionieren. Kultur hat etwas mit Identität zu tun. Je kleiner eine Nation ist, desto besser wird sie funktionieren.« Und dem damaligen ›Prinz‹-Redakteur Jochen Schütze erklärte er: »Ich engagiere mich für Schottland, weil es ein wunderschönes Land ist, dessen Kultur und Industrie nicht unbedingt aus London ferngesteuert werden sollten. Europa ist nur stark als Summe aller verschiedenen Kulturen, die sich gegenseitig akzeptieren. Insofern spreche ich mich auch für die Autarkie von Serbien, Kroatien und der Länder der ehemaligen Sowjetunion aus, obwohl der Weg dahin leider blutig verläuft. Jedes Volk, und sei es noch so klein, hat das Recht, ernst genommen zu werden und etwas Wichtiges für die Welt beizutragen – genau wie die Indianer im Regenwald.«

Connery wirkte in einem TV-Wahlspot mit, in dem er seine Landsleute moralisch aufrüstete: »Nur die Unabhängigkeit wird den Schotten die Möglichkeit geben, das Blatt zu wenden.« Für eine telefonische Bandansage stellte er seine Stimme zur Verfügung: »Hallo – danke für Ihren Anruf. Ich bin Sean Connery und will Unabhängigkeit für Schottland. Die Wahrscheinlichkeit, dass auch Sie Schottlands Unabhängigkeit wollen, ist fifty-fifty. Wussten Sie, dass mehr als die Hälfte der schottischen Bevölkerung Umfragen zufolge die Unabhängigkeit unterstützt?«

1992 stellte die SNP drei Abgeordnete im Londoner Unterhaus, war somit nur eine Splittergruppe. Als Connery sich mehr und mehr für sie engagierte, wurde er zum Teil scharf angegriffen, etwa von Donald Dewar, dem Staatssekretär für Schottland: »Da will ein oberflächlich gereiftes Idol der Nachmittags-Unterhaltung in die Politik.« Der Labour-Abgeordnete für Edinburgh Alistair Darling meinte: »Schottlands Zukunft sollte von Leuten bestimmt werden, die hier leben, Steuern zahlen und deren persönlicher Einsatz für die Zukunft der Nation klar erkennbar ist.« Connery entgegnete: »Ich weiß nicht, ob die SNP auf alle Probleme eine Antwort hat, aber sie sollte eine Chance haben, ihre Ideen zu verwirklichen.«

Im 1. Juli 1999 eröffnete Connery gemeinsam mit dem Chef der SNP Alex Salmond in Edinburgh das schottische Parlament. Im Rahmen einer Pressekonferenz am Tag zuvor hatte er erklärt: »Dies ist der wichtigste Tag in meinem Leben. Wir haben 300 Jahre darauf gewartet. Ich hoffe, dass wir in der Lage sind, Westminster zu zeigen, wie man unser Land wirklich regiert.«

Der Scottish International Education Trust

Am 4. Dezember 1970 gründete Connery zusammen mit anderen den Scottish International Education Trust und stattete ihn mit einer Million US-Dollar aus, dem größten Teil seiner Gage für *Diamantenfieber*. Zuvor waren bereits die Einnahmen aus dem Pro-Am Golf Tournament, das am 4. und 5. Juli 1970 im schottischen Troon gespielt wurde, auf die Konten der Organisation geflossen. Connery gegenüber dem ›Stern TV-Journal‹: »Erst habe ich ein paar Golf-Turniere organisiert, und als ich sah, dass wir mehr, sehr viel mehr Geld brauchten, habe ich mich überwunden und noch einmal einen Bond gemacht. Das war 1971 *Diamonds are Forever* – für eine Million Dollar, steuerfrei, weil das Geld direkt an die Stiftung ging.«

Zum Vorstand des Trusts gehören Sir Samuel Curran, Direktor der Universität von Strathclyde in Glasgow, als Vorsitzender, Connery als sein Stellvertreter, Jackie Stewart, der Formel-Eins-Weltmeister des Jahres 1970, Dr. W.S. Robertson, Vize-Präsident des Scottish Council, der Industrielle Sir Iain Stewart und der Rechtsanwalt John Tindal. Weitere Mitglieder sind Alastair Dunnett, der Herausgeber der Zeitung ›The Scotsman‹, und James D. Houston, der Direktor der Firma Higher Productivity Limited. Der Trust residierte ursprünglich in 33 Castle Street in Edinburgh, ist aber inzwischen zum 22 Manor Place umgezogen. Anfangs hatte er das Ziel, jungen Schotten ein Stipendium an der Glasgower Strathclyde Universität zu verleihen. Sie sollten in ihrem eigenen Land ausgebildet werden statt abzuwandern. Besonders Begabte werden mit 60.000 Pfund pro Jahr gefördert. Mit der Zeit wurde das Spektrum derjenigen, die Unterstützung erhielten, größer. 1981 sagte

Connery dem ›Stern‹: »Zuerst halfen wir hauptsächlich jungen Schauspielern. Heute hat sich alles mehr auf die Musik verlagert. Wir haben Dirigenten, Sängern und Komponisten helfen können. Gerade beginnen wir mit einer Schule für Management. Vorbedingungen gibt es keine, es zählt nur Talent.«

Im Oktober 1982 schrieb die Londoner ›Times‹: »Es gibt nur fünf Millionen Schotten in Schottland, aber 20 Millionen in der ganzen Welt. Viele verlassen das Land und sind woanders erfolgreich, aber nicht in Schottland. Wir haben uns entschlossen, wenn mit der Heimat irgendetwas nicht in Ordnung ist, einen Trust zu gründen, dessen Intention es ist, die Lebensqualität in Schottland zu steigern. Wir fördern Sportler, Komponisten, Sänger, Dirigenten und Autoren und haben außerdem an der Universität von Strathclyde einen Lehrstuhl für Theater eingerichtet.«

Besonders stolz ist Connery darauf, dass der Vorstand ehrenamtlich tätig ist. »Keins der Stiftungsmitglieder hat jemals einen Penny bekommen, kein Honorar, keine Spesen, nichts. Das ist die einzige Stiftung, die ich kenne, bei der es so sparsam zugeht. Und da ich aus Schottland bin, bedeutet das wirklich was.«

Seit mehreren Jahren arbeitet Connery daran, in Schottland ein Filmstudio aufzubauen. »Es wäre ein guter Start, wenn wir mit Pinewood und Shepperton ein Dreieck bilden könnten«, sagte er dem englischen Magazin ›Total Film‹. Connery verspricht sich davon einen massiven Anschub der britischen Filmindustrie, denn deren Techniker werden von den Amerikanern gerühmt, und die Branche ist bekannt dafür, gute Arbeit zu leisten. Allerdings mieten die US-Filmgesellschaften Personal und Material nur von Produktion zu Produktion.

Von und über
Sean Connery

Connery über Connery

A wie Alter

»Ich möchte auf keinen Fall noch mal jung sein. Als ich die Schwelle zur Fünfzig über-schritt, hatte ich ein gutes Gefühl – es bedeu-tete, als Schauspieler und Mensch dem Leben getrotzt zu haben. Ich bin nicht, wie viele meiner Kollegen, auf der Suche nach dem ewi-gen Jungbrunnen. Die bemühen sich auf Teu-fel komm raus möglichst jung auszusehen und wirken stattdessen nichts weiter als un-reif.«

»Ich möchte so aussehen wie Picasso und Hitchcock – ein alter Mann mit einem großar-tigen Gesicht. Beide hatten Appetit auf Arbeit und die spiegelte sich in ihren Zügen wider.«

B wie Bodybuilding

»Bodybuilding faszinierte mich, weil man da-bei seinen Körper formen kann. Man sieht das Ergebnis und es bereitet physisches Wohlbe-hagen. Selbstverständlich ist beim Bodybuil-ding auch ein gewisses Maß an Eitelkeit im Spiel.«

B wie Brosnan

»Pierce Brosnan hat sich einen Aspekt der Bond-Figur herausgegriffen, wie ich sie in den sechziger Jahren gespielt habe, aber er gibt auch noch mehr von sich dazu. Vor Brosnan war Bond ein Fremder in der Menge. Jetzt ist er menschlicher geworden, eine Figur, die man in den Sechzigern und den Neunzigern wieder findet. Ich bin mir sicher, dass Bros-nans Überleitung von Bond in das neue Jahr-tausend weiter dazu führen wird, dass Publi-kum und Filmemacher auch in Zukunft beeindruckt sein werden. Er ist ein guter Schauspieler.«

C wie Carry On

»Ich habe keinen der *Carry On*-Filme [in Deutschland: *Ist ja irre*] ausgelassen. Ich mag diesen Humor. Außerdem verehre ich John Cleese, liebe seine Serie *Fawlty Towers*. *Ein Fisch namens Wanda* ist einer meiner Lieb-lingsfilme, auf eine einsame Insel würde ich den und *Lawrence von Arabien* mitnehmen.«

D wie Dalton

»Ich finde, Timothy Dalton macht seine Sache sehr gut. Er hat ein Shakespeare-Training hin-ter sich. Aber ich glaube, er hat die Rolle auch unterschätzt. Die Figur muss mit Würde ge-spielt werden, man muss sich zu bewegen wis-sen, einen gewissen Charme und eine be-stimmte Gefahr in sich bergen.«

E wie Erotik

»Ausgerechnet einer, der 60 Jahre auf dem Buckel hat und oft ein Toupet tragen muss, soll der erotischste Mann der Welt sein? Lächerlich.«

F wie Fehler

»Mein größter Fehler ist, dass ich an alles glaube, was die Leute mir erzählen. Das hat mich schon einiges gekostet [...]. Ich habe auch wirklich einige idiotische Filme ge-macht. Aber was soll's, ich bin längst über 21.«

F wie Fleming

»Ian Fleming ist für mich ein schrecklicher Snob. Er besuchte die britische Eliteschule Eton und das erklärt wohl einiges. Ich glaube nicht, dass er sehr überzeugt von mir war, aber er hatte Mitspracherecht bei der Besetzung, und ich glaube, dass er sich mit der Idee an-gefreundet hat. Er hatte viel Energisches und viel Kurioses an sich. Man konnte sich wun-derbar mit ihm unterhalten oder mit ihm trin-ken, denn er interessierte sich für viele Dinge. Dass er ein guter Journalist war, machte ihn so erfolgreich. Er war sehr akkurat, wusste immer alle Fakten und recherchierte selbst kleinste Details. Das, was er von sich gab, war nie Gefasel.«

F wie Frauen

»Ich mag Frauen. Ich verstehe sie nicht, aber ich mag sie.«

G wie Geld

»Das Problem mit dem Geld ist, dass, wenn du es hast, die Leute darauf bestehen, dass du auch etwas damit machst. Du kannst dein ganzes Leben damit verbringen, dir nur darüber Sorgen zu machen, was du bloß damit anfängst.« (1967)

»Früher bedeutete mir Geld eine Menge. Ich konnte gar nicht genug davon bekommen. Heute bin ich in der entspannten Situation, so viel Geld zu haben, dass ich den Rest meines Lebens keinen Finger mehr krumm machen müsste. Aber ich interessiere mich nach wie vor für die Höhe meiner Gagen und möchte mich nicht unter Wert verkaufen. Mit dem Geld kann ich sehr schöne Dinge anstellen, zum Beispiel junge Künstler fördern. Oder bildende Künstler. Bis heute passe ich auf, dass man mich nicht übers Ohr haut. Sonst werde ich sehr ungemütlich. All den Glücksphilosophien zum Trotz muss ich sagen, dass es besser ist, Geld zu haben, als keins. Nur gibt es leider viele , die mit ihrem Reichtum verantwortungslos umgehen. Viel Geld besitzen bedeutet auch immer viel Verantwortung tragen – das haben einige nicht kapiert.« (1992)

G wie Gorbatschow

»Ich wünsche mir ein Gläschen Wodka mit Gorbatschow. Ich bin ein Fan von ihm. Warum haben sie ihn nicht als ›Mann mit dem größten Sexappeal‹ gewählt? Er hätte es wirklich verdient. Er, der Papst und Mutter Teresa sind Menschen, vor denen ich Respekt habe.«

H wie Haarteile

»Es ehrt mich, im hohen Alter zu Ehren zu kommen, und es schmeichelt mir zugegebenermaßen. Wenn ich sexy wirken sollte, dann ist das okay. Aber ich muss sagen, ich registriere das Älterwerden und stelle mich darauf ein. Wer sich liften lässt, Haarteile trägt, in Diäten und Fastenkuren flüchtet, will nur verdrängen, was tatsächlich abläuft: dass Altern mit dem Tod endet.«

I wie Individualität

»Ich war niemals lange in irgendwelchen Gruppen. Ich denke, dass Gruppen und Vereinigungen höchst gefährlich sind. Man muss sich nur die EWG und die multinationalen Konzerne ansehen. Das Gleiche gilt für die Filmbranche. Letztendlich geht es doch darum, als Einzelner entschlossen zu sein.«

J wie James Bond

»Jeder Mann, der in der Lage ist, zu sprechen, zu gehen und mit einer Frau zu schlafen, kann James Bond spielen.«

K wie Körper

»Ich mag mich so, wie ich geworden bin. Auch wenn ich Falten habe, kaum Haare auf dem Kopf und mein Body nicht mehr knackig ist wie früher. Was soll's? Ich bin, was ich bin, und schulde niemandem Rechenschaft.«

L wie Lesen

»Ich ging in die Stadtbibliothek und las alles, was ich für wichtig hielt: Proust, Thomas Wolfe, Tolstoi, James Joyce. Es war eine gute Entscheidung. Ich las überhaupt keine Krimis. Ich kenne nur zwei Bond-Romane. Genau genommen anderthalb: ›Dr. No‹ und die Hälfte von ›Live and Let Die‹.«

M wie Militärzeit

»Ich unterschrieb für zwölf Jahre, ging aber aufgrund von Magengeschwüren nach drei Jahren wieder. Es hat mir also offensichtlich Spaß gemacht.«

M wie Moore

»Roger hat mit der ursprünglichen Bond-Figur von Ian Fleming mehr gemein als ich. Er ist im Gegensatz zu mir wenigstens ein echter Engländer. Ich glaube, Roger wird gute Arbeit leisten, obwohl er es schwer haben wird, sich gegen die etablierte Bond-Darstellung von mir durchzusetzen. Aber ich denke, er ist außerhalb der Filme lustiger als auf der Leinwand.«

N wie Nadeln

»Ich habe eine Aversion gegen Nadeln und das ist noch milde ausgedrückt. Als ich ein kleiner Junge war, mussten meine Schulkameraden und ich geimpft werden, da eine Diphterie-Epidemie umging. Wir mussten uns alle in einer Reihe aufstellen und neben mir stand dieses große fette Mädchen mit dicken Armen. Ihr Arm war genau in Höhe meiner Augen. Sie stachen ihr die Nadel direkt unter die Haut und ich konnte alles genau sehen. Seitdem habe ich Angst vor Nadeln.« (1989)

O wie Oscar

»Ich hätte lieber die US-Open im Golf als den Oscar gewonnen.«

P wie Posieren

»Es ist mörderisch, stundenlang in Pose zu stehen. Die Frauen wollen immer möglichst nah an mich herankommen. Es ist unangenehm.«

P wie Privatleben

»Die meisten Leute scheinen nicht zu verstehen, was Privatleben bedeutet. Auch wenn du gerade mitten beim Essen bist, schieben sie dir trotzdem ein Stückchen Papier in dein Gesicht und bestehen darauf, dass du es bloß unterschreibst.«

Q wie Queen Elizabeth

Dialog zwischen Queen Elizabeth und Sean Connery bei der Weltpremiere von *Man lebt nur zweimal* in London am 12. Juni 1967: »Stimmt es diesmal wirklich, dass Sie nie wieder James Bond spielen werden?« – »Jawohl, Madam. Es tut mir Leid. Aber jetzt ist es endgültig.« – »Hatten Sie das Gefühl, dass Sie als 007 zu sehr auf einen bestimmten Typ abgestempelt wurden und als Schauspieler diesen Spion nicht mehr loswerden?« – »Ja, Sie haben Recht, Madam. Das ist der Grund.« – »Ist das wirklich Ihr letzter Bond-Film?« – »Ja, Madam. Es tut mir Leid, aber so ist es!« – »Fühlen Sie sich zu sehr festgelegt?« – »Ja, Madam, Sie haben Recht.«

R wie Ruhm

»Ruhm ist wie eine Fackel. Wenn du sie zu lange in der Hand hältst, verbrennst du dir die Finger. Dieser Spruch stammt aus einem Buch des James-Bond-Erfinders Ian Fleming.«

S wie Schauspiel

»Man muss streng zu sich selbst sein, wenn man jeden Tag das Filmmaterial des Vortags studiert. Man muss auch aus der Distanz zu sich sagen: Nein, diese Rolle habe ich noch nicht hingekriegt. Die Schauspielerei ist wie jedes andere Handwerk. Man muss seine Gesetze respektieren und stets versuchen noch besser zu werden.«

»Die Leute fragen mich manchmal, warum ich spiele. Es ist nicht nur des Geldes wegen. Man kann auch als Fußballspieler Geld verdienen. Was mir gefällt, ist die Fantasie, die Art, wie man in eine andere Haut hineinkriecht, sich jemanden anders vorstellt, ihn versteht und wieder erschafft.«

»Es ist nichts Besonderes daran, ein Schauspieler zu sein. Es ist ein Job wie der eines Zimmermanns oder eines Maurers, und ich habe niemals aufgehört mich über das Mysterium zu wundern, das die Menschen um meinen Beruf machen.«

T wie Theater
»Wenn ich nicht am Theater Shakespeare und all die Klassiker gespielt hätte, hätte es James Bond so nie gegeben.«

U wie Unangenehm
»Wenn ich schlecht gelaunt bin, unangenehm bin oder gar meckere, dann hat das einen Grund. Manche Leute behaupten von mir, ich sei schwierig. Nun, schwierig bin ich nur im Umgang mit völligen Idioten, dann kann ich rechthaberisch und streitlustig sein. Außerdem werde ich unangenehm, wenn ich mich unfair behandelt fühle. Ich finde es kriminell, wenn du mit jemandem Absprachen triffst und derjenige dann versucht dich bei der Abrechnung zu hintergehen.«

V wie Vater
»Ich habe einen großen Respekt vor Geld. Ich weiß, wie schwer es ist, es zu verdienen und es zu behalten, speziell in Bezug auf die teuflischen Steuern in England. Dass man manchmal mehr Geld für ein Essen ausgibt, als mein Vater pro Woche verdient hat, werde ich nie aus den Augen verlieren.«

W wie Weisheit
»Ich bin kein weiser alter Mann, sondern fühle mich oft und gerne noch immer wie ein kleiner Junge. Wichtiger finde ich, dass man nicht auf der Stelle tritt und sich weiter für alles interessiert, was um einen herum passiert. Nur so, glaube ich, kann man ein besserer Schauspieler werden oder ein guter bleiben. Und außerdem gibt es zu viele weise Men-

schen, die ich bewundere. Den Kollegen Sir John Gielgud zum Beispiel. Der ist 87 Jahre alt und wird als Schauspieler immer noch besser.« (Sir John Gielgud starb im Jahr 2000 im Alter von 96 Jahren.)

W wie Wiedervereinigung
»Die Wiedervereinigung wird Westdeutschland Milliarden kosten. Fabriken, Verkehrssysteme – im Osten ist doch alles veraltet. Bestimmt haben viele Westdeutsche mehr Angst davor als wir Engländer.« (Connery ist Schotte, folglich wurde das Zitat, das in der Zeitschrift ›Quick‹ am 10. Oktober 1990 erschien, entweder falsch übersetzt oder redigiert.)

»Dass Kapitalismus knallhart ist, werden auch die Millionen Ostdeutschen bald mitbekommen. Ein Taugenichts hat im Sozialismus mehr Chancen zu überleben als im westlichen Leistungssystem. Der Freudentaumel nach dem Mauerfall wird bald ein Ende haben. Und die Ostdeutschen werden noch viele Jahre Deutsche zweiter Klasse sein.«

Y wie Young
»Terence Young war für mich die wichtigste Figur der ganzen James-Bond-Serie, außer natürlich Ian Fleming selbst, der die Romane geschrieben hat. Er übte den größten Einfluss aus. Er machte mit mir einen Einkaufsbummel und besorgte mir die richtigen Klamotten, was mir die Augen öffnete. Das Budget für die Kleidung war im Vergleich zum Etat des Films astronomisch. Ich weiß, dass Terence Recht hatte, denn Bond verkörperte einen bestimmten Stil.«

Z wie Zweifel
»Alle Schöpferkraft entsteht aus dem Zweifel. Manchmal bin ich ein Querschädel, aber ich habe ein ausgeprägtes Gefühl für Qualität. Da lasse ich mir von niemandem reinreden.«

Frauen über Sean Connery

»Er ist immer normal geblieben und auf dem Boden der Tatsachen. Was ich an ihm mag, ist, dass er immer noch genauso ist wie zu der Zeit, als ihn noch niemand kannte.«
Ursula Andress

»Was die britische Filmindustrie angeht, sollten wir glücklich sein, dass wir so einen Reichtum an Talent besitzen. Darunter gibt es einige herausragende Beispiele. Eine professionelle Einstellung, Professionalismus ist der richtige Ausdruck, um seine Arbeit zu beschreiben. Das, was er für die jungen Menschen in diesem Land getan hat, ist enorm. Vielleicht haben wir nicht viele Helden, aber er ist ein leuchtendes Beispiel für einen Helden einer ganzen Generation.«
Prinzessin Anne bei der Verleihung der Silbernen Maske der Britischen Film- und Fernsehindustrie

»Wir reiten beide auf einem Pferd am Strand entlang. Dann fallen wir in den Sand und lieben uns im Mondschein.«
Kim Basingers Traum von einem Liebesabenteuer mit Sean Connery laut ›Daily Mirror‹ vom September 1991

»Er hat dieses Funkeln in den Augen, das jede Frau anzieht. Und ich bin da keine Ausnahme. Kein Wunder, dass er zum erotischsten Mann gewählt wurde.«
Lorraine Bracco (*Medicine Man*)

»Sean ist ein ganzer Kerl, ein richtiger Bonvivant. Er ist einer der wenigen Männer, die auch im Alter unglaublich sexy geblieben sind. Es muss herrlich sein, seine Frau zu sein.«
Barbara Carrera

»Ich verstehe, warum sich die Frauen ihm an den Hals werfen. Er ist so ein attraktiver Mann.«
Micheline Connery

»Er macht mir nie großartige Geschenke oder bringt mir Blumen mit. Aber er schreibt immer kleine Notizzettel wie ›Ich liebe dich‹ und lässt die irgendwo im Haus. Er versteckt sie in der Kleidung oder an Bilderrahmen. Ich hebe sie auf. Sie sind wie ein Schatz für mich. Als er das letzte Mal in England drehte, hinterließ er eine Nachricht im Hotel. Ich rief die Rezeption an, ob es etwas Neues gebe, und sie sagten mir: Da ist eine Nachricht von Ihrem Mann mit dem Text: Du bist die Beste.«
Micheline Connery

»Sean hasst es, über sich selbst zu reden. Er ist eben ein sehr privater Mensch.«
Micheline Connery (1985)

»Er ist ein sehr natürlicher, einfacher Mann. Manchmal kann er ziemlich grob sein und sogar verletzlich bei dem, was er sagt, aber du weißt immer, woran du bei ihm bist. Er ist kein Heuchler.«
Diana Dors

»Auf der Höhe seines Bond-Ruhmes hätte er jede Frau der Welt haben können. Soweit ich das beurteilen kann, hat er das auch ausgenutzt, denn die Frauen warfen sich ihm zu Füßen.«
Diana Dors

»Er ist ein ausgezeichneter Schauspieler, sieht toll aus und ist einfach umwerfend.«
Audrey Hepburn

»Der Kerl ist einfach sexy.«
Patricia Highsmith

»Die Menschen lieben ihn wegen seiner umwerfenden Integrität, seiner Ehrlichkeit und Männlichkeit. Und ich glaube, dass er kein Toupet trägt, macht ihn noch liebenswerter.«
Joy Jameson, Connerys ehemalige Agentin

»Er ist einer der letzten echten Männer.«
Michelle Pfeiffer

»Es ist leicht, mit ihm zu arbeiten. Er hat Sinn für Humor und ist ein verdammt guter Schauspieler.«
Gena Rowlands

»Sean ist der tollste Mann, der mir je begegnet ist. Er gibt einer Frau das Gefühl, immer hundertprozentig für sie da zu sein – auch wenn es darum geht, Rücksicht zu beweisen. Aber gerade weil er so ein Supermann ist, habe ich mich nicht in ihn verliebt. Ich hatte Angst, dass unsere wunderschöne Freundschaft darunter leiden könnte. Sean besitzt alle Eigenschaften, die ich an einem Liebhaber schätze: Er ist offen, ehrlich, großzügig, liebenswürdig und galant. Und gerade deshalb war es mir wichtiger, ihn als Freund fürs Leben zu gewinnen – und nicht als Liebhaber auf Zeit.«
Jill St. John

»Ich habe ihn einmal getroffen, für ungefähr 30 Sekunden, und muss sagen, er ist unglaublich charmant.«
Sigourney Weaver

»Sean war mit 25 sehr sexy, heute ist er obersexy. Sean ist Stimulanz, ein leibhaftiges Aphrodisiakum.«
Shelley Winters

»Er hat so einen tollen Körper und er ist unglaublich charismatisch. Er bringt mich zum Schmelzen.«
Catherine Zeta-Jones

Männer über Sean Connery

»Wenn Sean Connery Anfang der sechziger Jahre schon dein Freund war, dann war es gut, ein Gespräch über James Bond zu vermeiden. Er war und ist ein viel besserer Schauspieler, als er als Bond zeigen konnte, aber der wurde zu einem Synonym. Er ging die Straße entlang und die Leute sagten: ›Schau doch mal, da geht James Bond!‹ Das hat ihn fertig gemacht.«
Michael Caine

»Ohne Sie hätten wir den Kalten Krieg nicht gewonnen!«
Bill Clinton bei einer Auszeichnung für Connerys kulturelle Verdienste 1999

»Wenn du mit Sean Connery zusammen bist, dann lernst du sehr schnell, wo dein eigener Platz im Universum ist, und das lässt einen bleich werden.«
Kevin Costner

»Der Starruhm hat ihn kein bisschen verändert. Wenn er dir seine Freundschaft schenkt, dann bekommst du sie zu 100 Prozent. Darauf kannst du dich verlassen.«
Toni Dalli, Jugendfreund aus London

»Wir kommen von derselben Schauspielschule. Wir sind pünktlich da, arbeiten und gehen nach Hause. Es gibt nur einen Unterschied: Sean spielt alles, vom arabischen Scheich bis zum Drachen, mit einem schottischen Akzent.«
Harrison Ford

»Er ist einer der großen Filmstars. Seine Präsenz, seine Persönlichkeit, sein kultiviertes Auftreten und der unfehlbare Sinn für Humor machen ihn zu einer Klasse für sich.«
Roy L. Furman, Präsident der Film Society des Lincoln Center in New York

»Wenn man heute *12 Uhr mittags* besetzen würde, wer könnte dann Grace Kelly zurücklassen und die Straße entlanggehen, wie Gary Cooper das damals tat? Ich denke, das könnte nur Sean Connery.«
Larry Gordon, Produzent von *Family Business*

»Der Charakter, den ich in *Family Business* spiele, agiert sehr körperbetont, und Connery zeigte mir, wie man das am besten macht. Ich mag ihn als Mensch sehr gerne.«
Dustin Hoffman

»Für mich ist es mysteriös. Steve McQueen hatte es, James Cagney hatte es. Wenn ein Schauspieler etwas an sich hat, dann kann er in einem Supermarkt irgendein Ding aus dem Kühlschrank nehmen und es wird zu etwas Besonderem. Die Leute gehen auch ins Kino, um zu lernen, und fühlen sich davon angezogen, zu sehen, wie sich Sean Connery benimmt. Sie sympathisieren mit ihm oder hätten gerne sein Einfühlungsvermögen. Sie wünschen sich, seine Qualitäten zu haben, seine Würde, auch wenn er unter Druck steht.«
Philip Kaufman

»Es hat ihn enttäuscht, dass es so lange dauerte, das Bond-Image loszuwerden. Alle haben in ihm nur den charmanten Sexprotz gesehen. Niemand verstand, mit welch großartiger Ironie, mit welch hochkomödiantischer Art er den Bond spielte. Und sein Aussehen ist ihm völlig gleichgültig.«
Sidney Lumet

»Ich denke nicht, dass er als Schauspieler mit der Zeit so sehr gewachsen ist. Es ist eher so, dass die Meinung von ihm stieg und die Menschen feststellten, zu was er alles in der Lage ist. Ich wusste schon immer von seinen Fähigkeiten. Erst in den achtziger und neunziger Jahren hat jedermann gemerkt, dass er wirklich etwas kann.«
Sidney Lumet

»Im Sommer 1972 ging ich mit meinem damals acht Jahre alten Sohn Jeffrey in ein Londoner Restaurant essen. Es war die Zeit, in der Söhne immer besonders stolz auf ihre Väter sein wollten, also fragte er mich: ›Kannst du hier jeden im Raum verprügeln?‹ Ich sah mich um, erblickte überwiegend ältere und kleinere Männer und sagte umgehend Ja. ›Was, wenn James Bond ins Restaurant kommen würde?‹, erwiderte er. Ich entgegnete, dass ich in Zukunft James Bond spielen werde, und er antwortete entrüstet: ›Ich meine doch den richtigen James Bond, Sean Connery!‹
Roger Moore

»Es war eine Ehre für mich, als James Bond in deine abgelegten Schuhe zu schlüpfen. Wenn du jemals wieder ein Paar Schuhe herumliegen hast, die du nicht mehr benötigst, dann sag mir doch bitte Bescheid.«
Roger Moore zu Sean Connery

»Sean Connery macht die Menschen glücklich.«
Sidney Poitier

»In Wahrheit ist er ein überaus höflicher und sensibler Mensch mit einem beinahe schüchternen Humor, den er homöopathisch, aber pointiert dosiert.«
Jim Rakete

»Connery ist mit seinen über 60 Jahren immer noch einer der Stars des Films. Wie viele andere Schauspieler können das von sich behaupten? Wo sind Richard Harris, Peter O'Toole, Roger Moore und all die anderen Briten geblieben? Ich weiß nicht, ob es wohl überlegt und bedacht war oder nicht, aber was

er mit seiner Karriere gemacht hat, ist wirklich außergewöhnlich.«
Lee Rich, Filmproduzent von *Im Sumpf des Verbrechens*

»Manchmal überträgt sich das, was die Menschen im tatsächlichen Leben tun, nicht auf die Leinwand. Sean ist einer dieser wenigen Menschen, deren Lebensqualität sich auf die Leinwand überträgt. Er hat eine fantastische Energie, eine Lebensfreude und eine Größe, die sich dem Publikum vermittelt. Er transportiert Stärke, Kraft und Solidität. Er ist wie ein Fels.«
Fred Schepisi

»Jeder Mann möchte gerne Sean Connery sein, und jede Frau wäre froh, wenn die Männer so wären wie er.«
Neil Simon, Autor

»Ich habe mit Sean Connery bei einer Reihe von Filmen wie *Sag niemals nie* oder *Indiana Jones und der letzte Kreuzzug* zusammengearbeitet. Mit ihm zu drehen ist einfach. Er ist ein interessanter Charakter. Er hat ein ausdrucksvolles Gesicht, also schmeichele ich ihm nicht. Ich bin dazu angehalten, das Licht für einen dramatischen Ausdruck zu verwenden und das aus seinem Gesicht herauszuholen.«
Douglas Slocombe, Kameramann

»Sean Connery ist nicht wie jeder andere. Er ist ein Original. Er war niemals besser und gefragter als jetzt, und endlich wird er als der Star wahrgenommen, der er schon immer gewesen ist. Hollywood hat sich endlich eingestanden, dass er einer unserer größten Filmstars ist. Er wird in der gesamten Filmgeschichte immer in Erinnerung bleiben. Es gibt nur sieben wirkliche Filmstars in der Welt – und Sean Connery ist einer von ihnen.«
Steven Spielberg

»Er ist ein harter Verhandlungspartner, ein sehr harter. Aber auch wenn man viel über seine Durchsetzungskraft und seine spitze Zunge hört, so hat das doch nur damit zu tun, dass er hohe Standards setzt und die Dinge richtig anpacken will. Ich finde das richtig, denn ich habe auch hohe Standards.«
Tom Stoppard

»Er behandelt jeden mit Respekt und lässt niemand spüren, dass er etwas Besonderes ist. Er sieht sich selbst als Mitglied einer Crew und fühlt sich, vielleicht aufgrund seiner Herkunft, mehr zu den Technikern, Elektrikern und Vorarbeitern hingezogen als zu den Prominenten. Ich weiß, dass er seine Macht und seinen Ruhm nutzt, um in den Büros zu erreichen, was er will, aber wenn er arbeitet, dann ist es so, als wüsste er von beidem nichts.«
Ein Techniker

»Ich nahm Sean mit zu meinem Hemdenschneider, meinem Schuhmacher und meinem Anzugschneider. Ich wollte, dass er sich daran gewöhnte, gute Sachen zu tragen. Sean lernte sehr schnell. Als wir in Jamaika drehten, war er gesellschaftsfähig. Er konnte von Noel Coward zum Dinner eingeladen werden und sich genauso benehmen wie die Leute, die er repräsentiert.«
Terence Young

Enten

Als sich Sean Connery auf einer Urlaubsreise nach einem Golfplatz erkundigte, erhielt er einen Tipp und fuhr hin. Erstaunt stellte er fest, dass man ihn zu einem FKK-Club geschickt hatte. »Statt der Golfhosen ließ er lieber die Schläger fallen und suchte entsetzt das Weite.« (›Neue Post‹)

In dem Asterix-Heft ›Die Odyssee‹ taucht plötzlich der fahrende Druide Nullnullsix auf — Connery fand's köstlich und war stolz darauf. (© 2000 – LES EDITIONS ALBERT RENE / GOSCINNY – UDERZO)

Als Connery mit einem bekannten US-Klatschjournalisten in einem New Yorker Bistro über seinen jüngsten Film *Die Brücke von Arnheim* sprach, kam der Chef des Hauses an seinen Tisch und bot ihm stillschweigend eine Krawatte an. »Oh, hier muss man also eine Krawatte tragen«, amüsierte sich der Schotte und band sie sich um den Hals. Dann schaute er den erstaunten Mann an und sagte: »Ich habe auch keine Unterhosen an. Denken Sie darüber nach, wenn jetzt jeder auch dabei noch zusieht!« (›Rona Barrett's Hollywood‹)

»Im Februar 1989 meldete eine französische Radiostation Connerys Tod, und die englische Zeitung ›The Sun‹ berichtete, ich wäre beinahe tot, hätte eine Stimmbox einoperiert und die Hälfte meines Kehlkopfs weggeschnitten bekommen.« (Sean Connery in ›Kinohit‹)

»Sean Connery, 58, erster James-Bond-Darsteller und Oscar-Preisträger, brach plötzlich die Dreharbeiten zu dem neuen Millionen-Film *Hamlet* ab und flog von Kanada nach Marbella zu seiner Frau Micheline. Besonders verärgert darüber war sein Schauspieler-Kollege, der Rockstar Sting. Als Grund für die Abreise wird vermutet: eine ernste Erkrankung des Stars.« (›Neue Revue‹)

Connery hat nie mit Sting, geschweige denn *Hamlet* gedreht.

»Das war die größte Schlappe für Sean Connery: Der auf der Leinwand unschlagbare Geheimagent 007-James Bond wurde in London zur Strecke gebracht. Eine Polizeistreife stoppte ihn, weil er zu schnell gefahren war. Tage später kam eine gerichtliche Vorladung. Die Unterschrift: Polizeihauptwachtmeister James Bond. Der Film-Bond wurde zu 165 Mark Geldbuße verurteilt. Der Polizei-Bond: ›Das ist eben Pech. Aber was kann ich dafür, dass ich so heiße.‹« (›Bild‹ vom 28-10-67)

»Beim letzten Bondfilm *Sag niemals nie* rächte sich Michelle Connery an der attraktiven Schauspielerin Barbara Carrera, die Sean Connery mit wilden Küssen verführen soll. Sean musste mit seiner Frau am Vorabend eine mit Knoblauch getränkte Fischsuppe essen.« (›7 Tage‹ vom 29-08-90)

»Nach Beobachtungen des Journalisten Peter McCay sehen selbst weltweit anerkannte Sex-Symbole ›made in Britain‹ wie Roger Moore und Sean Connery im Kino-›Clinch‹ mit Frauen ›keineswegs happy‹ aus; das Liebesspiel der beiden James Bonds gleiche ›einer Art kumpelhafter Massage‹.«
(›Der Spiegel‹ 32/1992)

»Bond-Tochter liebt Bond-Sohn. Deborah (18), Tochter von 007-Roger Moore, und Jason (19), Sohn von Konkurrent Sean Connery, bummeln täglich Arm in Arm durch Hollywood. Abends besuchen sie Discotheken und Nachtclubs. Die beiden Verliebten wollen sich bald verloben.« (›Bild‹, 1982)

»Wenn er sich durchsetzen kann, fackelte Mister Bond nicht lange. Genau wie im Film hat Sean Connery wenig für Leute übrig, die ihm sein gutes Recht nehmen wollen. Als der Ex-007-Agent mit seiner Familie auf einer Landstraße fuhr, wurde Sean von einem Verkehrsrowdy bedrängt. Bevor es zum Frontal-Crash kam, gab der 61-Jährige nach. Aber nur bis zur nächsten Ampel. Connery stieg aus seinem Gefährt, öffnete des Gegners Autotür und verpasste dem Rüpel einen saftigen Kinnhaken. Der rannte daraufhin zur Polizei. ›Aber bitte – manche Leute sind eben nur hinterm Steuer richtige Mannsbilder‹, lachte Sean.«
(›Frau im Spiegel‹, 1991)

Unter der Überschrift »Seelenwanderer« schrieb ein Blatt der Regenbogenpresse 1991: »Sean Connery ist überzeugt davon, Herrscher eines afrikanischen Stammes gewesen zu sein – er lebte im tiefen Dschungel.«

»Der irische Filmstar ist schottischer Katholik«, hieß es in ›Frau im Spiegel‹ 1/1991. Als Connery bei einer Taufe in Rom zu Gast war, soll Papst Johannes Paul II. gesagt haben: »Bei diesem 007-Onkel kann dem kleinen Prinzen ja nichts passieren.«

»Feinschmecker Sean Connery hat sich eine ganz besondere Überraschung für seine Frau Micheline ausgedacht: Zwei Wochen lang wird der Super-Star einen Kochkurs bei Italiens Spitzenköchen absolvieren.«
(›Die Aktuelle‹ 3/1991)

Connery ist kein Gourmet und isst am liebsten Nudelgerichte, einen Kochkurs hat er nie besucht.

Ein unbekannter spanischer Künstler war auch Ende der neunziger Jahre noch der Meinung, dass Connery trotz Halbglatze einen guten Agenten abgeben würde.

»Als Regisseur Sidney Lumet ihm einst die Hauptrolle in *Family Business* anbot, lehnte der Ex-Bond wie folgt ab: ›Der Part ist zu alt für mich. Geben Sie ihn Burt Lancaster.‹ Die Supergage muss Connery allerdings dann wohl vom Gegenteil überzeugt haben. Immerhin verdient er 20 Millionen Mark im Jahr.« (›7 Tage‹, 1990)

Connery hat die Rolle nie abgelehnt.

James Bond ohne Haare: »Sean Connery, Ex-Geheimagent 007, trauert seinen Haaren nach. Dem in natura fast kahlköpfigen Sean wurden kürzlich drei seiner insgesamt fünf Toupets im Wert von 4.500 Mark aus seiner Londoner Wohnung gestohlen.« (Bravo‹ vom 14-09-70)

Sean Connery handelt jetzt mit Diamanten: »*Diamantenfieber* hieß einer seiner berühmten James-Bond-Filme. Nun hat es den inzwischen 48-jährigen Sean Connery offenbar wieder gepackt. In London will der Schauspieler im kommenden Monat ein Juweliergeschäft eröffnen. ›Bond's‹ wird dann ganz schlicht über dem Laden stehen, den Sean – wie könnte es anders sein – in der Bondstreet gemietet hat.« (›Quick‹ vom 19-10-78)

Nee, danke! – »Sean Connery, häufig in Hollywood beschäftigter englischer Filmstar und seit Goldfinger begeisterter Golfspieler, meldete seine Teilnahme an einem englischen Golfturnier an und war recht zuversichtlich den ersten Preis zu gewinnen. Er zog allerdings seine Meldung zurück, als er hörte, worin der Preis bestand: in einer Gratisreise nach Hollywood!« (›Bravo‹ vom 15-10-65)

Anhang

Biografische Daten

25. August 1930: Geburt in Edinburgh (Schottland)

1944: Connery verlässt die Schule und geht 1946 zur Marine.

1949: Entlassung aus der Royal Navy

1953: Mr.-Universum-Wettbewerb im Londoner Scala-Theatre

Juni 1953 – November 1954: Musical ›South Pacific‹ im Londoner Drury-Lane-Theatre, in England und Schottland

1956: Dreharbeiten *Requiem for a Heavyweight* in London

Sommer 1956: Dreharbeiten *Die blinde Spinne* in England und den Pinewood Studios in London

Oktober/November 1956: Dreharbeiten *Operation Tiger* in Südspanien

Dezember 1956 – Januar 1957: Dreharbeiten *Duell am Steuer* in England und den Pinewood Studios in London. Dreharbeiten *Zwölf Sekunden bis zur Ewigkeit* in den Beaconsfield Studios in London. Dreharbeiten *Operation Tiger* in den Elstree Studios in London

1957: 20th Century Fox nimmt Connery unter Vertrag.

September 1957 – Januar 1958: Dreharbeiten *Herz ohne Hoffnung* in Polperro (Cornwall) und den Borehamwood Studios in London

März 1958: Zu Gast bei der Oscar-Verleihung mit Lana Turner

Mai/Juni 1958: Dreharbeiten *Das Geheimnis der verwunschenen Höhle* in den Walt Disney Studios in Los Angeles

Februar/März 1959: Dreharbeiten *Tarzans größtes Abenteuer* in Kenia und den Shepperton Studios in London

24. Juni 1959: Weltpremiere *Das Geheimnis der verwunschenen Höhle* in Dublin

August 1959: Mit Diane Cilento zu Gast bei der europäischen Premiere des Disney-Films *Dornröschen und der Prinz* im Londoner Astoria-Kino

20. Juni 1960: United Artists stimmt einer Serie von sechs Bond-Filmen zu.

Dezember 1960/Januar 1961: Dreharbeiten *Die Peitsche* in London und den Shepperton Studios

April 1961: Dreharbeiten *On the Fiddle* in London und England

16. Januar – 30. März 1962: Dreharbeiten *James Bond – 007 jagt Dr. No* in London und auf Jamaika (58 Drehtage)

5. Oktober 1962: Zu Gast bei der Weltpremiere von *James Bond – 007 jagt Dr. No* im Londoner Pavilion-Kino

29. November 1962: Hochzeit mit Diane Cilento in Gibraltar

12. Januar 1963: Geburt von Jason Connery in Rom

März 1963: Connery und Terence Young bereisen New York, Chicago, Los Angeles, San Francisco, Kansas City und fahren zu einer Premiere auf Jamaika.

1. April – 23. August 1963: Dreharbeiten *Liebesgrüße aus Moskau* in London, Istanbul, dem Orient-Express, Crinan und Lochgilphead (Schottland) und Madrid

August – November 1963: Dreharbeiten *Die Strohpuppe* in England und auf Mallorca

10. Oktober 1963: Zu Gast bei der Weltpremiere *Liebesgrüße aus Moskau* im Londoner Odeon-Kino. Danach besuchen Terence Young und Connery die USA.

November 1963 – Mai 1964: Dreharbeiten *Marnie* in den Universal Studios in Los Angeles und Umgebung

19. Mai – Juli 1964: Dreharbeiten *Goldfinger* in London und Andermatt (Schweiz)

12. August 1964: Ian Fleming stirbt in Canterbury (Kent). Connery erfährt es in Rom und spielt mit Rex Harrison ihm zu Ehren eine Runde Golf.

9. September 1964: Bei einem Presse-Empfang in einem Londoner Hotel werden Stars und Beteiligte von *Ein Haufen toller Hunde* vorgestellt.

November/Dezember 1964: Dreharbeiten *Ein Haufen toller Hunde* in Almería und außerhalb in Gabo de Gata (Spanien) und den MGM-Studios in Borehamwood

30. Dezember 1964: Mit Diane Cilento zu Gast bei der Weltpremiere von *Der gelbe Rolls-Royce* im Empire Kino am Leicester Square

12. Februar – Mai 1965: Dreharbeiten *Feuerball* in Paris, London und auf den Bahamas

18. Februar 1965: Zu Gast bei der Pariser Premiere von *Goldfinger* im Marignan-Kino; Connery fährt im Aston Martin DB 5 vor.

24.–26. Mai 1965: Internationale Filmfestspiele in Cannes. Weltpremiere von *Ein Haufen toller Hunde*

September – Dezember 1965: Dreharbeiten *Simson ist nicht zu schlagen* in New York und Los Angeles

Oktober 1965: Connery verlangt, den Drehplan der Bond-Filme in Zukunft auf zwölf Wochen zu begrenzen.

1966: Connery ist Gast der Emmy Awards und sitzt an einem Tisch mit Mai Britt und David McCallum

4. Juli 1966: Erster Drehtag *Man lebt nur zweimal* (Bonds Tod), 17 Tage Dreharbeiten im Studio

23. Juli 1966: Connery gibt in London bekannt, nach diesem Film mit Bond aufzuhören.

31. Januar 1967: Mit Diane Cilento zu Gast bei der Premiere von *Volpone* im Garrick Theatre in London

27. Juli 1966 – März 1967: Dreharbeiten *Man lebt nur zweimal* in Japan und London

April 1967: Dreharbeiten *The Bowler and the Bunnet* in Schottland

13. Juni 1967: Weltpremiere *Man lebt nur zweimal* in London

Ende Juni – 12. Juli 1967: Connery und Euan Lloyd auf Motivsuche in Mexiko für *Shalako* und zu Gast in Acapulco, wo Teddy Stauffer ihm zu Ehren in der Villa Vera eine Party mit 100 Gästen gibt

September 1967: Zu Gast bei den Internationalen Filmfestspielen in Venedig

Januar – April 1968: Dreharbeiten *Shalako* in Almería (Spanien)

Juni – August 1968: Dreharbeiten *Verflucht bis zum Jüngsten Tag* in Eckley und Lancaster (Pennsylvania) sowie in Studios in Los Angeles

März/April 1969: Dreharbeiten *Das rote Zelt* in Rom und Moskau

Herbst 1969: Connery inszeniert *I've Seen You Cut Lemons* in Oxford

Februar 1970: David Picker, Chef von United Artists, macht Connery in London ein Angebot, einen weiteren Bond-Film zu drehen, das dieser nicht ablehnt.

24. Juni 1970: Mit Diane Cilento zu Gast bei der Premiere von *Ned Kelly* in London

August/September 1970: Dreharbeiten *Der Anderson Clan* in New York und den Hi Brown und ABC Pathé Studios in Manhattan

Winter 1970/1971: Dreharbeiten *Diamantenfieber* in London, Las Vegas und der Wüste von Nevada

1971: Connery engagiert den Finanzberater Kenneth Richards.

14. Januar 1972: Zu Gast bei der schottischen Premiere von *Diamantenfieber* im Odeon-Theatre in Edinburgh

März 1972: Connerys Vater Joe stirbt in Edinburgh im Alter von 86 Jahren.

April 1972: Dreharbeiten *Sein Leben in meiner Gewalt* in England und den Twickenham Studios

20. – 23. Januar 1973: PR-Besuch für *Sein Leben in meiner Gewalt* in Hamburg, Köln und München, anschließend Besuche in Paris und Rom

Februar/März 1973: Dreharbeiten *Zardoz* in Südirland und den Ardmore-Studios

Januar – März 1974: Dreharbeiten *Die Uhr läuft ab* in Oslo und Norwegen

1974: Umzug von England nach Monte Carlo und Marbella

März/April 1974: Dreharbeiten *Mord im Orient-Express* in Istanbul und den Londoner EMI Shepperton Studios

Oktober – Dezember 1974: Dreharbeiten *Der Wind und der Löwe* in Almería, Sevilla, Madrid, Gabo de Gata und im Coto de Donana Revier (Spanien)

Januar – April 1975: Dreharbeiten *Der Mann, der König sein wollte* in Marokko und Marrakesch

Connery mit erster Ehefrau Diane Cilento bei der Premiere von Ned Kelly *in London. Links Richard Lester, mit dem er später zwei Filme drehen sollte.*

6. Mai 1975: Hochzeit mit Micheline Roquebrune in Gibraltar

Juli/August 1975: Dreharbeiten *Robin und Marian* in Spanien, zwischen Madrid und Bilbao

September 1975: Bei der Eröffnung von Kevin McClorys Zirkusprojekt ›Circasia‹ in Irland tritt Connery als Clown auf.

Februar – Mai 1976: Dreharbeiten *Öl* in New York, den dortigen Astoria-Studios und auf den Bahamas

11. März 1976: Zu Gast bei der Weltpremiere von *Robin und Marian* in der Radio City Music Hall in New York. Danach Besuch der Premiere in Los Angeles

Juni – August 1976: Dreharbeiten *Die Brücke von Arnheim* in Deventer (Holland)

31. Oktober 1977 – Februar 1978: Dreharbeiten *Meteor* in Los Angeles

Januar 1978: Connery und Michael Caine klagen gegen Allied Artists auf entgangene Anteile an den Umsätzen

Juni/Juli 1978: Dreharbeiten *Der große Eisenbahnraub* in Irland und den dortigen Studios sowie in den Londoner Pinewood Studios

Jahreswechsel 1979/1980: Publicity für *Meteor* in New York

1980: Besuch bei seiner Mutter in Edinburgh wegen deren Schlaganfall

23. Juni – Oktober 1980: Dreharbeiten *Outland* in den Pinewood Studios, London

Frühjahr 1981: Dreharbeiten *Time Bandits* in Marokko

Mai 1981: Zu Gast bei den Internationalen Filmfestspielen in Cannes, Preisübergabe an Andrzej Wayda. Zu Gast in der Box von Frank Williams beim Großen Preis von Monaco

Mai/Juni 1981: Dreharbeiten *Sean Connery's Edinburgh* in Edinburgh (drei Wochen)

Juni – August 1981: Dreharbeiten *Am Rande des Abgrunds* im Engadin (Schweiz), in Glasgow und den Shepperton Studios

15. August 1981: Zu Gast bei der Europa-Premiere von *Outland* in Edinburgh

September 1981: Zu Gast beim 7. Festival des amerikanischen Films in Deauville wegen *Outland* und einer Retrospektive seiner Filme

Oktober 1981: Vertragsunterzeichnung *Sag niemals nie*

November 1981: Prozess gegen Kenneth Richards vor dem High Court in Edinburgh wegen unterschlagener Einnahmen

Februar 1982: Besuch der Bahamas und zu Gast bei Kevin McClory. Hauskauf

25. Mai 1982: Der High Court in Edinburgh spricht Connery eine Million Pfund zu, die sein ehemaliger Finanzberater Kenneth Richards zu zahlen hat.

August 1982: Turnberry Golfturnier in Schottland mit Albert Finney. Sie gewinnen gegen die Profis mit 3:2.

20. September – Dezember 1982: Dreharbeiten *Sag niemals nie* in Nizza, Villefranche-sur-Mer, den Elstree-Studios in London und auf den Bahamas. Dazwischen sechs Drehtage für *Camelot* in Avignon (Frankreich)

September 1983: Zu Gast beim Festival des amerikanischen Films in Deauville zu *Flammen am Horizont*, Retrospektive

12. September 1983: Zu Gast bei der Premiere von *Educating Rita in Hollywood*

7. Oktober 1983: US-Start *Sag niemals nie*. Connery zuvor zu Gast in Los Angeles

17. November 1983: Zu Gast bei der Europa-Premiere von *Sag niemals nie* in Monaco

30. November 1983: Frankreich-Start *Sag niemals nie*. Connery zuvor in Paris

13. Dezember 1983: Connery hält eine ›Guardian Lecture‹ am National Film Theatre in London.

14. Dezember 1983: Zu Gast bei der britischen Premiere von *Sag niemals nie* in London

Januar 1984: Zu Gast in der TV-Sendung *Auf los geht's los* in Kaiserslautern

17. Februar 1984: Prozess in London gegen den ehemaligen Finanzberater Kenneth Richards. Streitwert: 2,8 Millionen Pfund. Connery bekommt erneut Recht.

Juni 1984: Zu Gast in der Londoner Royal Albert Hall bei einer Wohltätigkeitsveranstaltung zugunsten von Muskelkranken

20. Juni 1984: Einreichung der Klageschrift gegen United Artists und Albert R. Broccolis Eon Productions wegen entgangener Prozente vor dem Bezirksgericht in Los Angeles. Streitwert: 225 Millionen US-Dollar. Man einigt sich im Juni 1992 außergerichtlich.

25. November 1984: Golfspiel im Bel-Air Country Club in Los Angeles

10. Dezember 1984: Zu Gast bei der Vorführung von *Runaway* in Beverly Hills

1985: Im Prozess Connery/Richards erhält Connery weitere 1,8 Millionen Pfund zugesprochen.

19. April 1985: Drehbeginn *Highlander* in Schottland (sieben Drehtage für Connery)

Juni 1985: Connerys erste Frau Diane Cilento heiratet Anthony Shaffer

8. November 1985 – 20. März 1986: Pressekonferenz und Dreharbeiten *Der Name der Rose* in Eberbach bei Frankfurt, nahe Rom und in den römischen Cinecittà Studios

13. Dezember 1985: Zu Gast bei der Bambi-Verleihung in München

August 1986: Radio-Play *After the Funeral* für BBC Radio 3 in London

November 1986 – Januar 1987: Dreharbeiten *The Untouchables – Die Unbestechlichen* in Chicago und Umgebung

Januar 1987: Pressetermine *Der Name der Rose* im Londoner Savoy Hotel mit Bernd Eichinger und Jean-Jacques Annaud

März 1987: Zu Gast bei der Commandeur des Arts et Lettres-Verleihung in Paris mit Audrey Hepburn

April 1987: Oscar-Verleihung in Los Angeles

12. April 1987: Connery und Roger Moore zu Gast im Restaurant Spago's in Los Angeles, einer der seltenen öffentlichen Auftritte von beiden zusammen

Juni – August 1987: Dreharbeiten *Presidio* in San Francisco

6. Dezember 1987: Zu Gast bei der Vorführung von *Wall Street* auf dem Gelände der 20th Century Fox in Los Angeles

10. Dezember 1987: Zu Gast bei der Vorführung von *Schmeiß die Mama aus dem Zug* in Beverly Hills

1988: Erste Kehlkopfoperation in London

März 1988: Oscar-Verleihung im Shrine Auditorium in Los Angeles. Auftritt mit Michael Caine, Roger Moore und Kevin Kline

10. März 1988: Zu Gast im American Film Institute in Beverly Hills anlässlich der Verleihung eines Preises für das Lebenswerk an Jack Lemmon

Briten unter sich: Connery und Roger Moore am Eingang des Nobel-Restaurants Spago's in Hollywood.

8. April 1988: Zu Gast im St. James Club in Hollywood anlässlich der nachträglichen Feier des 80. Geburtstages von John Mills und im Madeos im Rahmen einer Feier zu Ehren von Bernardo Bertolucci

16. Mai – August 1988: Dreharbeiten *Indiana Jones und der letzte Kreuzzug* in Spanien, Jordanien, den USA, England und den Londoner Elstree Studios

Februar 1989: Zweite Kehlkopfoperation in Los Angeles

April 1989: Drehbeginn *Jagd auf Roter Oktober* in Los Angeles (vier Wochen für Connery)

2. Oktober – Dezember 1989: Dreharbeiten *Das Russland-Haus* in Leningrad, Moskau, Lissabon und nahe Vancouver

Januar 1990: Pebble Beach Golf Tournament mit Clint Eastwood, Michael Keaton und Jack Lemmon

Frühjahr 1990: Erneute Kehlkopfoperation in London

7. – 20. Mai 1990: Dreharbeiten *Highlander II – Die Rückkehr* in Buenos Aires

Dezember 1990: Ein Drehtag für *Robin Hood – König der Diebe* in England

Dezember 1990: Zu Gast bei der Preisverleihung ›Society of Singers‹ und der Feier zu Frank Sinatras 75. Geburtstag am 12. Dezember 1990.

April/Mai 1991: Dreharbeiten *Medicine Man – Die letzten Tage von Eden* in Mexiko

Dezember 1991: Zu Gast bei der Weltpremiere von *Bugsy* in Los Angeles

31. Dezember 1991 – 1. Januar 1992: Zu Gast bei der Silvesterfeier im Caribou Club in Aspen

7. Februar 1992: Zu Gast bei der Weltpremiere von *Medicine Man* im El Capitan Theatre in Los Angeles

3./4. März 1992: PR-Besuch für *Medicine Man* in Hamburg

April 1992: Connery unterstützt die Scottish National Party bei den Wahlen in seinem Heimatland

22. Juni – 3. Oktober 1992: Dreharbeiten *Die Wiege der Sonne* in Los Angeles

März – Mai 1993: Dreharbeiten *A Good Man in Africa* in Südafrika

November/Dezember 1993: Krankenhausaufenthalt in London wegen Kehlkopferkrankung (sechs Wochen)

April – Juli 1994: Dreharbeiten *Im Sumpf des Verbrechens* in Miami und Florida

Juli – November 1994: Dreharbeiten *Der 1. Ritter* in Wales und den Pinewood Studios in London

April 1995: Connerys Mutter stirbt in Edinburgh.

30. Oktober 1995 – Januar 1996: Dreharbeiten *The Rock* in San Francisco und auf Alcatraz

5. Juni 1996: Zu Gast bei der Weltpremiere von *The Rock* auf Alcatraz

5. Mai 1997: Zu Gast bei der Ehrung der Film Society im Lincoln Center in New York

Juni/Juli 1997: Dreharbeiten *Mit Schirm, Charme und Melone* in London und Umgebung sowie in den Pinewood Studios

Mai/Juni 1998: Dreharbeiten *Leben und lieben in L.A.* in Los Angeles

29. Juni – Oktober 1998: Dreharbeiten *Verlockende Falle* in London, den Pinewood Studios, West-Schottland und Kuala Lumpur

24. Januar 1999: Zu Gast bei der Golden-Globe-Verleihung im Beverly Hills Hilton Hotel in Los Angeles

März 1999: Zu Gast auf der ShoWest in Las Vegas, PR für *Verlockende Falle*

15. April 1999: Zu Gast bei der Weltpremiere von *Verlockende Falle* im Mann's Chinese Theatre in Los Angeles

13. – 17. Mai 1999: Zu Gast bei den 52. Internationalen Filmfestspielen in Cannes, »Hommage« und Aufführung *Verlockende Falle*

1. Juli 1999: Zu Gast bei der Eröffnung des schottischen Parlaments

25. August 1999: Zu Gast bei der Premiere von *Pushing Tin* in Edinburgh

September 1999: Verkauf der »Casa Malibu« in Marbella

3. April 2000: Drehbeginn *Finding Forrester*, Dreharbeiten in Toronto und New York

Filmografie

R = Regie   DB = Drehbuch,
P = Produktion   D = Darsteller

Längenangaben = Aufgrund unterschiedlicher Quellen tauchen zum Teil differierende Laufzeiten auf. Wenn möglich wird mit aufgeführt, wo die Filme in welcher Länge ausgestrahlt wurden.

Seit Liebesgrüße aus Moskau *(1963) wurde Sean Connery von Gert Günther Hoffmann synchronisiert. Bei den wenigen Ausnahmen sind die Namen dieser Sprecher bei den entsprechenden Filmen erwähnt.*

Simon
GB 1953
R: Peter Zadek
D: Schüler einer Grundschule im Londoner Stadtteil Hampstead
Länge: 94 Minuten, schwarzweiß
Sean Connery wirkte als Statist mit. Peter Zadek erwähnt in seiner Autobiografie die Zusammenarbeit mit ihm.

Lilacs in the Spring (US-Titel: Let's Make up)
GB 1954
R: Herbert Wilcox. DB: Robert Nesbitt, Harold Purcell. P: Herbert Wilcox
D: Errol Flynn (John Beaumont), Anna Neagle (Carole Beaumont, Lillian Grey, Queen Victoria, Nell Gwyn), David Farrar (Charles King, King Charles), Kathleen Harrison (Kate)
Länge: 94 Minuten, schwarzweiß
US-Start: 03-55. GB-Start: 21-12-54 (andere Quellen: 24-01-55)
Verschiedenen Quellen zufolge wirkte Sean Connery als Statist mit.

No Road back (Die blinde Spinne)
GB 1957
R: Montgomery Tully. DB: Charles A. Leeds, Montgomery Tully. P: Steve Pallas
D: Skip Homeier (John Railton), Paul Carpenter (Clem Hayes), Margaret Rawlings (Mrs. Railton), Sean Connery (Spike), Patricia Dainton (Beth), Norman Wooland (Inspektor Harris)
Länge: 83 Minuten, schwarzweiß
GB-Start: 18-02-57. Deutschland-Start: 25-03-60

Time Lock (Zwölf Sekunden bis zur Ewigkeit)
GB 1957
R: Gerald Thomas. DB: Peter Rogers. P: Peter Rogers

D: Robert Beatty (Peter Dawson), Betty McDowall (Lucille Walker), Vincent Winter (Steven Walker), Lee Patterson (Colin Walker), Sean Connery (2. Schweißer)
Länge: 73 Minuten, schwarzweiß
GB-Start: 19-08-57. Deutschland-Start: 15-01-60. DDR-Start: 13-01-61 (Titel: Im Tresor gefangen)

Hell Drivers (Duell am Steuer)
GB 1957
R: Cy Endfield (Cyril Baker Endfield). DB: John Kruse, Cy Endfield. P: Benjamin Fisz
D: Stanley Baker (Tom), Patrick McGoohan (Red), Herbert Lom (Gino), Peggy Cummins (Lucy), Sean Connery (Johnny)
Länge: 108 Minuten (US-Fassung 91 Minuten), schwarzweiß
GB-Start: 26-08-57 (Wiederaufführung 05-61). Deutschland-Start (Synchronsprecher Connery: Benno Gellenbeck): 29-11-57. US-Start: 05-58

Action of the Tiger (Operation Tiger)
GB 1957
R: Terence Young. DB: Robert Carson. P: Kenneth Harper
D: Van Johnson (Carson), Martine Carol (Daisy), Herbert Lom (Trifon), Gustavo Rocco (Henri), Sean Connery (Mike), Tony Dawson (Offizier der Geheimpolizei)
Länge: 94 Minuten, schwarzweiß
US-Start: 08-57. GB-Start: 22-08-57. Deutschland-Start: 14-02-58

Another Time, Another Place (Herz ohne Hoffnung)
USA 1958
R: Lewis Allen. DB: Stanley Mann. P: Lewis Allen, Smedley Aston
D: Lana Turner (Sara Scott), Sean Connery (Mark Trevor), Barry Sullivan (Carter Reynolds), Glynis Johns (Kay Trevor), Sidney James (Jake Klein)
Länge: 95 Minuten (US-Fassung 98 Minuten), schwarzweiß
US-Start: 04-58. GB-Start: 06-06-58 (Premiere 08-05-58 im Odeon, Leicester Square, London). Deutschland-Start: 12-06-58

Darby O'Gill and the Little People (TV-Titel: Das Geheimnis der verwunschenen Höhle / Das Geheimnis der verschwundenen Höhle)
USA 1959
R: Robert Stevenson. DB: Lawrence Edward Watkin. P: Walt Disney
D: Albert Sharpe (Darby O'Gill), Sean Connery (Michael McBride), Janet Munro (Katie), Jimmy O'Dea, Kieron Moore, Estelle Winwood

1971 besuchte Connery erstmals München und traf dort auch seine deutsche Stimme Gert Günther Hoffmann.

Länge: 90 Minuten
Premiere 24-06-59 im Theatre Royal in Dublin. US-Start: 26-06-59. GB-Start: 20-07-59
Video: 06-87 (Walt Disney Home Video / Titel: Das Geheimnis der verwunschenen Höhle / Synchronsprecher Connery: Guido Hoegel)

Tarzan's Greatest Adventure (Tarzans größtes Abenteuer)
USA 1959
R: John Guillermin. DB: Berne Giler, John Guillermin nach Motiven von Edgar Rice Burroughs und einer Erzählung von Les Crutchfield. P: Sy Weintraub
D: Gordon Scott (Tarzan), Anthony Quayle (Slade), Sara Shane (Angie), Niall MacGinnis (Kruger), Sean Connery (O'Bannion), Al Mulock (Dino)
Länge: 80 Minuten (US-Fassung 88/90 Minuten)
US-Start: 07-59. GB-Start: 08-59 (Vorstart in London 21-06-59). Deutschland-Start (Synchronsprecher Connery: Arnold Marquis): 13-10-59

The Frightened City (Die Peitsche)
GB 1961
R: John Lemont. DB: Leigh Vance. P: John Lemont, Leigh Vance
D: Herbert Lom (Waldo), John Gregson (Detective Inspektor Sayers), Yvonne Romaine (Anja), Sean Connery (Paddy Damion), Alfred Marks (Harry Foulcher)
Länge: 97 Minuten, schwarzweiß
GB-Start: 25-09-61 (Premiere 04-09-61 im Marble Arch in London). US-Start: 13-07-62. Deutschland-Start: 10-08-62 (Wiederaufführung 1965)

On the Fiddle (US-Titel: Operation Snafu / Prerelease Titles: War Head, Operation Warhead)
GB 1961
R: Cyril Frankel. DB: Harold Buchman. P: Benjamin Fisz
D: Alfred Lynch (Pope Horace), Sean Connery (Pedlar Pascoe), Cecil Parker (Bascombe), Stanley Holloway (Cooksley), Alan King (Buzzer)
Länge: 97 Minuten (US-Fassung 89 Minuten)

GB-Start: 30-10-61. US-Start: 27-01-65 (Premiere 20-01-65 in Cleveland, Ohio)

The Longest Day (Der längste Tag)
USA 1962
R: Ken Annakin, Bernard Wicki, Andrew Marton, Darryl F. Zanuck. DB: Cornelius Ryan. P: Darryl F. Zanuck
D: John Wayne (Benjamin Vandervoort), Robert Mitchum (Brigadegeneral Norman Cota), Henry Fonda (Theodore Roosevelt), Robert Ryan, Richard Todd, Richard Burton (RAF-Pilot), Kenneth Moore, Peter Lawford (Lord Lovat), Soldat Flanagan (Sean Connery), Curd Jürgens (Generalmajor Blumentritt), Werner Hinz (Generalfeldmarschall Erwin Rommel)
Länge: 178 Minuten (US-Fassung 180 Minuten), schwarzweiß
US-Start: 04-10-62. GB-Start: 12-10-62. Deutschland-Start (Synchronsprecher Connery: Heinz Petruo): 25-10-62
Video: 09-83 (CBS/Fox / 171 Minuten / als Kaufkassette ab 11-89). Fox Video veröffentlichte in den USA später eine kolorierte Fassung.

Dr. No (James Bond – 007 jagt Dr. No)
GB 1962
R: Terence Young. DB: Richard Maibaum, Johanna Harwood und Berkely Mather. P: Harry Saltzman und Albert R. Broccoli
D: Sean Connery (James Bond), Ursula Andress (Honey), Joseph Wiseman (Dr. No), John Kitzmiller (Quarrel), Jack Lord (Felix Leiter), Bernard Lee (M), Lois Maxwell (Miss Moneypenny)
Länge: 105 Minuten
GB-Start: 08-10-62 (Premiere 05-10-62 im Pavilion-Kino in London). Deutschland-Start (Synchronsprecher Connery: Klaus Kindler): 24-01-63. US-Start: 08-05-63
Video: 02-83 (Warner Home Video)

From Russia with Love (Liebesgrüße aus Moskau)
GB 1963
R: Terence Young. DB: Richard Maibaum, Johanna Harwood. P: Harry Saltzman und Albert R. Broccoli
D: Sean Connery (James Bond), Daniela Bianchi (Tatiana Romanova), Robert Shaw (Red Grant), Lotte Lenya (Rosa Klebb), Pedro Armendáriz (Ali Kerim Bey), Bernard Lee (M), Lois Maxwell (Miss Moneypenny), Desmond Llewelyn (Q)
Länge: 116 Minuten
GB-Start: 10-10-63. Deutschland-Start: 14-02-64. US-Start: 08-04-64
Video: 10-82 (Warner Home Video)

Woman of Straw (Die Strohpuppe)
GB 1964
R: Basil Dearden. DB: Robert Muller, Stanley Mann, Michael Relph. P: Michael Relph
D: Gina Lollobrigida (Maria), Sean Connery (Anthony Richmond), Ralph Richardson (Charles Richmond), Johnny Sekka (Thomas), Alexander Knox (Lomer)
Länge: 116 Minuten (US-Fassung 117, TV-Fassung 115/112 Minuten)
San Sebastian: 06-64 (Vorführung auf dem Festival)
GB-Start: 04-64 (Weltpremiere 30-04-64 im Odeon, Leicester Square, London / Vorabvorführung für die Presse, Initial Showing: 01-64). Deutschland-Start: 27-08-64.
US-Start: 09-09-64 (Vorstart in Chicago 30-04-64)

Marnie (Marnie)
USA 1964
R: Alfred Hitchcock. DB: Jay Presson Allen. P: Alfred Hitchcock
D: Sean Connery (Mark Rutland), Tippi Hedren (Marnie Edgar), Diane Baker (Lil), Martin Gabel (Strutt), Louise Latham (Marnies Mutter), Bruce Dern (Sailor)
Länge: 130 Minuten (US-Fassung 129, TV-Fassung 125/110 Minuten)
US-Start: 22-07-64. GB-Start: 08-64 (Premiere 09-07-64 im Odeon, Leicester Square, London). Deutschland-Start (Synchronsprecher Connery: Heinz Drache): 17-09-64

Goldfinger (Goldfinger)
GB 1964
R: Guy Hamilton. DB: Richard Maibaum, Paul Dehn. P: Albert R. Broccoli und Harry Saltzman
D: Sean Connery (James Bond), Gert Fröbe (Auric Goldfinger), Honor Blackman (Pussy Galore), Shirley Eaton (Jill Masterson), Harold Sakata (Oddjob), Bernard Lee (M), Lois Maxwell (Miss Moneypenny), Desmond Llewelyn (Q)
Länge: 109 Minuten
GB-Start: 17-09-64. US-Start: 25-12-64. Deutschland-Start: 16-01-65
Video: 08-82 (Warner Home Video)

The Hill (Ein Haufen toller Hunde)
GB 1965
R: Sidney Lumet. DB: Ray Rigby. P: Kenneth Hyman
D: Sean Connery (Joe Roberts), Harry Andrews (Feldwebel Wilson), Ian Hendry (Unteroffizier Williams), Alfred Lynch (George Stevens), Roy Kinnear (Monty Bartlett), Ian Bannen (Unteroffizier Harris), Ossie Davies (Jacko King)
Länge: 123 Minuten (US-Fassung 122, TV-Fassung 120/118/115 oder 85 Minuten)

Autogrammjäger machten Connery 1965 bei den Filmfestspielen in Cannes das Leben schwer. Er stellte dort Ein Haufen toller Hunde *vor.*

Cannes: 24-05-65 (Vorführung auf dem Festival). Brüssel (Gala Premiere)
GB-Start: 17-06-65 (London-Start im Empire Kino). US-Start: 06-10-65 (Vorstart in New York 05-08-65).
Deutschland-Start: 07-10-65

Thunderball (Feuerball)
GB 1965
R: Terence Young. DB: Richard Maibaum und John Hopkins nach einem Originaldrehbuch von Jack Whittingham, Kevin Mc Clory und Ian Fleming. P: Kevin Mc Clory, Harry Saltzman, Albert R. Broccoli
D: Sean Connery (James Bond), Adolfo Celi (Emilio Largo), Claudine Auger (Domino), Luciana Paluzzi (Fiona), Mollie Peters (Patricia), Bernard Lee (M), Lois Maxwell (Miss Moneypenny), Desmond Llewelyn (Q)
Länge: 125 Minuten
Weltpremiere 11-12-65 in Nassau, Bahamas. Deutschland-Start: 17-12-65. US-Start: 21-12-65. GB-Start: 29-12-65
Video: 01-84 (Warner Home Video)

A Fine Madness (Simson ist nicht zu schlagen)
USA 1966
R: Irvin Kershner. DB: Elliott Baker. P: Jerome Hellman
D: Sean Connery (Simson), Joanne Woodward (Rhoda), Jean Seberg (Lydia), Patrick O'Neal (Dr. Oliver West), Werner Peters (Dr. Vorbeck), Jackie Coogan (Mr. Fitzgerald)
Länge: 103 Minuten (US-Fassung 104 Minuten)
US-Start: 11-05-66. GB-Start: 21-07-66 (andere Quellen: 18-07-66 / Premiere im Warner Theatre in London).
Deutschland-Start: 07-10-66
Video: 09-01-86 (Warner Home Video / 99 Minuten)

You only Live Twice (Man lebt nur zweimal)
GB 1967
R: Lewis Gilbert. DB: Roald Dahl. P: Albert R. Broccoli und Harry Saltzman
D: Sean Connery (James Bond), Mie Hama (Kissy Suzuki), Akiko Wakabayashi (Aki), Karin Dor (Helga Brandt), Donald Pleasance (Blofeld), Bernard Lee (M), Lois Maxwell (Miss Moneypenny), Desmond Llewelyn (Q)

Länge: 116 Minuten
GB-Start: 12-06-67 (Weltpremiere im Odeon, Leicester Square, London). US-Start: 13-06-67. Deutschland-Start: 14-09-67
Video: 10-83 (Warner Home Video)

Shalako (ab 1978: Man nennt mich Shalako)
GB/USA/BRD 1968
R: Edward Dmytryk. DB: J.J. Griffith, Hal Hopper, Scott Finch. P: Dimitri de Grunwald, Euan Lloyd
D: Sean Connery (Shalako), Brigitte Bardot (Irina Lazaar), Peter van Eyck (Frederick Von Hallstatt), Stephen Boyd (Bosky Fulton), Honor Blackman (Lady Daggett), Woody Strode (Chato), Eric Sykes (Mako), Alexander Knox (Henry Clarke)
Länge: 113 Minuten (11-68 Kürzung auf 106 Minuten)
Deutschland-Start: 26-09-68 (Weltpremiere im Mathä-ser-Filmpalast in München). US-Start: 07-10-68. GB-Start: 12-68 (Royal Premiere 11-11-68 in London)
Video (Polyband/Toppic)

Krasnaya Palatka / La Tenda Rossa (Das rote Zelt)
UDSSR/ITA 1968/1969
R: Mickail K. Kalatozov. DB: Ennio de Concini, Richard Adams. P: Franco Cristaldi
D: Peter Finch (General Umberto Nobile), Claudia Cardi-nale (Valeria), Sean Connery (Roald Amundsen), Hardy Krüger (Lundborg), Mario Adorf (Biagi)
Länge: 121/117 Minuten (TV-Fassung 116 Minuten)
US-Start: 07-71 (Premiere in der Radio City Music Hall in New York). GB-Start: 08-71 (Vorstart in London: 22-06-72). Deutschland-Start (Synchronsprecher Connery: Wolf Martini): 15-10-71 (Premiere im Metropol-Theater in Bonn). DDR-Start: 30-07-71

The Molly Maguires (Verflucht bis zum Jüngsten Tag)
USA 1969
R: Martin Ritt. DB: Walter Bernstein. P: Martin Ritt, Wal-ter Bernstein
D: Sean Connery (Jack Kehoe), Richard Harris (James McParlan), Samantha Eggar (Mary Raines), Frank Finlay (Davies), Anthony Zerbe (Dan Dougherty)
Länge: 105 Minuten (US-Fassung 123, GB-Fassung 124 Minuten)
GB-Start: 07-70 (Vorstart in London 14-05-70). Deutsch-land-Start: 21-08-70. US-Start: 12-01-71
Video (CIC Video)

Diamonds are Forever (Diamantenfieber)
GB 1971
R: Guy Hamilton. DB: Richard Maibaum, Tom Mankie-wicz. P: Albert R. Broccoli und Harry Saltzman

Connery ist nicht zu schlagen: Während einer Drehpause von Simson *in Los Angeles.*

D: Sean Connery (James Bond), Jill St. John (Tiffany Case), Charles Gray (Blofeld), Lana Wood (Plenty O'Toole), Bernard Lee (M), Lois Maxwell (Miss Money-penny), Desmond Llewelyn (Q)
Länge: 119 Minuten
Deutschland-Start: 14-12-71 (Weltpremiere im Mathä-ser-Filmpalast, München). US-Start: 17-12-71. GB-Start: 30-12-71
Video: 08-83 (Warner Home Video)

The Anderson Tapes (Der Anderson Clan)
USA 1972
R: Sidney Lumet. DB: Frank R. Pierson. P: Robert M. Weitman
D: Sean Connery (Duke Anderson), Dyan Cannon (Ingrid), Martin Balsam (Tommy Haskins), Alan King (Pat Angelo), Ralph Meeker (Delaney), Christopher Walken (The Kid)
Länge: 99/98 Minuten (TV-Fassung 95 Minuten)
US-Start: 06-05-71. Deutschland-Start: 02-09-71. GB-Start: 08-10-71 (zuvor Europa-Premiere in Glasgow)
Video: 09-83 (RCA/Columbia). Super 8 (Ufa / 120 Meter)

The Offence (Sein Leben in meiner Gewalt)
GB 1972
R: Sidney Lumet. DB: John Hopkins. P: Denis O'Dell
D: Sean Connery (Johnson), Trevor Howard (Cartwright),

Vivien Merchant (Maureen), Ian Bannen (Baxter), Derek Newark (Jessard), Peter Bowles (Cameron)
Länge: 108/113 Minuten (US-Fassung 112 Minuten)
Deutschland-Start: 26-01-73. GB-Start: 11-03-73 (Vorstart in London 19-01-73). US-Start: 05-73
Video: 1985 (Warner Home Video)

Zardoz (Zardoz / ab 1978: Zardoz – Der Bote des Todes)
GB 1973
R: John Boorman. DB: John Boorman. P: John Boorman
D: Sean Connery (Zed), Charlotte Rampling (Consuella), Sara Kestelman (May), John Alderton (Friend), Sally Ann Newton (Avalow)
Länge: 105 Minuten (deutsche TV-Fassung 102 Minuten)
US-Start: 02-74. GB-Start: 04-74 (Premiere 26-03-74 im Odeon, Leicester Square, London). Deutschland-Start (Synchronsprecher Connery: Michael Chevalier): 31-10-74
Video: 01-93 (CBS/Fox, später Fox Home Entertainment / 102 Minuten)

Murder on the Orient Express (Mord im Orient-Express)
GB 1974
R: Sidney Lumet. DB: Paul Dehn. P: John Brabourne, Richard Goodwin
D: Albert Finney (Hercule Poirot), Ingrid Bergman (Greta), Richard Widmark (Ratchett), Lauren Bacall (Mrs. Hubbard), Sean Connery (Colonel Arbuthnot), Vanessa Redgrave (Mary Debenham), Sir John Gielgud (Beddoes), Michael York (Graf Andrenyi), Martin Balsam (Bianchi), Jean-Pierre Cassel (Pierre), Jacqueline Bisset (Gräfin Andrenyi), Wendy Hiller (Prinzessin Dragomiroff), Anthony Perkins (McQueen), Rachel Roberts (Hildegard)
Länge: 125 Minuten (US-Fassung 127, deutsche TV-Fassungen 122 bis 120, in GB auch 131 Minuten)
GB-Start: 21-11-74 (Weltpremiere im ABC-Cinema, Shaftesbury Avenue in London). US-Start: 29-11-74 (Premiere 24-11-74 im Coronet Theatre in New York). Deutschland-Start: 06-03-75
Video (Thorn-EMI/VMP/Kinowelt). Super 8 (Piccolo-Film / Fassung in zwei Teilen à 120 Meter)

Trevor Howard, Regisseur Sidney Lumet und Connery bei den Proben zu Sein Leben in meiner Gewalt.

Ransom (Die Uhr läuft ab / US-Titel: The Terrorists)
GB 1975
R: Caspar Wrede. DB: Paul Wheeler. P: Peter Rawley
D: Sean Connery (Nils Tahlvik), Ian McShane (Petrie), Jeffry Wickham (Barnes), Isabel Dean (Mrs. Palmer), John Quentin (Shepherd)
Länge: 98/97 Minuten (deutsche TV-Fassung 93 Minuten)
Weltpremiere in Rom. GB-Start: 27-02-75. US-Start: 04-75. Deutschland-Start (Synchronsprecher Connery: Michael Cramer): 24-04-75
Video (Taurus/Bild am Sonntag Videothek). Super 8: 1978 (Ufa / 120 Meter)

The Wind and the Lion (Der Wind und der Löwe)
USA 1975
R: John Milius. DB: John Milius. P: Herb Jaffe
D: Sean Connery (Raisuli), Candice Bergen (Eden Pedecaris), Brian Keith (Theodore Roosevelt), John Huston (Hay), Vladek Sheybal (Bashaw), Steve Kanaly (Jerome)
Länge: 119 Minuten (TV-Fassungen 115 / 111 Minuten)
US-Start: 22-05-75 (Weltpremiere in der Radio City Music Hall in New York). GB-Start: 26-10-75 (Premiere 25-06-75 im Dominion in London). Deutschland-Start: 09-01-76
Super 8 (Piccolo-Film / 70 und 120 Meter)

The Man who would be King (Der Mann, der König sein wollte)
GB 1975
R: John Huston. DB: John Huston, Gladys Hill. P: John Foreman
D: Sean Connery (Daniel Dravot), Michael Caine (Peachy Carnehan), Christopher Plummer (Rudyard Kipling), Saeed Jaffrey (Billy Fish), Shakira Caine (Roxanne)
Länge: 129 Minuten
US-Start: 17-12-75 (Weltpremiere in New York). GB-Start: 18-12-75 (Premiere im Odeon, Leicester Square, London). Deutschland-Start: 05-03-76
Video (RCA/Columbia, jetzt Columbia TriStar / 129 Minuten)

Robin and Marian (Robin und Marian)
USA 1975
R: Richard Lester. DB: James Goldman. P: Denis O'Dell
D: Sean Connery (Robin Hood), Audrey Hepburn (Maid Marian), Robert Shaw (Sheriff von Nottingham), Richard Harris (König Richard), Nicol Willamson (Little John), Denholm Elliott (Will Scarlett), Ian Holm (König John)
Länge: 107 Minuten (deutsche Fassung 102, deutsche TV-Fassung 100 Minuten)

US-Start: 11-03-76 (Weltpremiere in der Radio City Music Hall in New York). GB-Start: 27-03-76 (Premiere im Odeon, Leicester Square, London). Deutschland-Start: 12-11-76. DDR-Start: 07-07-78
Video: 10-84 (RCA)

The Next Man (deutscher Videotitel: Öl / US-Videotitel: The Arab Conspiracy/Double Hit)
USA 1976
R: Richard C. Sarafian. DB: Mort Fine, Alan R. Trustman, David M. Wolf, Richard C. Sarafian. P: Martin Bregman
D: Sean Connery (Khalil Abdul Muhsen), Cornelia Sharpe (Nicole Scott), Adolfo Celi, Marco St. John, Ted Beniades
Länge: 120 Minuten (FR-Fassung 110, US- und GB-Fassung 108 Minuten)
US-Start: 11-76. GB: nicht im Kino, Premiere 27-01-82 bei ITV. Deutschland: nicht im Kino
Video: 10-82 (All Video)

A Bridge too Far (Die Brücke von Arnheim)
GB 1976
R: Richard Attenborough. DB: William Goldman. P: Joseph E. Levine, Richard P. Levine
D: Dirk Bogarde (Lieut. General Frederick Browning), James Caan (Staff Sergeant Eddie Dohun), Michael Caine (Lieut. Colonel »Joe« Vandeleur), Sean Connery (Major General Urquhart), Edward Fox (Lt. General Horrocks), Elliot Gould (Colonel Stout), Gene Hackman (Major General Sosabowski), Anthony Hopkins (Lt. Colonel Frost), Hardy Krüger (General Ludwig), Laurence Olivier (Dr. Spaander), Ryan O'Neal (Major General Gavin), Robert Redford (Major Cook), Maximilian Schell (General Bittrich), Liv Ullmann (Kati ter Horst)
US-Start: 06-77. GB-Start: 24-06-77 (Weltpremiere 23-06-77 im Odeon, Leicester Square, London). Deutschland-Start: 21-10-77
Länge: 160 Minuten (TV-Fassung teilweise 157, US- und GB-Fassung 175 Minuten)
Video: 10-08-84 (Warner Home Video)

The First Great Train Robbery (Der große Eisenbahnraub / USA: The Great Train Robbery)
GB 1978
R: Michael Crichton. DB: Michael Crichton. P: John Foreman
D: Sean Connery (Edward Pierce), Donald Sutherland (Agar), Lesley-Anne Down (Miriam), Alan Webb (Edgar Trent), Robert Lang (Inspektor Sharp)
Länge: 111 Minuten (TV-Fassung 106 Minuten)
GB-Start: 21-12-78 (Premiere im Odeon, Leicester Square, London). US-Start: 02-02-79. Deutschland-

Start: 13-04-79
Video: 01-83 (Warner Home Video)

Meteor (Meteor)
USA 1979
R: Ronald Neame. DB: Stanley Mann, Edward H. North.
P: Arnold Orgolini, Theodore Parvin
D: Sean Connery (Dr. Paul Bradley), Natalie Wood (Tati-
ana Donskaja), Karl Malden (Harold Sherwood), Brian
Keith (Dr. Alexei Dubow), Martin Landau (Adlon), Trevor
Howard, Henry Fonda (Präsident)
Länge: 105 Minuten (US-Fassung 103, deutsche TV-Fas-
sung teilweise 98 Minuten)
US-Start: 19-10-79. GB-Start: 12-79. Deutschland-Start:
22-02-80
Video: 06-83 (Warner Home Video)

Cuba (Explosion in Cuba)
USA 1979
R: Richard Lester. DB: Charles Wood. P: Arlene Sellers,
Alex Winitsky
D: Sean Connery (Robert Dapes), Brooke Adams (Ale-
xandra), Jack Weston (Gutman), Chris Sarandon (Juan
Pulido), Hector Elizondo (Ramirez), Martin Balsam (Ge-
neral Bello), Denholm Elliot (Skinner), Walter Gotell
(Don Pulido)
Länge: 121 Minuten (US- und GB-Fassung 122, TV-Fas-
sungen teilweise 117 Minuten)
US-Start: 12-79. GB-Start: 02-80. Deutschland: nicht im
Kino

Outland (Outland – Planet der Verdammten)
GB 1981
R: Peter Hyams. DB: Peter Hyams. P: Richard A. Roth
D: Sean Connery (Marshall O'Niel), Frances Sternhagen
(Dr. Lazarus), Peter Boyle (Sheppard), James B. Sikking
(Montone), Steven Berkoff (Sagan)
Länge: 104/105 Minuten
US-Start: 22-05-81. GB-Start: 27-08-81 (Vorstart in Lon-
don 14-08-81). Deutschland-Start: 16-10-81
Video: 05-83 (Warner Home Video / 109 Minuten)

Time Bandits (Time Bandits)
GB 1981
R: Terry Gilliam. DB: Terry Gilliam, Michael Palin. P: Terry
Gilliam, George Harrison
D: Craig Warnock (Kevin), David Rappaport, Kenny
Baker, Jack Purvis, Mike Edmonds, Malcolm Dixon, Tiny
Ross (Zwerge), John Cleese (Robin Hood), Sean Connery
(König Agamemnon), Shelley Duvall (Pansy), Ian Holm
(Napoleon), Michael Palin, Ralph Richardson (Oberstes
Wesen), Peter Vaughn (Ogre), David Warner (das böse

Genie)
Länge: 110 Minuten (US-Fassung 116 Minuten)
GB-Start: 01-07-81. US-Start: 06-11-81. Deutschland-
Start: 19-03-82
Video: 02-83 (Thorn EMI Video / 105 Minuten)

Wrong is Right (Flammen am Horizont / GB-Titel: The
Men with the Deadly Lens)
USA 1982
R: Richard Brooks. DB: Richard Brooks. P: Richard Brooks
D: Sean Connery (Patrick Hale), George Grizzard (Presi-
dent Lockwood), Robert Conrad (General Wombat), Ka-
therine Ross (Sally Blake), Hardy Krüger (Helmut Unger),
John Saxon (Homer Hubbard), Leslie Nielsen (Mallory)
Länge: 113/118 Minuten (US-Fassung 117, GB-Fassung
114 Minuten)
US-Start: 04-82. GB-Start: 11-82. Deutschland-Start
(Synchronsprecher Connery: Horst Schön): 07-01-83
Video: 11-83 (RCA Columbia)

Five Days One Summer (Am Rande des Abgrunds)
GB/USA 1982
R: Fred Zinnemann. DB: Michael Austin. P: Fred Zinne-
mann
D: Sean Connery (Dr. Douglas Meredith), Betsy Brantley
(Kate), Lambert Wilson (Johann)
Länge: 108 Minuten
GB-Start: 28-10-82. US-Start: 07-11-82. Deutschland-
Start: 30-09-83
Video: 13-02-84 (Warner Home Video)

Never Say Never Again (Sag niemals nie)
USA 1983
R: Irvin Kershner. DB: Lorenzo Semple jr. P: Jack
Schwartzman
D: Sean Connery (James Bond), Klaus Maria Brandauer
(Largo), Kim Basinger (Domino), Barbara Carrera (Fatima
Blush), Edward Fox (M), Bernie Casey (Felix Leiter), Pa-
mela Salem (Miss Moneypenny)
Länge: 137 Minuten (GB-Fassung 134 Minuten)
US-Start: 07-10-83. Europa-Premiere 17-11-83 in Mo-
naco. GB-Start: 15-12-83 (Premiere 14-12-83 im War-
ner-Kino in London). Deutschland-Start: 20-01-84
Video: 05-84 (Constantin Video/Bild am Sonntag Video-
thek)

Sword of the Valiant – The Legend of the Green Knight
(deutscher Videotitel: Camelot – Der Fluch des goldenen
Schwertes)
GB 1983
R: Stephen Weeks. DB: Stephen Weeks, Philip M. Breen,
Howard C. Pen. P: Menahem Globus, Yoram Globan

D: Miles O'Keefe (Gawain), Sean Connery (der grüne Ritter), Trevor Howard (König Arthur), Peter Cushing (Seneschall), John Rhys-Davies (Fortinbras)
Länge: 102 Minuten
US-Start: 11-84. GB: nicht im Kino trotz Initial Showing 03-85, erst 1986 auf Video und sechs Jahre später im Fernsehen. Deutschland: nicht im Kino
Video (Synchronsprecher Connery: Horst Naumann): 15-12-85 (VMP)

Highlander (Highlander – Es kann nur einen geben)
USA/GB 1985
R: Russell Mulcahy. DB: Gregory Widen, Peter Bellwood, Larry Ferguson. P: Peter Davis, Bill Panzer
D: Christopher Lambert (Connor McLeod), Sean Connery (Juan Villa-Lobos Ramirez), Clancy Brown (Kurgan), Beatie Edney (Heather), Roxanne Hart (Brenda Wyatt)
Länge: 111 Minuten
US-Start: 07-03-86. GB-Start: 08-86 (Premiere auf dem Edinburgh Filmfestival). Deutschland-Start: 28-08-86
Video: 02-87 (Cannon Screen Entertainment)

Der Name der Rose / Il Nome de la Rosa / Le Nom de la Rose
D/I/FRA 1987

R: Jean-Jacques Annaud. DB: Andrew Birkin, Gerard Brach, Howard Franklin, Alain Godard. P: Bernd Eichinger
D: Sean Connery (William von Baskerville), Christian Slater (Adson von Melk), F. Murray Abraham (Bernardo Gui), Elya Baskin (Severinus), Feodor Chaliapin jr. (Jorge de Burgos), Helmut Qualtinger (Remigio de Varigine), Michael Lonsdale (Abt), Valentina Vargas (Mädchen)
Länge: 123 Minuten (FR-Fassung 131, US-Fassung 130 Minuten)
US-Start: 24-09-86. Deutschland-Start: 16-10-86 (Premiere 15-10-86 im Mathäser-Filmpalast in München). GB-Start: 06-03-87 (Premiere 23-01-87 im Cannon Haymarket in London, 30-01-87 in zwölf weiteren Städten)
Video: 27-08-87 (Constantin Video / 140 Minuten)

The Untouchables (The Untouchables – Die Unbestechlichen)
USA 1987
R: Brian de Palma. DB: David Mamet. P: Art Linson
D: Kevin Costner (Eliot Ness), Sean Connery (Jimmy Malone), Robert de Niro (Al Capone), Andy Garcia (George Stone), Charles Martin Smith (Oscar Wallace)
Länge: 120 Minuten (US-Fassung 119 Minuten)
US-Start: 03-06-87. GB-Start: 25-09-87. Deutschland-

Angelehnt an sein Aussehen und seine Rolle in Der Name der Rose *integrierte Zeichner Michael Apitz Connery in den Comic-Band 4 von ›Karl – Der Fall Loreley‹.*

Start: 15-10-87
Video: 05-88 (CIC)

The Presidio (Presidio)
USA 1987
R: Peter Hyams. DB: Larry Ferguson. P: D. Constantine
Conte
D: Sean Connery (Alan Caldwell), Mark Harmon (Jay
Austin), Meg Ryan (Donna Caldwell), Jack Warden (Ex-
Sergeant Major Maclure)
Länge: 105/99/97 Minuten (FR-Fassung 96, deutsche
TV-Fassung teilweise 91 oder 88 Minuten)
US-Start: 10-06-88. Deutschland-Start: 13-10-88. GB-
Start: 13-01-89
Video: 05-06-89 (CIC Video)

Memories of Me (Memories of Me – Das tragisch-komi-
sche Leben eines großartigen Versagers)
USA 1987
R: Henry Winkler. DB: Eric Roth, Billy Crystal. P: Billy
Crystal, Alan King, Michael Hertzberg
D: Billy Crystal (Dr. Abbie Polin), Alan King (Abe Polin),
Jobeth Williams (Lisa), Janet Carroll (Dorothy Davis),
Sean Connery (als Sean Connery)
Länge: 103 Minuten
US-Start: 09-88. GB: nicht im Kino. Deutschland: nicht
im Kino
Connery hat einen Gastauftritt.
Video: 09-89 (Warner Home Video)

Indiana Jones and the Last Crusade (Indiana Jones und
der letzte Kreuzzug)
USA 1989
R: Steven Spielberg. DB: Jeffrey Boam. P: Steven Spiel-
berg, George Lucas
D: Harrison Ford (Indiana Jones), Sean Connery (Prof.
Henry Jones), Allison Doody (Dr. Elsa Schneider), Den-
holm Elliott (Marcus Brody), Julian Glover (Walter Do-
novan), John Rhys-Davies (Sallah), River Phoenix (Young
Indy)
Länge: 126 Minuten (US-Fassung 127, TV-Fassungen
teilweise 122 und 121 Minuten)
US-Start: 24-05-89. GB-Start: 28-06-89 (Royal Charity
Premiere 27-06-89 in London). Deutschland-Start: 14-
09-89
Video: 04-90 (CIC Video)

Family Business (Family Business)
USA 1989
R: Sidney Lumet. DB: Vincent Patrick. P: Lawrence Gor-
don
D: Sean Connery (Jessie McMullen), Dustin Hoffman

(Vito), Matthew Broderick (Adam), Rosana DeSoto
(Elaine)
Länge: 114 Minuten
US-Start: 15-12-89. Deutschland-Start: 18-01-90. GB-
Start: 09-02-90
Video: 12-10-90 (Warner Home Video)

The Hunt for Red October (Jagd auf Roter Oktober)
USA 1990
R: John Mc Tiernan. DB: Larry Ferguson, Donald Stewart.
P. Mace Neufeld
D: Sean Connery (Ramius), Alec Baldwin (Jack Ryan),
Scott Glenn (Bart Mancuso), Sam Neill (Borodin), Tim
Curry (Petrow), James Earl Jones (Greer)
Länge: 135/129/120 Minuten
US-Start: 02-03-90. GB-Start: 20-04-90 (Europa-Pre-
miere 17-04-90 im Empire Cinema in London). Deutsch-
land-Start: 09-08-90
Video: 18-03-91 (CIC). CDi: 03-94

The Russia House (Das Russland-Haus)
USA/GB 1990
R: Fred Schepisi. DB: Tom Stoppard. P: Fred Schepisi,
Paul Maslansky
D: Sean Connery (Barley Blair), Michelle Pfeiffer (Katja),
Klaus Maria Brandauer (Dante), Russell Sheriton (Roy
Scheider), Ned (James Fox)
Länge: 123 Minuten
US-Start: 19-12-90. GB-Start: 22-02-91. Deutschland-
Start: 14-03-91
Video: 09-91 (Cannon VMP)

Highlander II – The Quickening (Highlander II – Die
Rückkehr)
USA 1990
R: Russell Mulcahy. DB: Jill Gurr. P: Peter Davis, Bill Panzer
D: Christopher Lambert (Connor McLeod), Sean Con-
nery (Juan Villa-Lobos Ramirez), Virginia Madsen (Lou-
ise Marcus), Michael Ironside (General Katana)
Länge: 100 Minuten
Deutschland-Start: 31-01-91. GB-Start: 12-04-91. US-
Start: 01-11-91
Video: 25-09-91 (Highlight / die Videofassung ist zwei
Minuten kürzer, da die Kinobesucher einige kitschige
Szenen bemängelten.)

Robin Hood: Prince of Thieves (Robin Hood – König
der Diebe)
USA 1990
R: Kevin Reynolds. DB: Pen Densham, John Watson. P:
Pen Densham, John Watson, Richard B. Lewis
D: Kevin Costner (Robin von Locksley), Morgan Freeman

(Azeem), Christian Slater (Will Scarlett), Alan Rickman (Sheriff von Nottingham), Mary Elizabeth Mastrantonio (Maid Marian Dubois), Sean Connery (König Richard)
Länge: 143 Minuten (US-Fassung 138 Minuten)
US-Start: 14-06-91. GB-Start: 19-07-91. Deutschland-Start: 05-09-91
Video: 18-03-92 (Concorde Video)

Medicine Man (Medicine Man – Die letzten Tage von Eden)
USA 1991
R: John Mc Tiernan. DB: Tom Schulman, Sally Robinson. P: Andrew G. Vajna, Donna Dubrow
D: Sean Connery (Dr. Robert Campbell), Lorraine Bracco (Dr. Rae Crain), José Wilker (Dr. Miguel Ornega), Rodolfo de Alexandre (Tanaki)
Länge: 103 Minuten (US-Fassung 106 Minuten)
US-Start: 09-02-92 (Weltpremiere 07-02-92 im El Capitan Theatre in Los Angeles). Deutschland-Start: 05-03-92. GB-Start: 29-05-92
Video: 05-10-92 (PolyGram Video/UFA)

Rising Sun (Die Wiege der Sonne)
USA 1992
R: Philip Kaufman. DB: Philip Kaufman, Michael Crichton, Michael Backes. P: Peter Kaufman
D: Sean Connery (John Connor), Wesley Snipes (Web Smith), Harvey Keitel (Tom Graham), Cary-Hiroyuki Tagawa (Eddie Sakamura), Kevin Anderson (Bob Richmond), Tia Carrere (Jingo Asakuma), Steve Buscemi (Willi Wilhelm), Tatjana Patitz (Cheryl Lynn Austin)
Länge: 126 Minuten laut Verleih, in vielen Besprechungen jedoch 129 Minuten
US-Start: 30-07-93. GB-Start: 15-10-93. Deutschland-Start: 11-11-93
Video: 05-94 (Fox Video/Fox Home Entertainment / 124 Minuten)

A Good Man in Africa (A Good Man in Africa / deutscher TV-Titel auch: Der letzte Held aus Afrika)
USA/GB 1993
R: Bruce Beresford. DB: William Boyd. P: John Fiedler, Mark Tarlov
D: Colin Friels (Morgan Leafy), Sean Connery (Dr. Alex Murray), John Lithgow (Arthur Fanshawe), Diana Rigg (Chloe Fanshawe), Joanne Whalley-Kilmer (Celia Adekunle), Louis Gosset jr. (Sam Adekunle), Sarah Jane Fenton (Priscilla)
Länge: 94 Minuten
Deutschland-Start: 14-07-94. US-Start: 09-94. GB-Start: 25-11-94
Video: 1995 (VCL Video, jetzt: Concorde Video)

Just Cause (Im Sumpf des Verbrechens)
USA 1993
R: Arne Glimcher. DB: Jeb Stuart, Peter Stone. P: Lee Rich, Arne Glimcher, Steve Perry
D: Sean Connery (Paul Armstrong), Laurence Fishburne (Tanny Brown), Kate Capshaw (Laurie Armstrong), Blair Underwood (Bobby Earl Ferguson), Ed Harris (Blair Sullivan), Ned Beatty (McNair)
Länge: 102 Minuten
US-Start: 17-02-95. GB-Start: 31-03-95. Deutschland-Start (Synchronsprecher Connery: Klaus Kindler): 27-04-95
Video: 18-04-96 (Warner Home Video)

First Knight (Der 1. Ritter)
USA 1995
R: Jerry Zucker. DB: William Nicholson. P: Hunt Lowry, Jerry Zucker
D: Richard Gere (Lanzelot), Sean Connery (König Artus), Julia Ormond (Ginevra), Ben Cross (Malagant), Sir John Gielgud (Oswald), Liam Cunningham (Sir Agravaine)
Länge: 112 Minuten
US-Start: 07-07-95. GB-Start: 07-07-95. Deutschland-Start (Synchronsprecher Connery: Manfred Wagner): 07-09-95
Video: 19-03-96 (RCA/Columbia / 128 Minuten)

Dragonheart (Dragonheart)
USA 1995
R: Rob Cohen. DB: Charles Edward Pogue. P: Raffaella De Laurentiis
D: Dennis Quaid (Bowen), Sean Connery (Dracos Stimme in der Originalfassung), David Thewlis (Einon), Pete Postlethwaite (Gilbert), Julie Christie (Königin Aislinn), Dina Meyer (Kara), Jason Isaacs (Felton), Mario Adorf (Dracos Stimme in der deutschen Fassung)
Länge: 103 Minuten (US-Fassung 108 Minuten)
US-Start: 31-05-96. GB-Start: 18-10-96. Deutschland-Start: 21-11-96

The Rock (The Rock – Fels der Entscheidung)
USA 1996
R: Michael Bay. DB: David Weisberg, Douglas S. Cook, Mark Rosner. P: Jerry Bruckheimer, Don Simpson
D: Nicolas Cage (Dr. Stanley Goodspeed), Sean Connery (Patrick Mason), Ed Harris (General Francis X. Hummel), David Morse (Major Tom Baxter), John C. McGinley (Marine Captain Hendrix)
Länge: 136 Minuten (US-Fassung: 129 Minuten)
US-Start: 07-06-96 (Weltpremiere 03-06-96 auf Alcatraz). GB-Start: 21-06-96. Deutschland-Start (Synchronsprecher Connery: Manfred Wagner): 11-07-96

Video: 20-12-96 (Hollywood Pictures Home Video / Untertitel: Entscheidung auf Alcatraz)

The Avengers (Mit Schirm, Charme und Melone)
USA 1998
R: Jeremiah Chechik. DB: Don Macpherson. P: Jerry Weintraub
D: Ralph Fiennes (John Steed), Uma Thurman (Dr. Emma Peel), Sean Connery (Sir August De Wynter), Patrick Macnee (Invisible Jones), Jim Broadbent (Mother), Fiona Shaw (Father), Eddie Izzard (Bailey)
Länge: 85 Minuten (US-Fassung 100 Minuten)
GB-Start: 14-08-98 (zuvor Weltpremiere in London). US-Start: 14-08-98. Deutschland-Start (Synchronsprecher Connery: Gerhard Paul): 27-08-98
Video: 12-03-99 (Warner Home Video / 87 Minuten)

Playing by Heart (Leben und lieben in L.A.)
USA 1998
R: Willard Carroll. DB: Willard Carroll. P: Willard Carroll, Meg Liberman, Tom Wilhite
D: Gillian Anderson (Meredith), Ellen Burstyn (Mildred), Sean Connery (Paul), Anthony Edwards (Roger), Angelina Jolie (Joan), Jay Mohr (Mark), Ryan Phillippe (Keenan), Dennis Quaid (Hugh), Gena Rowlands (Hannah), Madeleine Stowe (Gracie), Jon Stewart (Trent)
Länge: 100 Minuten
US-Start: 22-01-99 (Premiere 30-12-98 in Los Angeles). GB-Start: 07-99. Deutschland-Start (Synchronsprecher Connery: Wolfgang Dehler): 29-06-00 (Vorabvorführung 15-02-99 auf der Berlinale 1999)

Entrapment (Verlockende Falle)
USA 1999
R: Jon Amiel. DB: Ron Bass, William Broyles jr. P: Sean Connery, Michael Hertzberg, Rhonda Tollefson
D: Sean Connery (Robert ›Mac‹ MacDougal), Catherine Zeta-Jones (Virginia ›Gin‹ Baker), Ving Rhames (Thibadeaux), Will Patton (Hector Cruz), Maury Chaukin (Conrad Greene)
Länge: 115 Minuten (US-Fassung 112 Minuten)
US-Start: 30-04-99. Deutschland-Start (Synchronsprecher Connery: Klaus Sonnenschein): 27-05-99. GB-Start: 18-06-99
Video: 11-99 (Fox Home Entertainment)

Finding Forrester
USA 2000
R: Gus van Sant. DB: Mike Rich. P: Sean Connery, Rhonda Tollefson, Laurence Mark
D: Sean Connery, F. Murray Abraham, Anna Paquin

Die ›International Movie Data Base‹ weist in ihrer Filmografie zwei Werke aus, für die Connerys Mitwirkung nicht mit Sicherheit nachgewiesen wurde. Selbst intensivste Recherchen konnten nicht zu einer definitiven Klärung beitragen. Da auch keine andere seriöse Quelle einen Nachweis erbracht hat und keiner der früheren Biografen diese Filme aufgelistet hat, muss davon ausgegangen werden, dass er an diesen Filmen nicht mitgewirkt hat. Der Vollständigkeit halber seien sie jedoch erwähnt:

A Night to Remember (Die letzte Nacht der Titanic)
GB 1958
R: Roy Ward Baker
D: Kenneth Moore, Ronald Allen, Robert Ayres, Honor Blackman
Deutschland-Start: 26-03-59
Die Geschichte des Untergangs der Titanic aus englischer Sicht unter Berufung auf eine Reihe von Augenzeugenberichten. Nach Angaben der IMDB wirkte Connery als Statist mit.

Un Monde Noveau / Un Mondo Nuovo (Eine junge Welt)
FRA/ITA 1965
R: Vittorio de Sica
D: Nino Castelnuovo, Christine Dellaroche, Pierre Brasseur, Madeleine Robinson
Länge: 84 Minuten, schwarzweiß
Deutschland-Start: 05-04-66
Der Film erzählt die Liebesgeschichte zwischen einer Medizinstudentin, die sich gegen eine Abtreibung sträubt, und einem Fotografen. Nach Angaben der IMDB hatte Connery einen Gastauftritt.

Stand 1. Juni 2000

Theaterauftritte und Engagements

Dezember 1952: *The Glorious Days*, Edinburgh Empire Theatre. R: Robert Nesbitt

Juni 1953 – November 1954: *South Pacific*, Theatre Royal, Drury Lane, London. R: Joshua Logan

8. November 1955: *Witness for the Prosecution*, Q Theatre, London. R: Robert Henderson

21. November 1955: *Point of Departure*, Q Theatre, London. R: Frederick Farley

20. Dezember 1955: *A Witch in Time,* Q Theatre, London. R: Robert Henderson

5. Mai 1959: *The Bacchae,* Oxford Playhouse. R: Minos Volanakis

12. Oktober 1959: *The Sea Shell,* Royal Lyceum, Edinburgh. R: Henry Kaplan

29. März 1960: *Anna Christie,* Oxford Playhouse. R: Douglas Seale

4. November 1960: *Naked,* Oxford Playhouse (mit Diane Cilento). R: Minos Volanakis

1962: *Judith,* Her Majesty's Theatre. R: Harold Clurman

31. Januar 1967: *Volpone,* Garrick Theatre, London (Connery ist neben Peter Bridge der »Presenter«; er unterstützt die Aufführung auch finanziell). R: Frank Hauser

März 1967: *The Diary of a Madman,* Duchess Theatre, London (Connery ist neben Peter Bridge der »Presenter«). R: Irvin Kershner

November 1969: *I've Seen You Cut Lemons* in Oxford, Newcastle und Manchester

16. Dezember 1969: *I've Seen You Cut Lemons,* Fortune Theatre, London. R: Sean Connery (mit Diane Cilento, nur fünf Aufführungen)

1999: Connery produziert das mit einem Tony Award ausgezeichnete Stück *Art* unter der Regie von Yasmin Reza mit Alan Alda, Victor Garber und Alfred Molina in den Hauptrollen. Auftritte in London, Los Angeles und am Broadway.

Auf die Frage des englischen Kritikers Iain Johnstone, ob Connery mit dem Gedanken spiele, jemals wieder auf die Bühne zurückzukehren, sagte er laut ›Sunday Times‹ vom 22. April 1990: »Ich bin nicht hungrig auf die Bühne. Auf den Brettern zu stehen macht man für sich selbst. Ich denke, die Amerikaner verehren die britischen Theaterschauspieler, und fand, dass Dustin Hoffman das Beste am ›Kaufmann von Venedig‹ war. Aber das, was ich auf der Bühne gesehen habe, sah nicht aus wie Venedig. Als ich ins Old Vic Theater ging, habe ich nicht immer den Text verstanden, aber den Ton des Ganzen.«

Fernsehfilme und Videos

Fernsehfilme

1956 *The Escaper's Club*
Connery in einer kleinen Rolle; auch Robert Shaw spielte mit.

1956 *The Condemned*
Sender/Produktion: BBC
P: Alvin Rakoff
Connery als Statist

1957 *Dixon of Dock Green*
Connery spielt in einer Epsiode der TV-Serie einen Gauner.

1957 *The Jack Benny Show*
Connery hatte einen kurzen Auftritt in einer der Shows.

1957 *Requiem for a Heavyweight*
Sender/Produktion: BBC
Sendedatum: 31-03-57
R: Alvin Rakoff. D: Sean Connery (Boxer Mountain McClintock), Jacqueline Hill, Warren Mitchell, George Margo
Der Film wurde auch unter dem Titel *Blood Money* in England ausgestrahlt. Michael Caine hatte eine kleine Rolle.

1957 *Anna Christie*
Sender/Produktion: ATV
R: Philip Saville. D: Sean Connery, Diane Cilento
Connery spielte Matt Burke, den Geliebten einer Prostituierten.

1958 *Women in Love*
Sender/Produktion: Associated Rediffusion
R: Robert Tronson

1959 *The Square Ring*
Sender/Produktion: Associated Rediffusion
R: Bill Hitchcock

1959 *The Crucible*
Sender/Produktion: ATV/Associated Rediffusion
Sendedatum: 03-11-59
R: Henry Kaplan. D: Susannah York, Barbara Chilcott, Noel Willman, Alfred Burke

1960 *Colombe*
Sender/Produktion: BBC/ATV
Sendedatum: 17-01-60

R: Naomi Capan. D: Francoise Rosay, Dorothy Tutin, Freda Jackson, Patrick Wymark, Sean Connery (Julien)

1960 *An Age of Kings*
Sender/Produktion: BBC
R: Michael Hayes. D: Sean Connery (Hotspur)

1960 *Without the Grail*
Sender/Produktion: BBC
R: Donald McWhinnie

1960 *Riders to the Sea*
Sender/Produktion: BBC
Sendedatum: 28-09-60
R: George R. Froa. D: Sybil Thorndike, Olive McFarland, Jan Kenny

1960 *The Pets*
Sender/Produktion: ITV/Associated Rediffusion
Sendedatum: 11-10-60
R: Peter Wood. D: Max Adrian, Robert Shaw

1960 *Richard II*
Sender/Produktion: BBC
Sendedatum: 12-05-60
R: Michael Hayes. D: David William, Tom Fleming

1960 *Henry IV*
Sender/Produktion: BBC
Sendedatum: 26-05-60
R: Michael Hayes. D: Frank Pettingel, Robert Hardy, Tom Fleming

1961 *Adventure Story*
Sender/Produktion: BBC
Sendedatum: 12-06-61
R: Rudolph Cartier. D: Sean Connery (Alexander der Große)

1961 *Anna Karenina*
Sendedatum: 03-11-61
R: Rudolph Cartier. D: Claire Bloom, Sean Connery (Vronsky), Albert Lieven

1961 *The Hollow Crown*

1961 *The Road to Shrewbury*

1962 *Macbeth*
Kanadische TV-Produktion

1963 *The Deposing of a King*

1967 *The Bowler and the Bunnet*
Sender/Produktion: Scottish Television
Sendedatum: 18-07-67
R: Sean Connery. DB: Cliff Hanley. P: Bryan Izzard
Connery schrieb und inszenierte diese Dokumentation über die Fabriken in Fairfield. BBC und Independent Television lehnten eine Ausstrahlung ab, was Connery ärgerte.

1969 *MacNeil*
Sender/Produktion: ATV
Sendedatum: 01-02-69
R: Charles Jarrott. D: Sean Connery, Anna Calder-Marshall
Connery spielt den Zimmermann MacNeil, der mit seiner Tochter Mary zusammenlebt. Er hat ihr erzählt, dass ihre Mutter früh gestorben ist, doch eines Tages erfährt sie die Wahrheit.
Der Film lief unter dem Titel *Lauter Lügen* in der Reihe ›Das kleine Fernsehspiel‹ auch bei uns. Im US-Fernsehen hieß die Sendung *Male of the Species*.

1975 *Directissimo*

1976 *The Michael Douglas Show*

Videos

1982 *Sean Connery's Edinburgh*
Die 35-minütige Dokumentation mit einem Kommentar Connerys über seine Heimatstadt entstand im Mai und Juni 1981 für 70.000 Pfund, um den örtlichen Tourismus zu unterstützen.
Die Regie hatte Murray Grigor. Die Dokumentation wurde erstmals am 8. September 1982 im schottischen Fernsehen ausgestrahlt.

1991 *Great Golf Courses of the World*
Dokumentation mit einem Kommentar Connerys über seine liebsten Golfplätze.

Fernsehporträts, Interviews, Moderationen

BRD 1974 *Die Botschaft aus dem Kosmos*
Hans-Günther Pflaum analysierte sechs Sciencefiction-Filme, darunter *Zardoz*. Mit Interviews der Beteiligten

BRD 1975 Im Rahmen der ARD-Sendung *Treffpunkte* wurde in der August-Folge ein Interview mit Sean Connery von Albert Krogmann ausgestrahlt. Er hatte ihn bei

den Dreharbeiten von *Der Mann, der König sein wollte* in Marokko getroffen.
Ausstrahlung: 06-08-75

GB 1981 *Sean Connery Profile*
Die BBC-Produktion wurde in Schottland gedreht.
Ausstrahlung: 22-12-81 (BBC 1)

GB 1983 *The Guardian Lecture – Sean Connery*
Mitschnitt einer Veranstaltung aus dem National Film Theatre vom 13-12-83

BRD 1986 *Die Abtei des Verbrechens*
45-minütige Dokumentation der Dreharbeiten von *Der Name der Rose* von Sylvia Strasser und Wolfgang Würker. Mit einem Interview mit Sean Connery
Ausstrahlung: 11-10-86

BRD 1990 *Oscar*
Für die erste Folge dieser ARD-Sendung war in Lissabon ein einstündiges Interview mit Connery gedreht worden, das so gehalten wurde, als würde er diese Sendung moderieren. Darin gratulierte er u. a. Paul Newman zum 60. Geburtstag und trug ein Gedicht vor.
Ausstrahlung: 15-01-90 (ARD)

BRD 1992 *Europäische Profile: Sean Connery*

BRD 1992 *Sean Connery privat*
Ausstrahlung: 20-12-92 (ARD)

GB 1993 *Sean Connery*
R: Ross Wilson

GB 1996 *Star Profiles: Sean Connery*

BRD 1997 *Cineshot – Portrait: Sean Connery*

Auf die zahlreichen Dokumentationen rund um die James-Bond-Filme und »Making Offs« wird hier nicht eingegangen.
Interessierte Leser finden weitergehende Informationen in ›Das große James-Bond-Buch‹.

Musik- und Sprachaufnahmen, Werbung

Musik- und Sprachaufnahmen

1953 – 1954 *South Pacific*
Während seiner 17-monatigen Mitgliedschaft im Chor von ›South Pacific‹ sang Connery mit 20 anderen zusam-men das Stück ›There Is Nothing Like a Dame‹. Später erhielt er die Rolle des Leutnants Buzz Adams.

1959 *Darby O'Gill and the Little People*
Connery singt in dem Film das Stück ›Pretty Irish Girl‹, das im April 1959 auch als Single erschien. Connery: »Als Janet Munro und ich die Single für Disney aufnahmen, kündigten sie plötzlich an, dass wir auch die B-Seite besingen. Also ging Janet los und besorgte uns eine Flasche Wodka, kam zurück, wir tranken zwei große Gläser, man gab uns den Text und das Ganze hieß dann ›The Bally McQuilty Band‹ … ein absoluter Alptraum.«

1962 *James Bond – 007 jagt Dr. No*
Connery stimmt am Strand von Crab Key das Lied ›Underneath the Mango Tree‹ an, als er Honey (Ursula Andress) das erste Mal sieht.

1966 *Fairfields – Keel of Industry*
Fernsehdokumentation, für die Connery den Kommentar sprach. Ausstrahlung: 14-02-66 (Scottish Television)

1966 *Peter and the Wolf / The Young Person's Guide to the Orchestra*
Für die Aufnahme, die bei Decca Records erschienen ist (PFS 4104), dirigierte Antal Dorati das Royal Philharmonic Orchestra und Connery übernahm den Part des Erzählers. Er sprach Prokofjews Märchen ›Peter and the Wolf‹ und Benjamin Brittens ›The Young Person's Guide to the Orchestra‹.

1967 *The Castles of Scotland*
Connery sprach den Kommentar dieser von Austin Campbell inszenierten Filmdokumentation über Schottlands Schlösser.

70er-Jahre: Deutsche Schlager und schottische Kreativität schließen sich nicht aus. Connery fotografierte Christian Anders für das Cover der Single ›Tu's nicht, Jenny‹. Der Kontakt kam zustande, als die beiden in Marbella Nachbarn waren. Beide trainierten auch gemeinsam Karate und Anders mietete das Haus Connerys, um dort den Action-Film *Die Brut des Bösen* zu drehen. Eine Nebenrolle hatte Anders' Freundin Dunja Raiter. Finanziert wurde der Film mit 1,6 Millionen DM von dem Bauunternehmer Leo Kemkes aus Wesel, der auch in Marbella lebt. Connery schrieb für Anders den Song ›When I Lose my Head in my Pillow‹.

1971: Während der Produktion von *Diamantenfieber* fand Harry Saltzman heraus, dass Connery Schallplatten besungen hat, und äußerte sich dazu: »Wenn uns für unseren Bond-Film keine Geheimwaffen mehr eingefallen wären, hätten wir als letztes raffiniertes Zerstörungsmittel Connerys Singstimme nehmen können.«

1974 *The Vocation*
Connery sprach den Kommentar zum Film des weltbekannten Kameramannes Sven Nykvist, der viel mit Ingmar Bergman arbeitete. Nykvist hatte den Film *Die Uhr läuft ab* fotografiert.

1975 *Der Mann, der König sein wollte*
Kurz vor dem Sturz in die Tiefe von einer Hängebrücke stimmt Connery in dem Film das Musikstück ›Minstrel Boy‹ an, dessen Text sich auch in der Romanvorlage von Kipling wieder findet. Auf dem Soundtrack-Album, das von Maurice Jarre stammt, lautet das Stück ›Dravot's Farewell‹, ist 1.26 Minuten lang und wird zum Teil von Sean Connery und Michael Caine gesungen.

1982 *Annie*
Connery übte mehrere Stücke aufgrund seiner geplanten Mitwirkung an dem Filmmusical von John Huston ein.

1983 *G'Ole! – The World Cup Challenge*
Connery schrieb und sprach den Kommentar für diese offizielle Dokumentation der Fußball-Weltmeisterschaft 1982 in Spanien.

1986 *Barnes People III: After the Funeral*
Connery sprach neben John Hurt und Donald Pleasance die Rolle des Blair für die Radiosendung von BBC Radio 3 und sang auch. Die Aufnahme fand in den Maid Vale Studios statt, Regie führte Ian Cotterell.

1986 *Der Name der Rose*
Connery singt im Chor der Mönche mit. In der Dokumentation zum Film *Die Abtei des Verbrechens* sieht man ihn mit Kollegen die Choral-Gesänge einstudieren.

1989 *Family Business*
Connery sitzt mit einem Glas Sekt in der Badewanne und singt ›Red Roses for a Blue Lady‹. Das Original stammt von Bert Kaempfert aus dem Jahr 1965.

1995 *Dragonheart*
In der Originalfassung des Films spricht Connery den Drachen, summt, singt und brüllt auch.

1996 *The Rock – Fels der Entscheidung*
Im Hotelzimmer singt Connery unter der Dusche 30 Sekunden lang das Stück ›San Francisco‹ von Scott McKenzie aus dem Jahr 1967.

1998 *In my Life*
Auf dem 1998 erschienenen Album von Beatles-Mitstreiter George Martin ist Connery mit dem Titel-Stück zu hören. Er spricht den Text des 2.26 Minuten langen Stücks (Track 12), das von John Lennon geschrieben wurde. Dazu heißt es aus der Feder von George Martin: »Es gibt nur einige wenige Stimmen, die absolut unverkennbar sind. Wenn man die Stimme von Sean Connery hört, weiß man nach einer Silbe, wer es ist. Ich wollte mit diesem prägnanten Text enden, und ich denke, es gibt niemanden, der ihm die Bedeutung geben kann wie Sean. Er ist nicht nur für mich ein Held, sondern für fast jeden, den ich kenne.«

Connery musste sich 1988 (London), 1989 (Los Angeles) und 1993 (London) mehreren Kehlkopfbehandlungen unterziehen. Zuvor sagte er den Film *Rosencrantz and Guildenstern are Dead* unter der Regie von Tom Stoppard ab und kaufte sich aus dem Vertrag heraus. Ein Arzt hatte kleinere Polypen auf seinen Stimmbändern festgestellt und ihm geraten längere Zeit nicht zu reden. Also trug er ein Schild um den Hals, um den Fragenden darauf hinzuweisen. Resultat war, dass diejenigen ihre Fragen aufschrieben. Connery verwirrt und amüsiert: »Ich bin nicht taub, sondern spreche nur nicht. Es beweist wieder einmal, dass die Welt aus lauter Idioten besteht!« Er war besonders darüber verärgert, dass die britische Klatschpresse schrieb, er habe Krebs. Zu seiner ersten Behandlung sagte er später: »Man muss nach kalifornischem Gesetz vor der Operation unterschreiben, dass man den Doktor nicht verklagen wird, sollte man die Stimme verlieren. Das war ein bisschen beunruhigend. Aber es ging ja gut.«

Im November und Dezember 1993 ging Connery aufgrund seiner Kehlkopferkrankung für sechs Wochen in ein Londoner Krankenhaus. Im ›Stern‹ sagte er dazu: »Kein Krebs, dann würde ich anders aussehen.« Am Ende der Behandlung spendet er dem Royal National Throat, Nose and Ear Hospital 46.000 Pfund für die Anschaffung einer neuen Lasermaschine, um Kehlkopfkrebs besser behandeln zu können.

Werbung

Ende der fünfziger, Anfang der sechziger Jahre erschienen in englischen Modemagazinen Anzeigen, in denen Sean Connery als Modell für leichte Sommerbekleidung zu sehen ist. Sein Name wurde nicht genannt, denn damals war er noch nicht weltbekannt. Autor Robert Sellers gelang es, eines dieser Motive aufzutreiben. Es zeigt den jungen Schotten auf einem Stuhl in einem Straßencafé. Er trägt eine Sonnenbrille und erinnert ein wenig an einen italienischen Playboy.

Mitte 1967 erschien eine Serie von Anzeigen in amerikanischen Magazinen wie ›Playboy‹ und ›Life‹, in denen Connery für Jim Beam Whiskey wirbt. Die Headline: »The taste is distinctive. The man is Sean Connery. The Bourbon is Jim Beam.« Zum Teil erschienen auch Unterschriften wie »The Original James Bond« oder »See Sean Connery in *You only Live Twice*«. Damals regte sich niemand auf, aber als er im November 1991 Werbung für japanischen Whisky und später für einen japanischen Wagen machte, wurde er in seinem Heimatland heftig kritisiert. Der schottische Labour-Abgeordnete Norman Hogg legte im britischen Unterhaus einen Antrag vor, in dem die Schottische National Partei (SNP) aufgefordert werden sollte heimische Produkte zu fördern. Er brachte in Erinnerung, dass »15.500 Schotten in der Whisky-Industrie arbeiten und dass Whisky im Wert von 1,5 Milliarden Pfund [4,3 Milliarden DM] jedes Jahr exportiert« werde. Eine Reihe weiterer Angebote, für bestimmte Produkte wie Konsumgüter zu werben, lehnte Connery ab.

Nicht realisierte Projekte

1957 *Boy on a Dolphin* neben Alan Ladd – zu groß.

1958 *High Tide at Noon* – zu dunkelhäutig.

1958 *Die Herberge zur 6. Glückseligkeit* – Curd Jürgens übernahm die Rolle.

1958 *Die jungen Löwen* neben Marlon Brando und Maximilian Schell – er galt als zu bedrohlich.

1959 *Robin Hood* – er lehnte ab.

1961 *El Cid* – er zog es vor, in Oxford Theater zu spielen, erhielt 25 Pfund pro Woche und zahlte das Hotel selbst; außerdem wollte er bei Diane Cilento sein.

1965 *Young Cassidy* – die Film-Biografie von Sean O'Casey sollte von John Ford inszeniert werden. Connery lehnte ab. Der Film entstand unter der Regie von Jack Cardiff mit Rod Taylor in der Hauptrolle.

1965 *The Amorous Adventures of Moll Flander*s – er sollte gemeinsam mit seiner Frau spielen, aber sie wollte nicht.

1965 *Big Country, Big Men.*

1965 *The Secret of the World* – Theaterstück am Broadway, das Connery inszenieren wollte.

1966 *Blow up* – er traf sich mit Regisseur Michelangelo Antonioni, verstand aber nicht, was der wollte, da er nur ein vierseitiges »Drehbuch« hatte. David Hemmings übernahm die Rolle.

1967 *Casino Royale* – James-Bond-Parodie – er lehnte ab.

1967 Bond-Koproduzent Harry Saltzman wollte »einen gigantischen Western« in Kanada mit Sean Connery drehen. Das Projekt wurde nie realisiert.

1968 Nach ›Bravo‹-Informationen wollte Connery mit seiner Frau Diane Cilento und einer eigenen Produktionsgesellschaft eine Spionageserie mit dem Titel ›Call 330‹ realisieren. Chefin der Firma sollte seine Frau werden, die auch die Drehbücher schrieb.

1969 *Macbeth* – Connery plante eine Verfilmung des Shakespeare-Stoffes, stellte aber die Arbeit ein, als Polanskis Film herauskam.

1969 Connery sollte unter der Regie von Laurence Olivier in dem Film *Julius Caesar* den Brutus spielen. Das Projekt kam nie zustande.

1969 *Im Geheimdienst Ihrer Majestät* – er lehnte ab, trotz einer Gage von 1 Mio US-Dollar.

1971 *Sunday, Bloody Sunday* von John Schlesinger, vorgesehen für die Rolle des homosexuellen jüdischen Regisseurs. Peter Finch übernahm die Rolle.

1972 *Todesstille* – das Projekt von Orson Welles wollte Connery inszenieren, aber Warner Brothers besaß die Rechte nicht mehr. Der Film entstand 1989 unter der Regie von Phillip Noyce.

1973 *Leben und sterben lassen* – er lehnte ab, trotz einer Gage von 5 Mio US-Dollar.

1973 Connery wurde nach eigenen Worten ein Musical-Projekt mit Barbra Streisand angeboten (möglicherweise der spätere Film *Funny Lady*), auch die Regie bei einer Komödie stand zur Disposition.

1975 Laut ›Bild‹ wollte Connery »unbedingt« Clark Kent in der Neuverfilmung von *Superman* spielen und hatte bereits Robert Redford, Roger Moore und Dustin Hoffman »ausgestochen«. Christopher Reeve übernahm die Rolle.

1978 Alfred Hitchcock plante den Film *Die kurze Nacht* über einen russischen Spion, der aus einem britischen Gefängnis entkommt, in dem Connery und Liv Ullmann die Hauptrollen spielen sollte. Das Projekt kam nicht zustande.

1979 *Shogun* – nach dem Bestseller von James Clavell. In der ABC-Fernsehserie spielte Richard Chamberlain die Hauptrolle.

1980 Er lehnte es ab, seine Memoiren zu schreiben, obwohl ein Verleger 2 Mio US-Dollar bot.

1981 *Die Stunde des Siegers* – er lehnte ab. Nigel Davenport übernahm die Rolle.

1982 *Annie* – Filmmusical unter der Regie von John Huston. Connery war nicht sicher, ob er die Gesangspassagen bewältigen würde. Albert Finney übernahm die Rolle.

1982 *Laidlaw* – die Finanzierung kam nicht zustande.

1984 *Comfort and Joy* – von Bill Forsyth inszeniert.

1984 *Travelling Men* mit Michael Caine. Connery: »Das war wohl eher ein Gerücht, das von ein paar Studenten in die Welt gesetzt wurde.«

1985 *Dallas*-Gastauftritt – er lehnte ab.

1986 *Tai-Pan* – Bryan Brown übernahm die Rolle. Connery: »In dem Drehbuch gab es mehr Kriegsszenen, als ich vertragen konnte.«

1987 Filmprojekt mit Roger Moore – kam nicht zustande.

1987 Komödien-Projekt zusammen mit Bill Murray im Stil von *M.A.S.H.* – kam nicht zustande.

1987 *Der letzte Kaiser* – Connery war für die Rolle des schottischen Lehrers vorgesehen, die dann von Peter O'Toole gespielt wurde.

1987 *Jack the Ripper* – Titelrolle in einer US-TV-Serie. Sein Gegenspieler sollte Michael Caine sein.

1988 *Die Abenteuer des Baron Münchhausen* – Connery war als Mondkönig vorgesehen. »Ich flog nach Rom, probierte die Kostüme, las das Buch. Dann flog meine Rolle aus Ersparnisgründen so gut wie raus. Es war nicht einmal mehr eine kleine Rolle, sondern ein schnelles Kopfbild übrig. Wer daran Schuld hat, weiß ich nicht.« Robin Williams übernahm die (verkürzte) Rolle.

1988 *Greenyards* – einen Gastauftritt als betrunkener Richter lehnte er ab.

1988 *Where the Heart is* – geplant von Regisseur John Boorman.

1988 *Erik, der Wikinger* von Terry Jones. Connery sollte neben John Cleese, Alec Guinness, Bob Hoskins und Susan Sarandon eine der Hauptrollen spielen. Nur John Cleese spielte wirklich mit.

1989 Projekt über das Leben von Howard Hughes.

1989 *Always* von Steven Spielberg. Richard Dreyfuss übernahm die Rolle.

1989 *Star Trek V – Am Rande des Universums.* Connery sollte Spocks Bruder spielen.

1989 Connery sollte in dem Disney-Film *3.000* die Rolle eines Geschäftsmannes spielen, der sich in eine Prostituierte verliebt, die er nur für einen One-Night-Stand engagiert hat. Angeblich hat er Roger Moore bei der Auswahl ausgestochen. Der Film kam nie zustande.

1990 *Rosenkrantz und Güldenstern* – aufgrund einer Kehlkopfoperation sagte Connery ab und musste sich trotz einer nur geringen Gage von 50.000/75.000 US-Dollar plus Umsatzbeteiligung für 300.000 Dollar freikaufen. Richard Dreyfuss übernahm die Rolle.

1990 *Road Show* – eine »romantische Komödie im Western« an der Seite von Cher unter der Regie von John McTiernan. Der Film kam nie zustande.

1990 *Die Affäre der Sunny von B.* – die Rolle des Claus von Bülow übernahm Jeremy Irons, der dafür einen Oscar bekam.

1991 *Der Feind in meinem Bett* – die ursprüngliche Besetzung bestand aus Kim Basinger und Connery. Als die ausstieg, quittierte auch Connery. Die Rollen übernahmen Julia Roberts und Patrick Bergin.

1991 *Vom Winde verweht* – Connery war als einer der Akteure in dem Fernsehmehrteiler im Gespräch.

1991 *Leonardo da Vinci* – Connery sollte unter der Regie von Federico Fellini die Titelrolle spielen.

1991 Der ehemalige russische Meisterspion Michail Ljubimov wollte Connery für die Rolle eines KGB-Agenten in einem Film anwerben. Der Film kam nie zustande.

1992 *Company of Angels* – die Geschichte der Joan of Arc mit Sinead O'Connor.

1992 *Wrestling Ernest Hemingway* – eine späte Romanze zwischen Gena Rowlands und Connery in Florida. Richard Harris übernahm die Rolle.

1992 *Moby Dick* – Wiederverfilmung des Klassikers mit Gregory Peck als Kapitän Ahab, dieses Mal unter der Regie von Roland Joffé. Letztlich wurde ein Fernsehfilm daraus und Patrick Stewart übernahm die Rolle, für die Nicholson und Connery im Gespräch waren.

1992 *Tamelan* – in der italienisch/russischen Koproduktion sollten auch Omar Sharif, Peter Ustinov, Anthony Quinn und Jacqueline Bisset spielen.

1993 *Shadowlands* – Anthony Hopkins und Debra Winger spielen unter der Regie von Richard Attenborough. Auch Barbra Streisand und Connery waren vorgesehen.

1993 *The Ghost and Mrs. Muir* – Wiederverfilmung des Klassikers, in dem Rex Harrison und Gene Tierney 1947 die Hauptrollen spielten.

1993 Connery war für eine der Rollen in *Mary Shelley's Frankenstein* von Kenneth Branagh im Gespräch.

1993 *Smoke and Mirrors* – in dem Film über die Abenteuer des französischen Magiers Houdini in Nordafrika sollten Connery und Tom Cruise unter der Regie von Frank Marshall spielen. Im Gespräch waren auch Mel Gibson und Connery unter der Regie von Wolfgang Petersen oder Ridley Scott.

1994 Connery sollte in Richard Donners *Assassins* den älteren Killer spielen, der von seinem jüngeren Kollegen gejagt wird. Auch Michael Douglas, Wesley Snipes und Arnold Schwarzenegger waren im Gespräch. Die Rollen übernahmen Sylvester Stallone und Antonio Banderas.

1994 In einem Remake der Don Quichote-Geschichte unter der Regie von Bruce Beresford sollten Sean Connery und Robin Williams die Hauptrollen spielen.

1995 In einer frühen Drehbuchfassung von *GoldenEye* war eine Vater-/Ausbilderfigur von James Bond vorgesehen, den erst Sean Connery und, als der absagte, Anthony Hopkins spielen sollte. Letztlich schrieb man das Skript auf einen jüngeren Mann um und machte ihn zu einem Kollegen.

1995 Connery plante eine »Golf-Version« von *Feld der Träume* mit Jack Lemmon und Clint Eastwood und wollte Michael Crichton dafür gewinnen, das Buch zu schreiben. Connery: »Das Problem ist, dass er kein Golf spielt.«

1995 Für die Hauptrollen in *Legenden der Leidenschaft* von Edward Zwick waren Tom Cruise und Connery vorgesehen. Die Rollen übernahmen Brad Pitt und Anthony Hopkins.

1997 *Die Maske des Zorro* – Connery sollte den Lehrmeister von Antonio Banderas spielen, der dann von Anthony Hopkins übernommen wurde. Nach Aussagen von Regisseur Martin Campbell wurde er fünfmal gefragt und lehnte jedes Mal ab. Vor Banderas war Andy Garcia im Gespräch.

1997 Nach Informationen von Danny Boyle wollte er Connery für einen Gastauftritt als Gott in seinem Film *Lebe lieber ungewöhnlich* gewinnen, was der aus Termingründen ablehnte. Er äußerte sich aber positiv über *Trainspotting*: »Es ist sehr schmeichelhaft, dass der Junge namens Sick Boy diese Besessenheit für mich und James Bond hat.«

1998 *Pathfinder* – ein futuristischer Thriller über einen Agenten, der im Gefängnis einem Mordkomplott auf die Spur kommt. Neben Connery waren auch Stars wie Mel Gibson, Michael Douglas und Arnold Schwarzenegger für den Paramount-Film im Gespräch. Jan de Bont sollte Regie führen.

1998 Eine »Detektivgeschichte mit einem großen Gerichtsverfahren, die sich auf den 1988 durchgeführten Anschlag auf den Jumbojet, der über Lockerbie abgestürzt ist«, ist in Vorbereitung. Ian LaFrenais und Dick Clement (*Die Commitments*) arbeiten an dem Drehbuch.

1999 *Space Cowboys* – Connery und Jack Nicholson sollten unter der Regie von Clint Eastwood spielen.

1999 *Der Herr der Ringe* unter der Regie von Peter Jackson. Bei den Filmfestspielen in Cannes 1999 sagte er: »Ich habe noch nicht mal ein Drehbuch!« Connery war als Gandalf im Gespräch. Die Rolle übernahm Sir Ian McKellen.

2000 *End Game* – Paramount plant diesen Spionagethriller über einen alternden CIA-Agenten, der einen Waffendeal vereitelt, mit Connery in der Hauptrolle. Chuck Russell soll inszenieren.

2000 *Unconditional Love* – nach Recherchen von Empire Online hat Connery einen Kurzauftritt in dem neuen Film von PJ Hogan an der Seite von Rupert Everett und Kathy Bates und drehte kurz in Chicago. In den offiziellen Besetzungslisten wird er jedoch nicht geführt.

Sean Connery zu den entgangenen Rollen: »Häufig ging es um wirklich große Rollen, und die Entscheidung war nur noch: entweder ein anderer bekannter Name oder ich. Oft kam es vor, dass der andere vorgezogen wurde. Sie ließen mich bewusst fallen. Das hat viel mit politischen Strategien in Hollywood zu tun, in die ich nie eingeweiht war. Ich habe nie verstanden, wie das funktioniert. Andererseits habe ich, bis auf eines, schon jedes Studio in Hollywood verklagt. Sie versuchen dich zu bestehlen, wo sie können.«

Gagen und Besucherzahlen

Gagen

Model in der Edinburgh School of Art in Lauriston: 15 Shilling pro Stunde

verschiedene Theaterproduktionen (1951): 12 Pfund pro Woche

Fußballspieler bei Manchester United: 25 Pfund pro Woche (das Angebot lehnte er zugunsten des Schauspiels ab)

Sänger in dem Musical ›South Pacific‹ (1953/54): erste Spielzeit: 12 britische Pfund, zweite Spielzeit: 14,10 Pfund

Requiem for a Heavyweight (britische TV-Produktion 1957): 25 Pfund für den 90-minütigen Film (andere Quellen: 35 Pfund)

Babysitting für den britischen Filmjournalisten Peter Noble (Screen International): 10 Shilling pro Nacht. 1958 übernahm Connery die Stelle und lernte viele bekannte Hollywood-Stars kennen.

Tarzans größtes Abenteuer (1959): 5.600 US-Dollar

Vertrag bei der 20th Century Fox (1960 – 1962): 120 Pfund pro Woche

James Bond – 007 jagt Dr. No (1962): 15.000 Pfund

Marnie (1964): 400.000 US-Dollar (andere Quellen: 200.000 US-Dollar plus 5 Prozent vom Umsatz)

Ein Haufen toller Hunde (1965): 150.000 Pfund (400.000 US-Dollar)

Feuerball (1965): 200.000 Pfund

Simson ist nicht zu schlagen (1966): 500.000 US-Dollar

Shalako (1968): 1,2 Mio US-Dollar (4 Mio DM) plus 30 Prozent Umsatzbeteiligung

Coverdesign für ›Manipulator‹, den ersten Roman seiner Frau Diane Cilento (1968): 30 Pfund

Verflucht bis zum Jüngsten Tag (1969): 1 Mio US-Dollar

Diamantenfieber (1971): 1,25 Mio US-Dollar plus 10 Prozent Umsatzbeteiligung (andere Quellen: 12,5 Prozent), 145.000 Dollar für jede zusätzliche Woche Dreharbeiten, einen Hubschrauberfreiflug zum nächsten Golfplatz an seinem freien Tag einmal pro Woche sowie die Produktion von zwei Filmen seiner Wahl, wobei er einen selbst inszenieren konnte. Das war damals die höchste Gage, die je ein Schauspieler erhalten hat.

Der Wind und der Löwe (1974): 300.000 US-Dollar

Der Mann, der König sein wollte (1975): 150.000 Pfund (250.000 US-Dollar) plus 5 Prozent vom Einspielergebnis

Meteor (1979): 2 Mio US-Dollar

Sag niemals nie (1983): 5 Mio US-Dollar plus Umsatzbeteiligung

Sword of the Valiant (1984): 1 Mio US-Dollar für sechs Drehtage. Produzent Basil Keys: »Wir sind überzeugt, dass Sean jeden Penny wert ist. Er ist perfekt für die Rolle und er ist ein absoluter Profi. Als er am Drehort ankam, wusste er nicht nur seine Dialoge, sondern auch noch das ganze Drehbuch rückwärts.«

Highlander (1985): 1 Mio US-Dollar plus Umsatzbeteiligung (sieben Drehtage, andere Quellen: elf Drehtage)

Der Name der Rose (1986): 2 Mio DM (laut ›Gong‹)

Die Unbestechlichen (1986): laut Brian de Palma eine »kleine Gage«, aber Umsatzbeteiligung

Jagd auf Roter Oktober (1989): 4–6 Mio US-Dollar

Das Russland-Haus (1989): 5 Mio US-Dollar

Highlander II (1990): 5 Mio US-Dollar für zehn Drehtage und 500.000 US-Dollar für jeden weiteren Drehtag

1990 war Connery gemäß einer Liste der höchstbezahlten Entertainer der Welt in ›Variety‹ auf Platz 6 mit 35 Mio US-Dollar. ›Prinz‹ schätzte seine Einnahmen auf 27 Mio Dollar.

Robin Hood – König der Diebe (1991): 500.000 US-Dollar (900.000 DM) für einen Drehtag. Der Filmauftritt dauerte nur 34 Sekunden. Er spendete die Gage für wohltätige Zwecke.

Medicine Man (1991): 10 Mio US-Dollar plus 15 Prozent Umsatzbeteiligung

Die Wiege der Sonne (1992): 6,5 Mio US-Dollar plus Umsatzbeteiligung

Sean Connery-Zitate zum Thema Gagen: »Ich habe im Leben schon so viel Geld durch unredliche oder unfähige Finanzberater verloren. Deshalb habe ich gelernt mich selbst um die Geschäfte zu kümmern.«

»Ich glaube, es war die Autorin Erica Jong, die gesagt hat: ›Der Unterschied zwischen viel Geld verdienen und reich sein ist ein guter Anwalt.‹ Das ist scharfsinnig.«

Besucherzahlen von Connery-Filmen in deutschen Kinos

Jahr	Titel	Verleiher	Besucherzahl
1964	*Goldfinger*	United Artists	über 3.000.000
1965	*Feuerball*	United Artists	über 3.000.000
1967	*Man lebt nur zweimal*	United Artists	über 3.000.000
1971	*Diamantenfieber*	United Artists	über 3.000.000
1979	*Meteor*	Warner Bros.	ca. 1.000.000
1981	*Outland*	Warner-Col.	ca. 400.000
1981	*Time Bandits*	Senator	481.411
1982	*Flammen am Horizont*	Warner-Col.	ca. 100.000
1984	*Sag niemals nie*	Constantin	3.583.930
1986	*Highlander*	Highlight	1.017.151
1986	*Der Name der Rose*	Constantin	5.891.561
1987	*The Untouchables*	UIP	1.139.955
1988	*Presidio*	UIP	619.556
1989	*Indiana Jones und der letzte Kreuzzug*	UIP	3.604.714
1990	*Family Business*	Tobis	599.550
1990	*Jagd auf Roter Oktober*	UIP	1.366.970
1990	*Das Russland-Haus*	Senator	519.239
1991	*Highlander II*	Highlight	963.116
1992	*Medicine Man*	Scotia	356.839
1993	*Die Wiege der Sonne*	Fox	1.095.123
1995	*Im Sumpf des Verbrechens*	Warner Bros.	416.850
1995	*Der 1. Ritter*	UIP	1.637.118
1996	*The Rock – Fels der Entscheidung*	Buena Vista	3.422.234
1998	*Mit Schirm, Charme und Melone*	Warner Bros.	475.100
1999	*Verlockende Falle*	Fox	1.234.421

US- und Kanada-Box-Office

Jahr	Titel	Einspielergebnis (in US-Dollar)
1962	*James Bond – 007 jagt Dr. No*	16.100.000
1963	*Liebesgrüße aus Moskau*	24.800.000
1964	*Goldfinger*	51.100.000
1965	*Feuerball*	63.600.000
1967	*Man lebt nur zweimal*	43.100.000
1971	*Diamantenfieber*	43.800.000
1979	*Meteor*	10.000.000 (geschätzt)
1981	*Outland*	20.000.000 (geschätzt)
1982	*Time Bandits*	42.365.581
1982	*Flammen am Horizont*	3.583.513 (geschätzt)
1982	*Am Rande des Abgrunds*	121.867
1984	*Sag niemals nie*	55.230.071
1986	*Highlander*	5.900.000
1986	*Der Name der Rose*	7.153.487
1987	*The Untouchables*	76.270.454
1988	*Presidio*	20.036.242
1989	*Indiana Jones und der letzte Kreuzzug*	197.171.806

1990	Family Business	12.195.695
1990	Jagd auf Roter Oktober	120.709.868
1990	Das Russland-Haus	22.997.992
1991	Robin Hood – König der Diebe	165.500.000
1991	Highlander II	15.556.340
1992	Medicine Man	45.500.797
1993	Die Wiege der Sonne	63.200.000
1995	Der 1. Ritter	37.600.435
1996	Dragonheart	51.400.000
1996	The Rock	134.069.511
1998	Mit Schirm, Charme und Melone	23.532.710
1999	Verlockende Falle	87.704.396

Die erfolgreichsten Filme aller Zeiten (weltweit)

Rang	Titel	Einspielergebnis (in Mio US-Dollar)
1	Indiana Jones und der letzte Kreuzzug (1989)	494.8
2	Robin Hood – König der Diebe (1991)	390.5
3	The Rock – Fels der Entscheidung (1996)	330.5
4	Verlockende Falle (1999)	211.7
5	Jagd auf Roter Oktober (1990)	199.2
6	Die Unbestechlichen (1987)	186.3
7	Feuerball (1965)	141.2
8	Goldfinger (1964)	124.9
9	Der 1. Ritter (1995)	122.6
10	Diamantenfieber (1971)	116.0
11	Man lebt nur zweimal (1967)	111.6
12	Sag niemals nie (1983)	ca. 110.0

Quellen: ›Variety‹: All-Time Box Office Champs 10-05-97; ›The Hollywood Reporter‹; Jens-Peter Johannsen; eigene Recherchen

Preise und Wettbewerbe

1953 Mr.-Universum-Wettbewerb im Londoner Scala-Theatre: 3. Platz bei den »großen Männern« (über 1,80 Meter)

1963 Find of the Year Award des Filmverleihs United Artists für die Entdeckung von Sean Connery für *James Bond – 007 jagt Dr. No*

1964 Beliebtester Darsteller und größter Kassenmagnet in Großbritannien (Umfrage nach ›Motion Picture Herald‹)

1965 Variety Club of Great Britain: Silver Heart für den Schauspieler des Jahres

1965 Beliebtester Darsteller und größter Kassenmagnet in Großbritannien

1965 Top Ten Box Office Star in den USA: Platz 1 (Umfrage von Quigley Publications unter den US-Kinobesitzern)

1966 Top Ten Box Office Star in den USA: Platz 1

1966 Beliebtester Darsteller und größter Kassenmagnet in Großbritannien

1966 David di Donatello Preis in Italien: Spezial-Plakette für den besten Schauspieler

1966 photoplay Award als bester Schauspieler

1966 Nach einer in Hollywood veröffentlichten Liste ist der am meisten verdienende Schauspieler Connery, vor John Wayne, Doris Day, Julie Andrews, Jack Lemmon, Elvis Presley, Cary Grant, James Stewart, Elizabeth Taylor und Richard Burton.

1966 Bravo-Wahl der beliebtesten Filmschauspieler: Platz 2 hinter Pierre Brice (Silberner Otto)

1967 Beliebtester Darsteller und größter Kassenmagnet in Großbritannien

1967 Top Ten Box Office Star in den USA: Platz 7

1966 Bravo-Wahl der beliebtesten Filmschauspieler: Platz 3 (Bronzener Otto)

1971 Golden Globe der Auslandspresse in Hollywood für den beliebtesten Filmstar der Welt (gemeinsam mit Charles Bronson)

1976 David di Donatello Preis in Italien: Spezial-Plakette für den besten Schauspieler

1979 Die Frauenorganisation ›Man Watchers Inc.‹ erklärt Connery zu einem der attraktivsten Männer der Welt.

1981 Herriot-Watt University Edinburgh: Ehrendoktorwürde (14-11-81)

1983 Retrospective Season at the National Film Theatre, London

1983 Das Hamburger GEWIS-Institut fand im Auftrag der ›Neuen Revue‹ die Männer heraus, mit denen die Frauen am liebsten eine Nacht verbringen würden.

Auf Platz 3 landete Connery hinter Kevin Costner und Richard Gere.

1983 In einer Umfrage des Magazins ›Penthouse‹ nach dem besten Bond-Darsteller votierten 64 Prozent der Männer und 52 Prozent der Frauen für Sean Connery.

1984 Harvard Universität USA: Hasty Pudding Award als Mann des Jahres (22-02-84)

1984 Mitgliedschaft der Royal Scottish Academy of Music and Drama (25-04-84)

1985 Bambi der Zeitschrift ›Hör Zu‹ (13-12-85 in München)

1986 Goldener Jupiter als beliebtester Schauspieler der Zeitschrift ›Cinema‹

1987 Bundesfilmpreis und Filmband in Gold für außergewöhnliche schauspielerische Leistungen (13-06-87)

1987 Commandeur des Arts et Lettres in Frankreich (02-03-87 in Paris)

1987 Golden Globe der Auslandspresse in Hollywood als bester Nebendarsteller für *Die Unbestechlichen* (24/25-01-88)

1987 British Critics Circle: Preis für schauspielerische Leistungen in *Der Name der Rose* und *Die Unbestechlichen*

1987 British Academy (BAFTA) Award als bester Schauspieler für *Der Name der Rose*

1987 Filmband in Gold für die schauspielerische Leistung in *Der Name der Rose*

1987 Variety Club of Great Britain: Bester Darsteller

1987 US National Board of Review: Bester Nebendarsteller

1987 David Wark Griffith-Preis als bester Nebendarsteller für *Die Unbestechlichen*

1988 Oscar als bester Nebendarsteller für *Die Unbestechlichen* (11-04-88)

1988 ShoWest Male Star of the Year

1988 St. Andrews Universität Schottland: Ehrendoktorwürde (08-07-88)

1988 Zweitpopulärster Filmstar des Jahres der Zeitschrift ›Kinohit‹

1989 Golden-Globe-Nominierung als bester Nebendarsteller in *Indiana Jones und der letzte Kreuzzug*

1989 British on the Cannes Filmfestival: Outstanding Contribution to the British Film Industry

1989 Populärster Filmstar des Jahres der Zeitschrift ›Kinohit‹

1990 US National Association of Theater Owners: Worldwide Star of the Year

1990 American Cinematheque Award for Acting Excellence

1990 Most Sexiest Man Alive der Zeitschrift ›People‹

1990 Nach einer Umfrage der Zeitschrift ›Kinohit‹ unter 357 Frauen, wen sie als sexy ansehen, landet Connery auf Platz 3 hinter Tom Cruise und Michael Douglas.

1990 Special Tribute Award der British Academy of Film and Television Arts für außergewöhnliche Leistungen in der Welt des Kinos: Silberne Maske (07-10-90)

1990 Freedom Award of the City of Edinburgh (20-12-90)

1990 »Mann der Kultur«-Preis in Rom, verliehen von der Together For Peace-Foundation für die Verbreitung italienischer Kultur

1991 Ehrenbürger der Stadt Edinburgh (Connery wurde im Juni der 38. Ehrenbürger der Stadt Edinburgh und ist der erste Schauspieler, dem diese Ehre zuteil wurde – 11-06-91)

1991 Legion d'Honneur, Frankreich (27-01-91)

1991 BBC Scotland: Schotte des Jahres

1991 BAFTA-Nominierung als bester Darsteller in einer Hauptrolle für *Jagd auf Roter Oktober*

1991 In einer Liste der Traummänner der ›Vogue‹ (Ausgabe 2/1991) wird Sean Connery neben Robert de Niro, Christopher Lambert und Jack Nicholson genannt.

1992 David di Donatello-Preis in Italien

1993 Das US-Branchenblatt ›Entertainment Weekly‹ zählt Connery in seiner August-Ausgabe zu den 30 größten Filmstars aller Zeiten.

1996 Cecil B. DeMille Preis für sein Lebenswerk, verliehen bei den Golden Globe Awards für »außergewöhnliche Leistungen in der Unterhaltungsindustrie«

1997 Ehrung der Film Society of Lincoln Center in New York (07-05-97)

1998 BAFTA für das Lebenswerk

1998 Nach einer in England durchgeführten Umfrage unter 933 Briten waren 68 Prozent dafür, dass Connery den Adelstitel »Sir« erhält.

1999 Bei einer Umfrage unter 1058 britischen Frauen, wem sie am liebsten beim Frühstück gegenübersitzen würden, kommt Connery mit 12 Prozent der Stimmen auf Platz 1.

1999 Preis der NATO ShoWest für sein Lebenswerk (09-03-99 in Las Vegas)

1999 Der ›Hollywood Reporter‹ widmet Sean Connery eine Sonderausgabe (11-03-99).

1999 Verewigung in Zement vor Mann's Chinese Theatre in Los Angeles

1999 Hommage an Sean Connery bei den Filmfestspielen in Cannes

1999 Sexiest Man of the Century – nach einer Umfrage unter 16.000 Lesern der Zeitschrift ›New Woman‹ (Ausgabe 9/1999)

1999 Ehrung des Kennedy Center in Washington für das Lebenswerk

1999 Connery erscheint in der Liste der 200 »elegantesten Männer des 20. Jahrhunderts« in dem Magazin ›GQ‹

1999 Nach einer Umfrage des ›Hollywood Reporter‹ zu den 150 »most bankable stars« unter Filmschaffenden (135 Personen) erscheint Connery auf Platz 19 – als bester Brite.

1999 Die Verleihung des Adelstitels in Großbritannien wird am 31-12-99 bekannt gegeben. So darf er sich im Jahr 2000 »Sir« Sean Connery nennen, nachdem die Labour Party ihm 1998 den Titel aufgrund seines energischen Eintretens für Schottland verweigerte.

Bibliografie

Texte von Sean Connery

Hamilton, David: Good Golf Guide to Scotland. Foreword by Sean Connery. Scotland 1982

Hamilton, David: The Scottish Golf Guide. Foreword by Sean Connery. Scotland 1997 (überarbeitete Version von ›Good Golf Guide to Scotland‹, das Vorwort ist unverändert)

Torrance, Bob/Mair, Norman: Golf the Torrance Way. Room at the Top. Foreword by Sean Connery. London 1991

Bibliografie: Sean Connery

Andrews, Emma: Heroes of the Movies Sean Connery. Godalming 1982

Andrews, Emma: The Films of Sean Connery. London 1974 / Isle of Wight 1977 / New York, Toronto 1982

Baumann, Hans D. / Sahihi, Arman: Der Film: Der Name der Rose. Weinheim, Basel 1986 (Interview mit Sean Connery)

Dupuis, Jean Jacques: Sean Connery. Paris 1986

Durant, Philippe: Sean Connery. Paris 1985 / Clamart 1989

Feeney Callan, Michael: Sean Connery, His Life and Films. London 1983 und 1993. Paperback Title: Sean Connery, The Untouchable Hero. Deutsch: Sean Connery. Seine Filme – Sein Leben. München 1984

Fleming, Ian/various: For Bond Lovers Only. London 1965 / New York 1965. Deutsch: Fleming, Ian/Connery, Sean/Simenon, Georges/Dulles, Allen/Fishman, Jack/

Chandler, Raymond/Deighton, Len u.a.: Nur für Bond Freunde. München 1966

Freedland, Michael: Sean Connery. A Biography. London 1994

Freyermuth, Gundolf S.: Spion unter Sternen. Berlin 1994 (Interview mit Sean Connery)

Gant, Richard: Sean Connery gilt-edged Bond. London 1967

Grassi, Giovanna: Sean Connery. Rom 1996

Guandalini, Gina: Sean Connery. Rom 1993

Heinzlmeier, Adolf: Sean Connery. Rastatt 1990

Hunter, John: Great Scot. The Life of Sean Connery. London 1993

Parker, John: Sean Connery. London 1993 / München 1995

Passingham, Kenneth: Sean Connery. London 1983 und 1984

Pfeiffer, Lee/Lisa, Phil: The Films of Sean Connery. New York 1993

Rissik, Andrew: The James Bond Man. The Films of Sean Connery. London 1983

Sellers, Robert: The Films of Sean Connery. Sussex, New York 1990

Sellers, Robert: Sean Connery. A Celebration. London 1999

Simpson, Rachel: The Unofficial Sean Connery. Bristol 1996

Tanitch, Robert: Sean Connery. London 1992

Yule, Andrew: Sean Connery. From 007 to Hollywood Icon. New York 1992. Paperback Title: Sean Connery. Neither Shaken Nor Stirred. London 1993

o.V.: Sean Connery. Japanische Biografie, Nr. 43. o.J.

Fury, David: Kings of the Jungle. An Illustrated Reference to ›Tarzan‹ on Screen and Television. Jefferson 1994

Giesen, Rolf: John Boorman – Hope and Glory. Hoffnung und Ruhm. Das Portrait des Kino-Magiers von Rolf Giesen. München 1987

Goldau, Antje/Prinzler, Hans Helmut/Sinyard, Neil: Zinnemann. Berlin 1986

Higham, Charles: Audrey. Das Leben der Audrey Hepburn. München 1985

Huston, John: An Open Book. New York 1980

Nini, Britt: Ursula Andress. Paris 1980

Pittler, Andreas: Monty Python. Über den Sinn des Lebens. München 1997

Prüßmann, Karsten: Pierce Brosnan. Mehr als James Bond. München 1999

Rakete, Jim: Photographien. München 1997

Richards, David: Played Out: The Jean Seberg Story. New York 1981

Rogers, Dave: The Complete Avengers. London 1989

Schiele, Joachim: Tarzan, der barfüßige Held. München 1981

Winters, Shelley: Shelly II. The Middle of My Century. New York 1989

Wood, Lana: Natalie. A Memoir by her Sister Lana Wood. New York 1984

Young, Freddie: Seventy Light Years. A Life in the Movies. London 1999

Yule, Andrew: The Man who framed The Beatles. A Biography of Richard B. Lester. New York 1994

Zec, Donald/Cubby Broccoli: When the Snow Melts. The Autobiography of Cubby Broccoli. London 1998

Zinnemann, Fred: An Autobiography. London 1992

Bibliografie: Mitwirkende, Kollegen, Regisseure

Bardot, Brigitte: B.B. Memoiren. Paris 1995

Bergen, Candice: Knock Wood. London 1984

Bernard, Manfred: Die Tarzan-Filme. München 1983

Crichton, Michael: Im Kreis der Welt. Reinbek bei Hamburg 1991

Crane, Cheryl with Jahr, Cliff: Detour. A Hollywood Story. New York 1988

Dougan, Andrew: The Actor's Director. Richard Attenborough behind the Camera. Edinburgh 1994

Eaton, Shirley: Golden Girl. London 1999

Eichinger, Bernd: Keine Rose ohne Dollars. In: Transatlantik, November 1986

Essoe, Gabe: Tarzan of the Movies. New Jersey 1968 und 1979

Feeney Callan, Michael: Richard Harris. A Sporting Life. London 1990

Bibliografie: James-Bond-Filme

Adler, Bill: Dear 007: Notes, Mash and Otherwise, to the Supersleuth. New York 1966

Bach, Steven: Final Cut. New York 1987

Balio, Tino: United Artists. The Company that Changed the Film Industry. Madison 1987

Barber, Hoyt L./Barber, Harry L.: The Book of Bond, James Bond. Nipomo 1999

Barnes, Alan/Hearn, Marcus: Kiss Kiss Bang Bang. The Unofficial James Bond Film Companion. London 1997

Bart, Peter: Fade out. The Calamitous Final Days of MGM. London 1990

Benson, Raymond: James Bond Bedside Companion. New York 1984

Bennett, Tony/Woolacott, Janet: Bond and Beyond. The Political Career of a Popular Hero. London 1987

Bonnefoy, Claude: Le Cinéma et ses mythes. Paris 1965

Boyd, Ann S.: The Devil with James Bond. London, Glasgow 1967

Brosnan, John: James Bond in the Cinema. London 1972 / San Diego 1981

Cavelti, John G.: Adventure, Mystery and Romance. Formula Stories as Art and Popular Culture. Chicago 1976

Chapman, James: Licence to Thrill. A Cultural History of the James Bond Films. London 1999

Cortesi, Mario: James Bond Belmondo & Cie. Le livre du cinéma européen. Neuchâtel 1983

David, Hugh: Heroes, Mavericks and Bounders. The English Gentleman from Lord Curzon to James Bond. London 1991

del Buono, Oreste/Eco, Umberto: Der Fall James Bond 007 – ein Phänomen unserer Zeit. München 1966

del Buono, Oreste/Eco, Umberto: The Bond Affair. London 1966

Durant, Philippe: Les James Bond Girls. Les 230 créatures de reve … et un agent 007. Paris 1999

Georgy, H. (Rausch, Hans-Georg): Was James Bond so erfolgreich macht. Eine Hommage an 40 Jahre 007. Bonn 1990

Goux, Yves/Baeyens, Pierre: Bond, James Bond. Le Dossier 007. Mariembourg 1989

Haining, Peter: James Bond: A Celebration. London 1987

Hibbin, Sally: The Official James Bond 007 Movie Book. New York 1987 / London 1987

Hibbin, Sally: The New Official James Bond 007 Movie Book Now Including Licence to Kill. London 1989

Holliss, Richard: The Official 007 Fact File. London 1989

Hügel, Hans-Otto/Moltke, Johannes von: James Bond. Spieler und Spion. Begleit- und Lesebuch zur Ausstellung James Bond. Die Welt des 007. Hildesheim 1998

Jessen, Kai: Pierce Brosnan. Mehr als James Bond. München 1998

Kocian, Erich: Die James Bond Filme. München 1982, 1984 und 1998

Lane, Andy/Simpson, Paul: The Bond Files. London 1998

Leonard, Geoff/Walker, Pete/Bramley, Gareth: John Barry. A Life in Music. Bristol 1998

Lewis, Michael: The Ultimative James Bond Trivia Book. New York 1996

Lünnemann, Ole: Vom Kalten Krieg bis Perestroika. James Bond – Ein Filmagent zwischen Entspannung und Konfrontation. Eine inhaltsanalytische Studie zur Reflex- und Kontrollhypothese. Münster, Hamburg 1993

Lycett, Andrew: Ian Fleming. London 1995

Macnee, Patrick: Blind in one Ear. Autobiography of an Avenger. London 1989

Moscati, Massimo: James Bond missione successo. Bari 1987

Paland, Jean-Marc: James Bond Girls. Paris 1985

Parish, James Robert/Pitts, Michael R.: The Great Spy Pictures. Matuchen 1974

Pate, Janet: The Book of Spies and Secret Agents. Exeter 1978

Pearson, John: Life of Ian Fleming. New York 1966 / London 1966

Peary, Danny: Cult Movies 3. New York 1988

Pelrine, Eleanor and Dennis: Ian Fleming: Man with the Golden Pen. Wilmington 1966

Perry, George: Movies from the Mansion. A History of Pinewood Studios. London 1976

Pfeiffer, Lee/Lisa, Phil: The Incredible World of 007. New York 1992/New York 1995

Pfeiffer, Lee/Worrall, Dave: The Essential Bond. The Authorized Guide to the World of 007. London 1998

Pohle, Robert W./Hart, Douglas C.: The Films of Christopher Lee. New York, London 1983

Rombout, Raymond: De James Bond Saga. Leuven 1996

Rubin, Steven Jay/Tesche, Siegfried: Hinter den Kulissen von James Bond 007. Hamburg 1981, 1987 und 1995

Rubin, Steven Jay: The James Bond Films. A Behind the Scenes History. New York 1981 und 1983

Rubin, Steven Jay: The Complete James Bond Movie Encyclopedia. Chicago 1990 und 1995

Sarno, Antonello: Il Mio Nome E Bond. Viaggio nel mondo di 007. Milano 1996

Scanner, Ivo: In viaggio con James Bond. I luoghi, i film, i romanzi. Una fantastica avventura in giro per il mondo. Milano 1997

Schäfer, Horst/Schwarzer, Wolfgang: Top Secret. Agenten- und Spionagefilme – Personen, Affären, Skandale. Berlin 1998

Scheingraber, Michael: Die James-Bond-Filme. München 1979 und 1981

Simmons, Bob: Nobody Does it Better. My 25 years of stunts with James Bond and other Stars. Poole 1987

Snelling, O.F.: 007 James Bond. A Report. London 1964 / New York 1965

Soter, Tom: Bond and Beyond. 007 and other Special Agents. New York 1993

Spahlinger, Lothar: Käsefieber. Vergleichende Analyse der James-Bond-Filme von ›James Bond jagt Dr. No‹ (1962) bis ›James Bond 007 – In tödlicher Mission‹ (1981). Schwieberdingen 1983

Spoto, Donald: Die Seeräuber-Jenny. Das bewegte Leben der Lotte Lenya. München 1990

Starkey jr., Lycurgus M.: James Bond's World of Values. Nashville – New York 1966

Strobel, Ricarda/Borschke, Alexandra: »James Bond – Diamantenfieber«/»Diamonds Are Forever«. Ein Filmtranskript. Siegen 1987

Strobel, Ricarda/Borschke, Alexandra: »James Bond – Im

Geheimdienst Ihrer Majestät«/»On Her Majesty's Secret Service«. Ein Filmtranskript. Rottenburg-Oberndorf 1986

Tanner, William: The Book of Bond or Every Man His Own 007. London 1965

Tesche, Siegfried: Das große James-Bond-Buch. 007 – Stars und Stories. Berlin 1995

Tesche, Siegfried: James Bond. Autos, Action und Autoren. Berlin 1997

Tesche, Siegfried: Das große James-Bond-Buch. Berlin 1999

Turner, Adrian: Adrian Turner on Goldfinger. London 1998

Vailland, Roger: Chronique d'Hiroshima à Goldfinger 1945–1965. Paris 1984

Walter, Klaus-Peter: Das James-Bond-Buch. Frankfurt/ Berlin 1995

Wharton, Bill: The Real 007. New York 1969

Winn, Dilys: Murder Ink. The Mystery Reader's Companion. New York 1977

Woodhead, Colin (Hg): Dressed to Kill. James Bond the Suited Hero. New York, Paris 1996

World Distributors (Hg): The James Bond 007 Annual 1965

World Distributors (Hg): The James Bond 007 Annual 1966

World Distributors (Hg): The James Bond 007 Annual 1967

Zeiger, Henry A.: Ian Fleming the Spy who Came in with the Gold. New York 1965

Zimmer, Jacques: James Bond Story. Paris 1989

Zimmer, Jacques: Le Cinema fait sa pub. Paris 1986

Zinman, David: Saturday Afternoon at the Bijou. New Jersey 1973

o.V.: Mädchen, Girls und Gören. Ein Playboy-Strauß für Männer. Hamburg 1971

o.V.: The 007 Archives. London 1996

Weitere Quellen

The American Film Institute Catalog
Lexikon des internationalen Films
Presseinformationen der Filmverleiher und Presseagenten
International and National Film Reviews

Interviews, Zeitungs- und Zeitschriftenporträts

Abrahams, Derek: The movie cop Sean: »When I was a Kid I always was Scared of the Police.« In: photoplay 1972

Barcinski, Andre: In the Heat of the Day. Just Cause. In: Preview March/April 1995

Blumenberg, Hans C.: Ein Musical mit Bond und Barbra? Sean Connery plauderte über seine Pläne. In: Kölner Stadtanzeiger 23-01-73

Brettschneider, Edmund: Der sieggewohnte »James Bond« endet hier als Streikführer am Galgen. In: Fernsehwoche 19-01-80

Brettschneider, Kiki: Für sieben Millionen spiele ich noch mal James Bond. In: TV-Movie 23/1993

Canonnier, Annie: Le dernier empereur. In: Starfix Octobre 1989

Case, Brian: Scots myth. In: Time Out 29-03/05-04-95

ch: Jagdszenen unter Wasser. Sean Connery über … In: Kino 8/1990

Criston, Lawrence: The Man who Could Be King. In: Los Angeles Times 24-07-92

Clarke, Sue: Zardoz. In: photoplay Mai 1974

Cook, Fidelma: Sean has lost a Fortune three Times. Why is he so ready to trust People? In: The Mail On Sunday 12-03-00

Colvin, Claire: Up the Mountain without a Stuntman. In: The Times 20-10-82

Crichton, Michael: Sean Connery: A Prospensity for Stylish Mayhem. In: Peary, Danny: Close-Ups. The Movie Star Book. Intimate profiles of movie stars by their co-stars, directors, screenwriters, and friends. New York 1978

Deck, Bernd: »Viel Freude an der Vaterrolle.« Interview mit Sean Connery. In: Neue Presse Hannover 29-09-88

Docherty, Cameron: Connery. The Superstar as Perfectionist. In: The Scotsman 16-06-90

Duck, Viktor: 007: Jetzt ein Millionendieb. In: AZ 23-11-70

Esway, Catherine: Sean et Innocent. Interview de Sean Connery. Malone dans Les Incorruptibles. In: Premiere Octobre 1987

Freyermuth, Gundolf S.: Mord im Kloster. In: Stern 18-09-86

Freyermuth, Gundolf S.: Ein Traumtyp, der aus der Rolle fällt. In: Stern-TV März 1986

Fründt, Bodo: Einzelgänger im Weltraum. In: Stern 22-10-81

Garcia, George Hadley: »Uncovering the Secret Lives of a Cinematic Spy«. In: Prevue März 1990

Greene, Bob: Life-Long Bond. In: Time Out 20/20, Juni 1989

Heller, Zoe: Rising Sean. In: Vanity Fair Juni 1993

Hertling, Marc: Ein Mann wie Connery. In: Coolibri August 1990

Hertling, Marc: »Bond« wechselt die Seiten. In: Ostthueringer Zeitung 04-12-93

Johnstone, Iain: A Tower of Power. In: The Sunday Times 22-04-90

Jones, Alan: Highlander II: The Quickening. In: Starburst Yearbook 1990/91

Kern, Andreas: Sean Connery. Es ist ein Junge! Aus Gold!! In: Kino, Juni 1988

Kocian, Erich: Kumpel Connery muss am Galgen sterben. In: NRZ 21-06-68

Kocian, Erich: Fern von Bond. In: Fern von Bond. In: Stuttgarter Zeitung 02-07-68

Kruschak, Ronald: Es ist noch nicht zu spät! In: Videoplus Oktober 1992

Lambert, Sara: »I Wanted to be an Old Man with a Good Face«. In: Total Film, June 1999

Lee, Luaine: Die schmutzige Arbeit selber machen. In: TV-Today 18/95

Lesch, Helmut: Der große Pirat döst im Federbett. Sean Connery dreht in Spanien einen Seeräuberfilm. In: Abendzeitung München 27-11-74

Lössl, Ulrich: Geld ist fast alles. In: Focus 37/1995

M., H.: Will Connery Schottland befreien? In: TV-Movie 26/1992

Miller, Russell: No One Says No to Sean. 1990

Orlin, Scott/Huschke, Roland: »Sean Connery. Unser Film soll aufklären.« In: Cinema 11/1993

Pearce, Garth: The Battle we had to Win. In: TV Times 1991

Perry, George: The Man who is King. In: The Times Saturday Review 06-10-90

Pramann, Ulrich: Der weite Weg vom Töten zum Beten. In: Bunte 28-11-85

Richardson, John H.: Straight Talk. In: Premiere Februar 1992

Richardson, John H.: Strong Medicine. In: Premiere Februar 1992

Roche, Ken: Connery in Exile – with Castles and Canaries. In: TV-Times 1976

Sandmann, Wieland: James Bond: Neuer Typ auf eigene Rechnung. In: Bild 22-01-73

Scheer, Robert: Liebesgrüße aus dem U-Boot. In: Wiener August 1990

Schoenberger, Frances: Harrison Ford. Der Realist und Sean Connery über Harrison Ford. In: Hollywood August 1989

Schütze, Jochen: Ist der Regenwald noch zu retten, Sean Connery? In: Prinz März 1992

Shapiro, Mark: Like Son, Like Father. In: Action Heroes 1

Siemens, Jochen: Ein Mann mit eigenen Regeln. In: Stern 11-11-93

Smith, Steve: OAP Sean's Licence to Thrill Revoked. In: Daily Record 06-03-99

Spillman, Susan: From ›Sexiest‹ to Soviet. Commery emerges in ›Red October‹. In: USA Today 28-02-90

Stenberg, Chris: Sean Connery: Gorbi hat James Bond ins Altersheim verbannt. In: Quick 10-08-90

Stolp, Hellmut: Ladykiller wurde Sex-Revolutionär. In: Hamburger Morgenpost 21-11-74

Svetkey, Benjamin: Never Say Die. In: Time Out 29-03/05-04-95

Tasiemka, Edda: Dieser Film beendete seine Karriere als James Bond. In ›Der Wind und der Löwe‹ spielt Sean Connery einen Wüstenscheich. In: TV Hören und Sehen 10/16-04-82

Terreson, Terry: Alison Doody races Harrison Ford in The Last Crusade. In: Prevue April/May 1989

Thissen, Rolf: Interview mit Sean Connery. In: Filmbeobachter 10/1981, Nr. 20

Thomas, Philip: Bad Medicine. In: Empire Juni 1992

Timmerberg, Helge: Flotter Zweier. In: Tempo August 1989

Wagner, Achim: Sean Connery. Ist dieser Kerl wirklich so sexy. In: Für Sie 10/1990

o.V.: Connery hat die Schönheit satt. In: OK 27-06-66

o.V.: Wir mussten die Hosen runterlassen. Interview mit Sean Connery. In: Kinohit September 1989

o.V.: Weg von Bond, aber ruhig ein Krimi. In: Neue Hannoversche Presse 02-09-71

o.V.: Jetzt mögen die Russen den Connery. In: Hannoversche Presse 14-03-69

o.V.: Connery. In: photoplay 1970

o.V.: Der Herzensbrecher. In: Oxmox. November 1993

o.V.: Der Name der Rose. In: Film-Illustrierte November 1986

o.V.: Connery in Outland. In: photoplay September 1981